세계를 경악시킨 체르노빌 재앙의 진실

CHERNOBYL
01:23:40

체르노빌

앤드류 레더바로우 ANDREW LEATHERBARROW

bs

하늘 높이 나는 비행기에 기체 제작 회사 직원들이 타고 있다고 상상해 보라. 비행 중에 문을 열고 각종 시스템을 중단시키며 비행기를 시험하기 시작한다. …… 설계자들은 이런 상황까지 예견해야 한다는 뜻이다.

──────────── 발레리 레가소프, 소련 대표단 단장, 1986. 8. 25~29, 오스트리아 빈

프롤로그

처음 체르노빌에 관한 책을 읽기 시작했을 때는 좀처럼 이해할 수 없었다. 제일 먼저 접한 책은 소련의 원자력 발전소 감독관이었던 그리고리 메드베데프Grigoriy Medvedev가 쓴 《체르노빌 노트Chernobyl Notebook》였다. 훌륭한 책이었지만 독자가 원자력 발전 시스템에 상당한 사전지식을 가지고 있다고 가정했고 번역도 거칠었다. 시간과 책이 쌓이면서 나도 관련 기술과 용어를 훨씬 편안하게 넘길 수 있게 됐다. 그래도 이런 책들이 평범한 독자에게 너무 어렵지 않을까 하는 걱정은 여전했다. 체르노빌 참사는 최근 백 년간 지구상에서 벌어진 가장 놀랍고도 중대한 사건이지만 어떤 일이 일어났었는지 이해하는 사람은 극소수에 불과하다.

사고가 터진 후 5년간 선택된 각본에 들어맞는 정보만 공개되며 사람들의 시야를 흐려놓았다. 모든 비난은 발전소 직원들을 향했다. 시간이 흐르며 많은 오류를 바로잡긴 했지만 초기부터 찔끔찔끔 흘러나온 정보들이 신화와 전설로 진화했다. 새로운 책, 다큐멘터리, 신문, 웹사이트 모두 조금씩 다른 이야기를 했고 지금도 모순되는 주장들이 퍼져 있다. 그뿐만 아니라 내가 이 참사에서 가장 관심을 가지는 부분을 집중적으로 다룬 책은 한 권도 찾을 수 없었다. 대부분의 책이 실제 사건을 아주 짧게 다루는 대신 참사의 여파에 초점을 맞췄다. 《체르노빌 노트》처럼 사건을 사실 그대로 상세히 다론 책들은 이후 벌어진 일을 완전히 무시하는 경향이 있다. 다른 책들은 정치나 환경 결정론, 끝이 없는 숫자로 범벅이 되어 있다. 내가 읽고 싶은 책을 찾다가 그런 책이 존재하지 않는다는 사실을 알고 직접 책을 쓰기로 했다.

체르노빌 참사를 선정적으로 다루고 싶지는 않다. 그곳에서 벌어진 일이 여러모로 충격적이긴 하지만 이 사건을 둘러싼 이야기는 극적인 요소를 더하고 싶은 욕심에 자주 더 과장되곤 했다. 정직하지 못하고 적절하지도 않다. 실제 일어난 일만으로도 충분히 극적이다. 누군가를 비난하거나 책임을 덜어주려 하지도 않을 것이다. 자기 의견을 독자들에게 강요하는 논픽션 저자는 참을 수 없다. 그저 내가 알고 있는 사실을 전달하려 한다.

이 책의 세세한 내용까지 정확한 정보를 담기 위해 고심했지만 주로 원자로와 관련된 부분을 포함해 일부는 일부러 단순하게 서술했다. 누구든 이 이야기를 쉽게 따라오길 바라서였다. 분량을 고려해 등장인물의 수를 제한하고 개인적인 이야기는 최소한으로 줄이며 사건의 중심에 있었다고 판단되는 이들에게 집중했다. 또한 하나의 연결된 이야기를 만들어내는 것이 중요하다고 느껴서 현장에 있었던 이들의 발언을 다수 인용했다. 시간이 지나며 실제로 어떤 일이 있었는지 백 퍼센트 정확하게 설명하는 것은 불가능하다는 결론을 내리게 됐다. 목격자들의 증언조차 엇갈렸기 때문이다. 하지만 가능한 한 진실에 가까운 책을 내놓기 위해 온 힘을 다했다.

체르노빌 참사를 더 깊이 연구해보고 싶다는 바람에 불을 지폈던 2011년 여행의 이야기도 책에 넣고 싶었다. 심오한 경험이었고 내 삶을 완전히 바꾸어 놓았다. 이 두 번째 줄기는 분명히 역사적 사건만큼 매력적이지 않을 것이다. 하지만 책의 한 갈래를 구성하면서 무언가를 더해주길 바란다. 여행 중에 있었던 사소한 일들이나 대화는 많이 잊어버렸고 다른 정보로 내 이야기를 부풀리고 싶지도 않았기 때문에 몇몇 부분은 의도적으로 간략하게 적었다. 책에 포함된 프리파티Pripyat와 체르노빌의 사진은 모두 2011년 여행 중 내가 찍은 것이다. 천 장에 가까운 전체 사진은 다음 주소에서 확인할 수 있다.

— https://goo.gl/uchbWp

지금까지 4년 반 동안 내 자유시간을 온전히 바치며 몇천 시간을 들여 자료를 조사하고 책을 썼다. 2년 정도는 책으로 펴낼 계획도 없었다. 나만의 취미로 글을 쓰고 한 부 정도 출력해서 책장에 꽂아둘 생각이었다. 그래서 그때까지 출처를 기록해두지 않는 아마추어적인 실수를 저질렀다. 글을 공개하기로 한 후에는 처음으로 되돌아가 엄청난 양의 정보를 다시 찾아야 했다. 글을 쓰면서 모든 자료를 무료로 온라인에 공유했고 진행 상황에 따라 업데이트했다.

목록은 점점 길어졌다. 제대로 된 책으로 내라고 충고하는 이메일을 받은 후에야 내 책을 만든다는 즐거운 생각을 하게 됐다. 2015년 초 편집자를 고용할 자금을 모으려고 크라우드 펀딩 사이트 킥스타터Kickstarter에 프로젝트를 열었지만 전혀 호응이 없었다. 나도 생각을 접었다.

같은 해 4월, 참사 29주년을 맞아 소셜 뉴스 웹사이트 레딧Reddit에 체르노빌의 역사적 사진 150장을 담은 앨범을 올렸다. 사진마다 내 책에서 따온 설명을 붙였다. 반응은 놀라웠다. 지금까지 진행한 책이라도 구할 수 없느냐고 묻는 사람들이 있어서 딱 이틀만 팔아보기로 했다. 한 시간 만에 주문형 도서 출판 사이트에 책을 올렸고, 무슨 일인지 이틀간 700부가 넘게 나갔다. 나는 내세울 것이 전혀 없는 무명의 저자였다. 덕분에 사람들이 체르노빌 참사를 궁금해 한다는 사실을 알게 됐다.

5주 뒤 첫 번째 아이인 노아Noah가 태어났고 나는 잠시 체르노빌을 잊고 있었다. 그리고 9월 거의 완성된 이 책을 내팽개쳐두는 것은 바보 같은 일이라 결론 내렸다. 전문가를 쓸 돈이 없어서 편집 소프트웨어를 구입해 직접 편집을 시작했다. 몇 달간 편집에 집중하면서 어떤 부분을 더 보완해야 할지 살펴볼 수 있었고, 편집도 되지 않은 책을 구매했던 레딧의 독자들에게 귀중한 피드백도 얻었다. 그 결과를 반영하면서 훨씬 더 나은 책을 만들었다고 확신한다. 노아와 잠이 부족한 6개월을 보내면서도 짬이 날 때마다 편집했고 2016년 3월 책을 마무리했다. 그때 놀랍게도 레딧을 이용하는 한 젊은 편집자가 내 원고를 보고 무료로 도와주겠다고 나섰다. 그녀는 마지막 몇 주간 경이로운 작업을 해냈다. 편집 과정 내내 레딧을 통해 값을 따질 수 없는 도움을 받았다. 물리학에서의 실수를 바로잡아준 원자력 엔지니어들부터 역사 서술을 고쳐준 대학의 역사 연구자들, 번역 실수를 지적해준 러시아인들까지 레딧에서 만난 놀라운 사람들에게 커다란 빚을 졌다. 감사하는 마음을 어떻게 전해야 할지 모르겠다.

나는 확실히 전통적 의미의 작가는 아니다. 글을 쓰기 위한 훈련을 받은 적이 없고 이 프로젝트를 시도하기 전까지 무언가를 써 본 적도 없다. 내가 쓴 초안은 끔찍했고 기억하고 싶지 않을 정도로 여러 차례 모든 것을 고쳐 써야 했다. 하지만 시간이 흐를수록 조금씩이나마 나아졌다. 이 책이 내가 읽어본 최고의 글과는 거리가 멀다는 사실을 마음 깊이 인정한다. 하지만 지금 내가 내놓을 수 있는 최선이다. 여러분도 이 책을 즐기길 바란다.

마지막으로 나는 건강, 안전, 환경에 관한 문제를 엄격하게 고려하는 선진국에서 이뤄지는 원자력 발전에는 찬성한다는 사실을 공식적으로 밝히고 싶다.

덧붙임

2019년 7월, 일본의 원자력 산업과 후쿠시마 참사에 관한 새 책을 작업하다 잠시 쉬면서 3년 전 출판한 초판을 약간 수정했다. 이후 앞으로 100년을 버틸 새 안전 차폐물New Safe Confinement이 체르노빌의 폐허 위에 설치되었다. 미국 방송사 〈HBO〉는 2019년 5월 체르노빌 참사를 다룬 5편짜리 미니시리즈를 공개했고 거의 전 세계에서 호평을 받았다. 나도 운 좋게 작은 역할을 맡아 작가가 극본을 완성할 때까지 기술 조사를 도왔다. 이후 고맙게도 리투아니아에서 진행된 촬영 현장에 초대받았고 제어실을 배경으로 이루어진 촬영 대부분을 지켜볼 수 있었다. 안내를 받으며 놀라운 미술 작업의 결과물과 의상, 소품을 직접 보았고 여러 담당자들, 몇몇 배우들과 이야기를 나누었다. 사고에 관해 토론하며 많은 시간을 보내기도 했다. 평생 잊지 못할 특별한 여행이었다.

차례

원자력 발전의 역사

A BRIEF HISTORY OF NUCLEAR POWER

CHERNOBYL 01:23:40

지금까지 원자력 사고로 몇 명이 죽었는지

정확히 집계하기는 불가능하다.

방사선은 인류가 가장 오해했던 자연 현상일 것이다. 심지어 그 파급력을 제대로 알게 된 오늘날에도 '방사선'이라는 단어는 대부분의 사람에게 과도한 공포를 불러일으킨다. 세기가 바뀌는 시점에 방사선이 발견되고 희열을 선사하는 연구들이 이어진 몇십 년 동안 사람들은 무지 덕분에 훨씬 태평했다. 방사선 연구의 선구자였던 마리 퀴리는 수십 년간 아무 보호장치 없이 주머니와 책상 서랍에 희미하게 빛나는 물질들을 방치하다가 1934년 백혈병으로 사망했다. 독일 물리학자 빌헬름 뢴트겐Wilhelm Röntgen이 1895년 X선을 발견한 후 퀴리는 남편 피에르와 X선을 활용해 연구를 했다. 둘은 원래 파리대학교 의과대학 해부실로 사용되던 버려진 헛간에서 지칠 줄 모르고 일했다. 퀴리는 "우리의 즐거움 중 하나는 한밤중에 작업실에 가는 것이었다. …… 빛나는 관들이 창백한 꼬마전구처럼 보였다"는 기록을 남겼다. 부부는 우라늄을 실험하면서 새로운 원소 토륨, 폴로늄, 라듐을 발견해 명명했고 네 원소에서 나오는 특이한 파동의 효과를 조사하는 데 많은 시간을 바쳤다. 퀴리는 이 파동들을 '방사선'이라 칭했고 연구 업적을 인정받아 노벨상을 받았다. 이전까지 사람들은 원자가 세상에 존재하는 가장 작은 단위라 믿었다. 원자는 깨트릴 수 없는 완전체였고 그 자체로 우주의 구성요소였다. 그런 원자가 분열하면서 방사선이 방출된다는 퀴리의 발견은 획기적이었다.

　　라듐 형광이 사람의 병든 세포를 건강한 세포보다 먼저 파괴한다는 퀴리의 연구 결과는 20세기 초 완전히 새로운 산업의 등장으로 이어졌고, 새 원소의 마법 같은 특성은 검증 없이 순진한 대중에게 전파되었다. 미국 임상학회지에서 "방사능은 정신 이상을 막고, 고결한 감정을 불러일으키며, 노화를 늦추고, 빛나고 활기찬 즐거운 삶을 선사한다"고 주장한 C. 데이비스Davis 박사를 비롯해 권위 있는 전문가들이 유행을 부추겼다. 미국라듐회사United States Radium Corporation의 젊은 여성 노동자들은 공장에서 손으로 손목시계와 벽시계의 문자판, 군사 장비의 계기판, 사격 조준기, 심지어는 아이들의 장난감에도 라듐을 발랐다. 아무것도 몰랐던 장인들은 섬세한 작업을 위해 붓을 혀로 핥아 끝을 뾰족하게 세웠고 그때마다 라듐 입자를 삼켰다. 몇 년이 지나자 그들의 치아와 두개골이 산산이 조각나기 시작했다. '치료 과학의 현대적 무기'이자 당시 라듐으로 생산된 여러 의약품 중 하나였던 라디더Radithor는 류머티즘, 관절염, 신경염을 고칠 수 있다고 광고되었다. 젊은 피부와 치아를 되돌려주는 라듐 화

장품과 치약이 몇 년간 유행했고 라듐 콘돔, 초콜릿, 담배, 빵, 좌약, 털실, 비누, 안약 등 방사능을 자랑하는 다양한 제품이 출시되었다. 대중에게 라디더를 선물했던 천재 사업가는 정력을 강화해준다는 남성용품도 내놓았다. 나중에는 어린이 놀이용 라듐 모래 상자까지 등장했고 제조사는 "가장 위생적이고 …… 치료 효과가 뛰어나기로 유명한 입욕제의 진흙보다 더 좋다"고 홍보했다. 대중은 1930년대와 40년대가 되어서야 우라늄보다 약 270만 배 강한 방사능을 내뿜는 라듐의 진정한 위험성을 알게 되었다.

유럽 전역의 과학자들은 20세기 초 내내 중요한 연구 결과를 내놓으며 원자의 비밀을 알아내기 위한 맹렬한 노력을 계속했다. 퍼즐의 마지막 조각이었던 중성자를 찾아낸 미국의 물리학자 제임스 채드윅James Chadwick은 1932년에 노벨상을 받았다. 채드윅의 발견으로 양성자와 중성자로 이루어진 핵과 그 주위를 도는 전자로 구성된 원자의 구조가 밝혀졌다. 진정한 원자력의 시대가 열렸다.

몇 년 뒤인 1939년 물리학자 리제 마이트너Lise Meitner, 오토 프리슈Otto Frisch, 닐스 보어Niels Bohr는 원자핵이 쪼개지고 새로운 핵이 만들어지는 핵분열 과정에서 엄청난 에너지가 방출되며 연쇄 핵분열도 가능하다는 사실을 알아냈다. 이론적으로는 이런 연쇄반응을 활용해 선박, 비행기, 공장, 가정에 깨끗한 에너지를 제한 없이 공급하거나 측정할 수 없을 정도의 파괴력을 지닌 무기를 만들 수 있었다. 제2차 세계대전이 발발하기 불과 이틀 전 보어와 존 휠러John Wheeler의 논문이 발표됐다. 원자 안에서 움직이는 중성자의 속도를 늦추는 감속재Moderator를 도입하면 원자핵이 서로 충돌하며 분리될 가능성이 더 커져서 핵분열이 활발히 일어날 거라 제안하는 논문이었다.

방사성 제품은 위험성이 점점 알려지며 인기가 추락했지만, 제2차 세계대전의 절박하고 위급한 상황은 원자력 분야에 다시 놀라운 발전을 불러왔다. 초기에 핵분열 무기의 비밀을 풀기 위해 가장 노력했던 나라는 영국이었다. 독일도 원자력 개발 계획이 있었지만 동력용 원자로가 중심이었다. 1941년 12월 7일 일본이 진주만을 공격하자 해군에서 사용할 핵추진 기술에 집중해 온 미국도 원자 폭탄 개발에 막대한 자원을 투입하며 핵분열 연구 프로젝트를 시작했다. 1년이 지나기 전 맨해튼 프로젝트Manhattan Project의 일부로 시카고대학교에 세계 최초의 원자로 시카고 파일Chicago Pile-1이 세워졌다. 작업을 지휘한 노벨물리학상 수상자 엔리코 페르미Enrico Fermi가 "검은 벽돌과 목재의 조잡한 더미"라 묘사했던 원자로는 1942년 12월 2일 처음으로 자동 연쇄반응을 일으키는 데 성공했다. 흑연을 감속재로 사용하는 원자로에는 방사선 차폐물이나 냉각 장치가 전혀 없었다. 페르미는 폭발 가능성을 배제해도 될 정도로 자신의 계산이 정확하다고 동료들을 설득해야 했다. 무모하면서 위험이 클일이었다.

이오시프 스탈린은 게오르기 플레로프Georgi Flerov라는 물리학자 덕분에 미국, 영국, 독일이 모두 핵분열을 연구하고 있다는 사실을 알았다. 전방에서 돌아온 젊은 플레로프는 최근 발행된 국제과학 학술지에서 핵물리학 논문이 사라진 것을 눈치챘다. 자신의 이름을 딴 인공원소 플레로븀을 남기기도 한 이 과학자는 핵물리학 연구가 기밀이 되었다는 사실을 깨닫고 스탈린에게 우리도 "서둘러 우라늄 폭탄을 만들어야 한다"고 주장하는 편지를 썼다. 상황을 이해한 독재자는 핵분열 에너지의 잠재력에 더 많은 자원을 쏟아붓기로 했다.
스탈린은 러시아의 저명한 과학자 이고르 쿠르차토프Igor Kurchatov에
게 맨해튼 프로젝트의 정보를 빼내는 데 집중하면서 폭탄을 제작하
려면 무엇이 필요한지 은밀히 조사하라고 지시했다. 모든 일을 극비
리에 진행하기 위해 쿠르차토프는 나무가 우거진 모스크바 변두리
에 새로운 연구소를 세웠다.

  연합군은 1945년 5월 8일 독일에 승리를 선언했고 미국은 일본
으로 관심을 돌렸다. 그사이 쿠르차토프는 빠른 진전을 이뤘지만 로
버트 오펜하이머Robert Oppenheimer를 중심으로 1945년 7월 16일 오전
5시 29분 21초에 뉴멕시코주 앨러머거도Alamogordo에서 첫 번째 원자
폭탄 실험을 성공적으로 마친 미국을 따라잡지는 못했다. 무기로서
의 파괴력을 처음으로 확인하는 실험인 만큼 결과를 장담할 수 없
어서 페르미는 참석한 물리학자들과 군인들에게 폭탄 때문에 대기
가 타오를지, 타오른다면 뉴멕시코주에만 영향을 줄지 아니면 미국
이나 지구 전체를 파괴할지 내기하자고 제안했다. '트리니티Trinity'라
는 암호로 불렸던 폭탄은 지름 366미터의 구덩이를 남겼고 '화씨 수
천만 도'의 열기를 만들어냈다. 자신이 목격한 광경에 경악한 물리
학자 게오르게 키스티아코프스키George Kistiakowsky는 "이 세상의 끝에,
지구가 마지막으로 존재하는 순간에 살아있는 마지막 인간은 분명
히 우리가 방금 본 장면을 보게 될 것이다"는 말을 남겼다. 그로부터
겨우 3주가 지난 8월 6일, 개조된 보잉 B-29 슈퍼포트리스Superfortress
폭격기가 일본의 도시 히로시마와 35만 명의 사람들 위에 최초의
원자 폭탄을 떨어트렸다. 우라늄 0.6그램이 TNT 폭약 만 6천 톤에

해당하는 에너지를 내뿜었다. 사흘 뒤 두 번째 폭탄이 나가사키에 떨어졌다. 10만 명 이상이 즉사했고 대부분은 민간인이었다. 며칠 만에 일본이 항복하면서 제2차 세계대전이 끝났다.

원자 폭탄이 만들어낸 끔찍한 풍경에도 불구하고 세계의 몇몇 지역에서는 조그마한 장치에서 엄청난 에너지를 생산할 수 있다는 사실이 공포를 몰아내고 경이와 낙관주의를 불러일으키기 시작했다. 러시아는 1948년 마야크Mayak에서 자연에 존재하지 않는 플루토늄을 생산하는 원자로를 가동하기 시작했고, 1949년 9월에는 카자흐스탄의 사막에서 처음으로 원자 폭탄을 시험했다. 소련 밖에서는 서방국가들이 핵분열의 전례 없는 에너지를 민간 용도로 활용할 방법을 찾기 시작했다. 1951년 크리스마스를 5일 앞두고 미국의 소형 '실험증식로Experimental Breeder Reactor 1'이 200와트짜리 전구 4개를 밝힐 수 있는 전력을 생산해 세계 최초로 전기를 만들어낸 원자로가 되었다. 2년 뒤 미국 아이젠하워 대통령은 연설 중 '평화를 위한 원자력Atoms For Peace' 프로그램을 발표하며 미국은 "원자력의 무시무시한 딜레마를 해결하기 위해, 즉 인류의 기적 같은 발명품이 누군가의 목숨을 빼앗는 대신 누군가의 목숨을 구하는 데 쓰이도록 온 힘을 다할 결의"에 차 있다고 선언했다. '평화를 위한 원자력'은 일반 시민을 위한 원자력 기반시설과 연구를 요구했지만, 동시에 원자력 에너지에 대한 국제적 비난을 잠재우고 핵무기 증산을 눈가림하려는 선전 프로그램이기도 했다. 결국 이 프로그램은 미국에서 원자력 발전소 건설로 이어졌다.

러시아에서 군사적 목적으로 플루토늄을 생산하던 원자로 중 하나도 전력 생산용으로 개조되었다. 1952년 6월, 러시아어로 '평화로운 원자 1'을 줄인 AM-1이 민간 원자력 발전소 중 최초로 전기 6메가와트를 생산했다. 감속재와 냉각재로 각각 흑연과 물을 사용했던 이 원자로는 체르노빌에 건설된 RBMK 원자로의 원형이기도 했다. 2년 뒤 엘리자베스 2세는 윈즈케일Windscale에서 영국의 상업 원자로 중 최초로 50메가와트의 전기를 생산하는 원자로 개막식에 참석했다. 이 나라 정부는 영국이 "원자력 에너지에서 산업적 규모의 전력을 생산해내는 최초의 기지"가 되었다고 선언하기도 했다.

세계의 두 초강대국은 몇 년마다 한 번씩 연료를 보충하면 되는 전력원이 해군에 가져다줄 명백한 잠재적 이득을 인식했고 규모가 작은 원자로를 설계하려 부단히 노력했다. 1954년이 되자 미국은 세계 최초의 핵잠수함 USS 노틸러스Nautilus를 진수할 정도로 소형화에 성공했다. 그로부터 5년이 지나기 전 미국과 러시아 모두 원자력을 동력으로 하는 수상함을 보유하게 되었다.

1973년 레닌그라드, 즉 지금의 상트페테르부르크에서 처음으로 고출력 RBMK-1000 원자로가 가동되기 시작했다. 체르노빌에도 같은 유형의 원자로가 건설되고 있었다. 미국을 비롯한 서방국가 대부분은 이제 감속재와 냉각재 모두 물을 사용하는 가압수형 원자로를 가장 안전한 형태로 인정했다. 1970년대 후반부터 2000년대 초반까지는 새로운 원자로가 거의 건설되지 않았다. 체르노빌과 스리마일 섬 참사의 여파도 있었지만 기존 원자로들의 발전 용량이 늘어나고 효율이 높아진 결과이기도 했다. 가동 중인 원자로의 수를 기준으로 보면 원자력 발전은 원자로 444기가 가동된 2002년 정점을 찍었다. 그러나 원자력 발전으로 생산한 전력량이 가장 많았던 해는 2006년으로 1월 1일부터 12월 31일까지 총 2660테라와트시의 전기가 만들어졌다.

2011년 당시 31개국에서 430개 이상의 상업 원자로가 가동되고 있었고 세계 전기 생산량의 11.7퍼센트가 원자력 발전소에서 만들어졌다. 전력 생산 가능 규모는 총 37만 2천 메가와트였다. 현재 세계에서 가장 큰 원자력 발전소는 원자로 7기에서 8천 메가와트의 전력을 생산할 수 있는 가시와자키-가리와 원전이지만 가동을 중단했다. 원자력 발전에 가장 크게 의존하는 나라는 프랑스로 전체 전력 중 약 75퍼센트를 원자력에서 얻는다. 미국과 러시아의 원자력 발전 의존도는 20퍼센트 주위를 맴돈다. 2014년 말을 기준으로 프랑스 외에 전체 전력 중 절반 이상을 원자력으로 생산하는 나라는 슬로바키아와 헝가리뿐이었다. 체르노빌이 있는 우크라이나의 원자력 발전 의존도는 49퍼센트였다.

원자력은 수많은 해군 함정의 전력원이 되었다. 이런 현상은 세계적으로 지상에 세워진 상업 발전소보다 배에 설치된 원자로가 더 많았던 1990년대 초반 절정에 달했다. 대부분 군함이었고 특히 잠수함은 4백 척이 넘었다. 숫자가 점차 줄어들긴 했지만 여전히 150여 척의 배와 잠수함에 원자로가 실려 있다. 러시아는 북극에 전력이 필요한 곳이면 어디든 견인해갈 수 있는 세계 최초의 해상 부유식 원자력 발전소를 건설하고 있다. 해군용 원자로 2기를 개조해 쇄빙선에 싣고 70메가와트의 전기를 생산할 아카데믹 로모노소프Akademik Lomonosov는 2016년 9월 인도될 예정이다. 러시아인들은 자신들이 처음으로 바지선에서 원자력으로 전기를 생산한다고 주장하겠지만 부유식 원자력 발전소는 새로운 아이디어가 아니다. 미국은 60년대 후반 옛 WWII 리버티 선Liberty Ship을 개조해 최초의 부유식 원자력 발전소를 만들었고 지금은 가동을 중단했다. 중국 역시 부유식 원자력 발전 시장에 진입하려 하며 2020년이 오기 전 전기를 생산하는 것이 목표다.

체르노빌 참사 이전의 사고

지금까지 원자력 사고로 몇 명이 죽었는지 정확히 집계하기는 불가능하다. 방사선에 노출된 결과 발생한 암 등의 질환은 보통 다른 이유에서 생긴 병과 구분하기 어렵기 때문이다. 단지 추정만 가능하다. 마리 퀴리처럼 초기 방사선 연구를 이끌었던 개척자 중 많은 이들은 자신이 연구하던 방사선이 초래한 암이나 관련 질병으로 사망했을 가능성이 크다. 지나치게 강한 방사선을 그대로 쬐었던 초기 환자들도 희생자였다. 1934년 죽음에 이르기까지 방사선이 자신과 동료들의 몸을 파괴해갔지만 퀴리는 끝까지 방사선의 위험을 부정했다. 그녀의 연구를 이어받았고 역시 노벨상의 주인이 된 퀴리의 두 자녀도 방사선 때문에 죽었다. 소련이 체르노빌 참사 이전까지 심각한 사고를 모두 은폐했기 때문에 급성방사선증후군으로 인한 사망조차 믿을 만한 통계가 없다. 파키스탄이나 이란, 북한처럼 핵을 보유했지만 비밀이 많고 공무원들이 부패하기로 악명높은 나라에서는 여전히 이런 행태가 계속되고 있을 수도 있다.

공식 통계를 보면 사망자가 발생한 원자력과 방사선 사고는 약 70건이며 대부분은 10명 이하의 사망자가 나왔다. 물론 분명히 더 많은 죽음이 숨겨졌을 것이다. 흥미롭게도 많은 사고가 방사선 의료 장치의 보정 잘못이나 도난으로 발생했다.

1987년 9월 브라질의 고이아니아Goiânia에서는 두 도둑이 폐허가 되다시피 한 근처 병원에서 훔쳐 온 캡슐을 해체한 뒤 240명이 넘는 사람이 방사선에 노출됐다. 강철과 납으로 만든 캡슐에는 방사선 치료 기계에 쓰이는 방사성 세슘이 들어 있었다. 도둑들은 둘 중 한 명의 집 뒷마당에 캡슐을 두고 보호용 강철 포장이 뚫릴 때까지 며칠간 캡슐을 잘랐다. 그사이 둘 다 몸에 문제가 생겼지만 자신들의 전리품 대신 음식을 의심했고, 이후 문제의 캡슐을 데바이르 페레이라Devair Ferreira라는 고물상에게 팔아넘겼다. 그날 밤 페레이라는 캡슐 안쪽이 푸른색으로 빛나는 것을 보았고 값진 물건이라 판단했다. 어쩌면 초자연적인 힘을 가졌을지도 몰랐다. 그는 소중한 물건을 지키기 위해 아내 가브리엘라Gabriela와 함께 지내던 집안에 보관했고 친구들과 가족들에게 가루와 조각을 나누어주었다. 페레이라의 형제는 자신이 받은 세슘 가루를 6살짜리 딸에게 선물하기도 했다. 은은한 푸른빛에 푹 빠진 아이는 가루를 가지고 놀다가 장난감 반짝이처럼 자기 몸에 뿌렸고 방사성 입자를 삼키기도 했다. 페레이라의 직원 두 명은 납을 추출하기 위해 며칠 동안 캡슐을 더 분해했다.

자신과 주변 사람들 모두 심각한 병에 걸렸다는 사실을 제일 먼저 알아챈 이는 가브리엘라였다. 의사는 알레르기가 있는 음식을 먹은 것 같다고 했지만 그녀는 온 가족을 사로잡은 특이한 물질이 원인이라고 확신했다. 가브리엘라는 페레이라에게 캡슐을 사들인 다른 고물상에게 가 물건을 되찾았다. 그리고 캡슐을 든 채 버스를 타고 근처 병원에 가서 이 캡슐이 "가족들을 죽이고 있다"고 선언했다. 그녀의 선견지명은 사건이 훨씬 크게 확대되는 것을 막았다.

정체가 밝혀지지 않은 세슘은 다음 날 이 병원 의사의 요청을 받은 의학 물리학자가 "문제의 근원을 집어 강물로 던져버리려는 소방대를 간신히 말릴 수 있었던 시점에 도착"할 때까지 병원 정원에 놓여 있었다. 가브리엘라와 어린 소녀, 페레이라의 직원 두 명은 목숨을 거뒀다. 페레이라는 사망자 4명보다 더 많은 방사선에 노출되고도 살아남았다. 사고가 벌어진 두 주 동안 캡슐이 여러 차례 열리고 운반된 탓에 도시의 몇몇 지역이 오염되었고 여러 건물을 철거해야 했다.

상업 원자력 발전과 관련된 사고에서 발생한 총 사망자의 수는 기존의 석탄, 석유, 수력 발전 관련 사고에서 발생한 사망자 수와 비교하면 상대적으로 아주 적다.

전통적인 발전소에서 일어난 최악의 사고를 살펴보자. 위험하기로 악명 높은 탄광은 수많은 죽음을 낳았다. 탄광에서 발생한 주요 사고 32건에서 거의 만 명이 사망했고, 1839년 이후 미국 탄광에서 일어난 사고로만 만 5천 명 이상이 죽었다. 이 중에서도 가장 비극적인 사건은 체르노빌 참사가 일어나기 정확히 44년 전인 1942년 4월 26일 벌어졌는데, 중국 번시후의 탄광에서 가스가 폭발해 광부

1,549명이 목숨을 잃었다.

 1998년에는 나이지리아 제시Jesse에서 국영석유회사의 송유관이 폭발해 7백 명 이상이 죽었다. 나이지리아에서는 비슷한 사고가 십여 차례 있었다. 근처에 있던 사람들이 모두 사망해 정확한 원인은 밝혀지지 않았지만 정비 소홀 또는 석유를 훔치려던 사람들의 고의적 파손 때문으로 추정된다. 러시아의 도시 우파Ufa에서도 놀라운 석유/가스 사고가 있었다. 시베리아횡단철도가 지나는 외딴 지역의 거대한 가스관에 구멍이 생기자 작업자들은 문제가 발생한 지점을 찾는 대신 가스 압력을 높여 수송량을 보충했다. 8킬로미터 떨어진 지역의 사람들이 가스 냄새가 난다고 보고하기까지 벤진, 프로판, 부탄이 섞인 인화성 기체가 서서히 계곡을 채웠다. 1989년 6월 4일 휴가를 보내려는 가족 단위 여행객들이 총 1,200명 정도 타고 있던 두 기차가 반대 방향으로 달리다가 가스관에 구멍이 난 지점 근처에서 스쳐 지나갔다. 두 기차의 바퀴에서 불꽃이 튀면서 고여 있던 가스에 불이 붙었고 TNT 폭약 1만 톤에 해당하는 "무시무시한 밤"의 폭발이 일어났다. 소련 총참모장 미하일 모이세예프Mikhail Moiseyev는 두 기관차와 38개의 객실차가 철로에서 내팽개쳐진 채 모두 불탔다고 전했다. 폭발이 너무 강력해서 4킬로미터 근방의 나무가 모두 쓰러졌다. 이 사고는 675명의 생명을 앗아갔고 그중 100명 이상이 어린이였다.

 수력 발전에서 가장 비극적인 사건은 슈퍼태풍 니나Nina가 습격한 1975년에 일어났다. 중국 허난성 지역에 24시간 동안 연간 강수량에 해당하는 폭우가 쏟아진 후였다. 베이징에 본부를 둔 중앙기 상대는 겨우 100밀리미터의 비를 예측했고 사람들은 폭우에 전혀 대비하지 못한 상태였다. 한 시간에 190밀리미터가 퍼붓기도 했다. 공식 기록에 따르면 생존자들은 "비가 내리는 동안 빗줄기가 화살처럼 쏟아져서 낮이 밤 같았다"고 증언했다. "비가 그치자 산마다 죽은 참새로 뒤덮였다." 8월 8일 새벽 1시가 지났을 즈음 반차오 댐이 하늘이 무너지고 땅이 갈라지는 듯한 소리를 내며 붕괴했다. 막을 수 없는 물줄기가 61개의 댐과 저수지를 덮치며 연쇄반응을 일으켰다. 그 결과 폭 11킬로미터, 시속 50킬로미터의 물결이 일면서 무려 17만 천여 명이 사망했고 1100만 명 이상이 집을 잃었으며 모든 마을이 쓸려나갔다.

　　몇몇 원자력 사고도 짚어볼 가치가 있다. 초기에는 미국 뉴멕시코 주의 로스앨러모스 원자력 연구실험실에 있던 6.2킬로그램짜리 플루토늄 조각 때문에 두 차례 심각한 사고가 있었다. 이후 이 플루토늄은 '악마의 핵Demon Core'이라는 별명을 얻었다. 첫 번째 사고는 1945년 8월 21일 일어났다. 혼자 일하던 해리 대글리언Harry Daghlian이 실수로 플루토늄 핵 위에 중성자를 반사하는 벽돌을 떨어트리자 바로 통제할 수 없는 연쇄반응이 시작되었다. 그는 어떤 일이 벌어졌는지 알았지만 벽돌을 제거하려면 실험 장치의 일부를 해체해야 했다. 대글리언은 그 사이 치사량이 넘는 방사선에 노출됐고 25일 만에 숨을 거뒀다. 이후 안전 대책을 점검했지만 1년이 지나기 전 같은 플루토늄 조각 때문에 다시 사고가 터졌다. 물리학자 루이스 슬로틴Louis Slotin은 중성자를 반사하는 두 반구를 실험하다 우연히 핵을 감싸 연쇄반응을 일으키고 말았다. 핵 위로 몸을 기울이고 있었던 그는 1초도 안 되는 사이 치명적인 방사선을 쬐었고 9일 뒤 생체 기능이 완전히 붕괴되어 사망했다. 두 번째 사고 후 손으로 하는 실험이 금지되었고 대신 특별한 원격 조종 기구를 썼다. 제2차 세계대전이 끝난 뒤 과학자들은 악마의 핵을 핵폭탄 안에 넣고 태평양 비키니Bikini 환초의 수면 아래서 폭발시켰다. 원자력 무기가 해군 선박에 미치는 영향을 시험했던 미국 '십자로 작전Operation Crossroads' 연구의 일부였다.

영국은 근시안적으로 원자로의 용도를 변경하다 국내 최악의 원자력 사고를 겪었다. 지금은 세라필드Sellafield로 불리는 컴브리아Cumbria 주의 윈즈케일에 플루토늄을 생산하는 원자로 2기가 있었는데 이 원자로에서 수소폭탄 제작에 필요한 삼중수소를 생산하려 했다. 흑연을 감속재로 사용하고 공기로 냉각하는 기존 원자로는 원래 설계보다 훨씬 높은 온도에서 격렬한 분열 반응을 일으켜야 하는 새로운 임무에 잘 맞지 않았다. 엔지니어들은 안전 문제를 무시하고 삼중수소를 생산할 수 있게 노심 내부를 개조했다. 초기 시험이 눈에 띄는 문제 없이 성공하자 본격적으로 삼중수소 생산이 시작됐다. 원자로를 개조하면서 노심 내부의 열 분포가 위험하게 바뀌었다는 사실은 아무도 알아채지 못했다. 원자로는 원래 차가웠던 부분까지 지나치게 뜨거워지고 있었지만 해당 위치에는 온도 변화를 알려줄 감지기가 없었다. 윈즈케일의 원자로를 설계할 당시 영국 과학자들은 중성자들이 쏟아지면 흑연이 어떻게 반응하는지 경험하지 못했고, 흑연의 '결정 구조가 어긋나면서 에너지가 축적'되다가 지나치게 온도가 올라가면 탄소 원자가 튀어나올 수 있다는 것도 몰랐다. 원자로를 가동하기 전에는 이 문제를 발견하지 못했고 문제를 찾았을 때는 설계를 수정하기에 이미 늦은 시점이었다. 한 가지 해결책은 흑연을 가열한 후 냉각시켜서 점차 에너지를 방출하고 원래 상태로 돌아가게 하는, 다소 신뢰할 수 없는 형태의 느린 풀림annealing 과정이었다.

1957년 10월 7일 윈즈케일 직원들은 원자로를 가열한 뒤 정지시키고 식을 때까지 기다리는 일상적인 가열 냉각 과정을 실행했지만 곧 예상과 달리 에너지가 방출되지 않는다는 것을 알아차렸다. 운전원들은 다시 노심을 가열했지만 10일 아침이 되자 무언가가 잘못됐다는 사실이 분명해졌다. 흑연의 에너지 방출이 느려지면서 노심 온도가 떨어져야 했지만 상황은 다르게 흘러갔다. 대신 원자로 내부의 우라늄 연료에 불이 붙었다. 처음에는 흑연이 발화한 것으로 알려졌지만 이후 조사 결과 우라늄에 불이 난 것으로 확인되었다. 불이 났다는 결정적인 정보를 몰랐던 운전원들은 노심 온도를 낮추기 위해 공기의 흐름을 증가시켜서 오히려 불꽃을 키웠다. 이때야 직원들은 굴뚝 꼭대기의 방사선 경보기가 측정 범위를 벗어난 걸 알아챘다. 급히 원자로를 직접 살펴본 직원들이 불을 발견했는데 불이 난 후 거의 이틀 만이었다. 윈즈케일의 책임자 톰 투오이Tom Tuohy는 처음에는 이산화탄소로, 나중에는 물로 불을 꺼려 필사적으로 노력했고 이후 필수 인력만 남기고 직원들을 모두 대피시킨 뒤 냉각팬을 차단하고 환풍기를 닫았다. 그리고 여러 차례 직접 지붕 위로 우뚝 솟은 굴뚝에 올라가 원자로 뒤쪽을 내려다보며 불이 꺼졌는지 확인했다. 이후 그는 "나는 어느 정도 희망을 품고 한쪽에 서 있었지만, 정지된 원자로의 노심을 똑바로 바라보았다면 상당한 양의 방사선에 피폭되었을 것이다"고 인정했다.

'코크로프트의 장식품'이 아니었다면 더 끔찍한 참사가 벌어졌을 수도 있다. 영국 원자력연구소 소장이었던 존 코크로프트John Cockroft 경은 1951년 "인공 가속 입자에 의한 원자핵 변환에 관한 선구적 연구"로 어니스트 토마스 신턴 월턴Ernest Thomas Sinton Walton과 노벨물리학상을 공동 수상하기도 했다. 코크로프트는 뒤늦게 윈즈케일의 건설에 개입해 모든 반대를 무릅쓰고 값비싼 방사선 필터를 새로 설치했다. 그의 주장대로 필터가 추가되며 하늘 높이 솟아오른 굴뚝은 발전소의 상징이 되어 '코크로프트의 장식품'으로 알려졌다. 하지만 그 필터 덕분에 방사성 입자가 인근 지역으로 퍼져 나가는 재앙을 피할 수 있었다. 30년 가까이 화재의 진실이 모두 공개되지 않았지만 1983년 영국 국립방사선방호위원회가 작성한 보고서는 260명이 이 사고 때문에 갑상샘암에 걸렸을 수 있고 30명 이상은 이미 사망했거나 "후손의 질병이나 사망을 유발할 수 있는 유전적 장해를 입었다"고 밝혔다. 윈즈케일 참사는 스리마일 섬 참사가 터질 때까지 최악의 원자로 사고로 알려졌으며 자체로도 매혹적인 이야기를 품고 있다. 관련 자료를 더 찾아보길 권한다.

미국에서 처음으로 발생한 심각한 원자로 사고이자 이 나라 역사상 원자로와 관련된 유일한 사망자가 나온 사건은 1961년 1월 3일 미 육군의 실험용 원자로 SL-1에서 일어났다. 엔지니어들은 거대한 주 제어봉을 구동 전동기에서 분리해야 하는 유지 보수 작업을 하고 있었다. 두 장치를 다시 연결하려면 운전원인 육군 상병 존

번스John Byrnes가 제어봉을 직접 몇 센티미터 위로 들어 올려야 했다. 번스가 제어봉을 너무 많이 빼내자 원자로는 바로 임계 상태가 됐다. 노심 안의 물이 폭발적으로 기화되면서 발생한 압력이 안에서 원자로 뚜껑을 밀어냈고, 원자로 용기가 위로 솟아오르며 제어봉과 차폐 마개가 튕겨 나갔다. 차폐 마개 하나는 건설 전기 기술자 리처드 C 레그Richard C Legg의 서혜부를 관통해 어깨로 빠져나오면서 그를 건물 천장에 꽂아버렸다. 폭발 당시 레그는 원자로 위에 서 있었다. 반스는 물과 증기 때문에 사망했고 근처에 있던 교육생도 이때 입은 부상으로 이후 목숨을 거뒀다. 사고가 아니라 살해와 자살을 동시에 의도한 결과라는 주장도 있다. 반스는 아내가 자신과 같이 교대 근무를 하는 다른 운전원과 바람을 피운다고 의심했기 때문이다.

잠수함에서 일어난 원자로 사고 중에는 두 건이 주목할 만하다. 1961년 7월 4일, 소련의 탄도 미사일 잠수함 K-19에서 원자로 냉각 시스템에 심각한 누수가 생겼고 결국 냉각 펌프가 전혀 작동하지 않게 됐다. 노심에 제어봉을 삽입하며 반응을 억제하려 했지만 붕괴열때문에 노심 내부 온도가 섭씨 800도까지 올라갔다. 방사성 동위원소가 붕괴하면서 내뿜는 붕괴열은 지구의 핵에서도 중요한 열원으로 작용한다. 잠수함을 건설하는 동안 한 용접공이 냉각 펌프에 땜납 한 방울을 떨어트려 미세한 균열이 생겼고, 시험 항해를 하는 동안 압력을 받으면서 균열 지점이 터져버린 것이었다. 니콜라이 자테예프Nikolai Zateyev 함장은 환기 밸브를 잘라내고 배수관을 연결해 임시 냉각 시스템을 만들 수밖에 없다는 사실을 깨달았다. 당시 승조원이었던 알렉산데르 파테예프Alexander Fateyev는 "30년 먼저 일어난 체르노빌 참사가 될 수도 있었다"고 회상했다. 비상 대책은 효과를 발휘했지만 승조원 전원이 상당한 양의 방사선에 노출되었고 기관실에 들어가 배관 작업을 했던 용감한 6명은 몇 주 지나지 않아 사망했다. 이후 16명이 더 그들의 뒤를 따랐다. 파테예프 함장은 소련이 몰락한 뒤 "바로 그 자리에서 모습이 바뀌기 시작했다"고 털어놓았다. "옷으로 가리지 못한 피부가 붉게 달아오르고 얼굴과 손이 부풀어 올랐다. 이마와 머리카락 아래에서 핏방울이 비치기 시작했다. 두 시간도 지나지 않아 누가 누구인지 알아볼 수 없게 됐다. 사람들은 의식이 온전한 채로 끔찍한 고통 속에 죽었다. 말을 할 수는 없었지만 속삭일 수는 있었다. 제발 자신들을 죽여 달라고 애원했다." 이 사건은 이후 해리슨 포드가 주연한 영화 〈K-19 위도우-메이커The Widowmaker〉로 만들어졌다.

그로부터 20여 년이 지난 1985년 8월 10일, K-431 잠수함은 러시아, 중국, 북한 세 나라의 국경이 맞닿아 있는 도시 블라디보스토크 남동쪽의 차즈마 만Chazhma Bay 해군시설에서 일렁이는 바다에 떠 있었다. 이 20년 된 잠수함은 10단계 연료 교체 과정의 막바지에 다다라 있었다. 12톤의 원자로 덮개를 제어봉에서 분리한 뒤 근처에 정박해 있는 연료 교체 서비스 선박의 기중기 팔로 들어 올리고 새 연료 부품을 제자리에 두는 단계였다. 작업자들은 원자로 덮개를 다시 내려놓고 제어봉을 연결한 뒤 냉각 시스템에 물을 채웠다. 하지만 원자로 덮개는 완벽하게 밀봉되지 않은 상태였다. 작업자들은 제대로 승인을 받지도 않고 기중기로 덮개를 몇 센티미터 더 들어 올려 문제를 바로잡으려 했다. 시간을 아끼려고 제어봉을 다시 분리하지도 않았다. 최악의 순간에 해군 어뢰정이 빠르게 옆을 지나갔고 연료 교체 서비스 선박과 기중기 팔이 흔들릴 정도로 강한 파도가 일었다. 기중기 팔에 매달려 있던 덮개와 제어봉이 요동하며 노심과 분리됐고 원자로는 바로 임계 상태가 되었다. 증기가 폭발하면서 노심 내용물이 기관실 밖으로 튕겨 나왔고 잠수함의 압력 선체가 파괴됐다. 폭발로 장교 8명과 노동자 2명이 사망했으며, 이어진 화재를 진압하기 위한 4시간의 사투에서 노동자 290명이 상당한 양의 방사선에 노출됐다. 이 사고는 소련이 몰락하고 1993년 기밀 해제 문서가 책으로 출판되기까지 비밀로 남아 있었다.

키시팀 Kyshtym

키시팀 참사로 알려진 사건은 카자흐스탄과의 국경에서 120킬로미터 떨어진 러시아의 폐쇄도시 첼랴빈스크Chelyabinsk-65 근교에서 일어났다. 폐쇄도시들의 존재는 냉전 기간 내내 소련 시민들조차 알지 못하는 엄격한 비밀로 유지되었다. 근처 원자력 시설이나 무기 공장, 기타 중요한 산업시설에 종사하는 이들이 거주하는 지역이었기 때문이다. 지도나 표지판에 표시하지 않았고 정부의 허가 없이는 방문할 수도 없었다. 잠시 도시를 벗어난 거주민들도 어디에 살며 누구와 일하는지 외부인에게 이야기할 수 없었다. 엄격한 보안이 유지된 결과 이 사고에도 가장 가까운 일반 도시인 키시팀의 이름이 붙었다. 첼랴빈스크-65에는 러시아 최대의 탱크 공장이 있었을 뿐

아니라 핵무기 제작에 쓰이는 플루토늄을 생산하는 원자로와 재처리 공장이 들어선 마야크와도 가까웠다. 마야크는 러시아가 처음으로 핵무기를 만든 곳으로 이 나라에서 가장 큰 원자력 시설이 있었다. 소련 정부는 사람들의 안전이나 환경을 크게 신경 쓰지 않은 것으로 알려졌고 마야크도 예외는 아니었다. 1948년 핵 시설이 완공된 이후 수십 년간 이 지역에서 원자력 사고와 생물학적 테러에 가까운 일들이 줄지어 일어났다. 키시팀의 이름을 딴 비극이 닥치기 전부터 마야크의 시설은 근처 테차Techa-이세트Iset-토볼Tobol 수계와 호수에 원자력 폐기물과 화학 폐기물을 꾸준히 방류하며 주변을 오염시키고 있었다. 몇십 년이 지난 뒤에도 지구에서 가장 오염된 지역으로 꼽힐 정도였다.

마야크에서는 일부 원자력 폐기물을 땅에 묻은 강철과 콘크리트 소재의 저장 탱크에서 냉각했고 탱크마다 300세제곱미터, 약 80톤의 폐기물이 들어 있었다. 1957년 9월의 어느 날 한 탱크의 냉각 시스템이 고장 났다. 붕괴열로 탱크 온도가 섭씨 350도 정도로 치솟을 때까지 누구도 변화를 알아채지 못했다. 9월 29일 오후 축적된 에너지 때문에 탱크가 폭발했다. TNT 화약 70~100톤에 해당하는 힘이 160톤짜리 콘크리트 덮개를 날려버렸고 인접해 있던 탱크 두 기가 손상되면서 74만 테라베크렐의 방사성 입자가 공기 중에 흩어졌다. 체르노빌 참사의 두 배에 해당하는 양이었다.

북동풍이 2만 제곱킬로미터에 달하는 지역에 방사성 물질을 퍼트렸고 근처 800제곱킬로미터가 심각하게 오염됐다. 정부는 사건을 은폐했고 피해자들을 등록해 건강 상태를 추적 관찰하지도 않았기 때문에 신뢰할 만한 통계 정보는 찾을 수 없다. 명분 없이 일주일이나 미룬 끝에 만 명이 넘는 사람들이 집을 떠났고 이후 2년간 돌아가지 못했다. 마야크 시설이 비밀로 남아있는 한 방사선도 언급할 수 없어서 의사들은 아픈 사람들을 '특수 질병'으로 진단했다. 비밀은 오랫동안 유지되었다.《체르노빌의 유산Legacy of Chernobyl》이라는 훌륭한 책을 남기기도 한 조레스 메드베데프Zhores Medvedev가 1976년 영국 과학기술잡지《뉴사이언티스트New Scientist》의 기사로 이 사건을 폭로한 후에야 키시팀 참사가 세계에 알려졌다. 이 참사는 국제원전 사고 고장분류지침에서 6등급을 받아 역사상 세 번째로 끔찍한 원자력 사고로 남았다. 1960년 사고 지역을 지났던 소련 과학자 레프 투메르만Lev Tumerman은 메드베데프의 주장을 지지하며 "스베르들롭스크Sverdlovsk에서 100킬로미터 정도 갔을 때 앞으로 20~30킬로미터는 차를 멈추지 말고 최고 속도로 달리라는 고속도로 경고 신호가 보였다. 도로 양쪽의 땅은 시야의 끝까지 '죽어' 있었다. 마을도, 도시도 없었고 파괴된 집들의 굴뚝만 보였다. 경작지, 초원, 동물, 사람, …… 아무것도 없었다"고 회상했다. 사실 CIA는 15년 전부터 키시팀 참사를 알고 있었지만 미국 내 원자력 시설에 대한 공포가 퍼질 것을 우려해 침묵을 지켰다.

10년 후에도 마야크에서 심각한 방사선 사고가 있었다. 카라차이 호Lake Karachay는 10년 넘게 방사성 폐기물 쓰레기장으로 쓰인 작은 호수였다. 폭발 사고 이후 1960년대 중반까지 계속 호수에 방사성 폐기물을 버린 바람에 너무 오염돼서 호숫가에 한 시간만 서 있어도 치사량의 방사선을 쬘 수 있었다. 1965년과 1966년은 유난히

가물었고 호수가 마르기 시작했다. 1967년 봄에도 가뭄이 계속되자 수위가 낮은 지역의 물이 완전히 증발해버렸고 방사성 침전물이 대기에 노출됐다. 격렬한 폭풍이 이 지역을 휩쓸자 거의 말라버린 호수 바닥에서 나온 오염된 입자들이 수백 킬로미터를 날아갔다. 50만 명이 히로시마에 원자 폭탄이 떨어졌을 때와 같은 18만 5천 테라베크렐의 피폭을 겪었다. 바로 10년 전 사고 때도 방사선에 노출됐던 사람들이었다. 몇 년 뒤 비슷한 사고를 방지하기 위해 호수에 속이 빈 콘크리트 블록 수천 개를 떨어트렸다.

소련의 원자력 사고는 군사시설에 국한되지 않았다. 베로야르스크Beloyarsk 원자력 발전소의 운전원들은 1977년 불완전한 노심 용융이 일어난 뒤 방사선에 심각하게 노출됐고, 1년 뒤에도 원자로 화재로 피폭을 겪었다. 이 모든 사건에도 불구하고 소련 당국은 공식적으로 자국의 원자력 프로그램이 절대적으로 안전하다는 태도를 유지했다. 창립자의 이름을 딴 러시아의 선도적 원자력 연구 개발 기관인 I. V. 쿠르차토프Kurchatov 원자력연구소의 부소장 레프 페옥티스토프Lev Feoktistov는 체르노빌 참사가 터지기 1년 전 잡지《소비에트 라이프Soviet Life》에 공동 집필한 글을 실었다. 그는 "소련 최초의 원자력 발전소가 문을 연 이래 30년 동안 발전소 직원이나 근처 주민이 심각하게 위협당한 일은 단 한 번도 없었다. 정상 가동이 중단되어 공기나 물, 흙이 오염되는 결과를 낳은 적도 없다. 소련에서 수행된 모든 연구는 원자력 발전소가 주민들의 건강에 영향을 미치지 않는다는 사실을 완벽하게 증명했다"고 주장했다.

스리마일 섬

체르노빌 참사가 터지기 전까지 가장 널리 알려졌던 원자력 발전소 사고는 1979년 3월 28일 미국 펜실베이니아 주의 스리마일 섬 발전소에서 발생했다. 냉각 시스템이 멈추면서 새로 건설한 두 번째 원자로가 노심 용융을 일으켰다. 부상자는 없었지만 미국 원자력 에너지 역사상 최악의 사고로 여겨진다. 체르노빌과 마찬가지로 실수와 방심이 복잡하게 이어지면서 재앙에 가까운 상황을 만들었다.

사고가 시작되기 11시간 전, 응축액 여과 장치를 세척하던 작업자들은 단단히 막혀 있는 부분을 뚫으려 압축 공기를 주입했다. 덕분에 세척은 마쳤지만 의도치 않게 급수 펌프의 제어 시스템에 물이 조금씩 새어 들어가기 시작했다. 이때 생긴 문제는 사고가 수습된 후에야 발견됐다.

11시간이 지나 새벽 4시, 두 번째 원자로에 사소한 오작동이 생겼다. 핵연료를 통과하지 않는 물을 냉각하는 회로가 적절히 열을 식히지 못해 주 냉각수의 온도가 올라갔다. 원자로는 자동으로 정지되며 연쇄반응을 멈췄지만 붕괴열 때문에 계속 노심 온도가 올라갔다. 원자력 원자로를 설계할 때는 붕괴열로 인한 사고를 막기 위해 자동으로 구동되는 독립 안전 시스템을 복수로 두기 때문에 이것만으로는 문제가 되지 않았다. 하지만 불행히도 우연이 겹쳤다. 함께 가동 중이던 예비 냉각수 펌프 3대는 정기 보수를 위해 밸브가 잠겨 있어서 물을 퍼 올리지 못했다. 마야크 사고처럼 붕괴열 때문에 노심에 에너지가 쌓이기 시작했다. 압력 유지장치의 파일럿 동작형 방출 밸브Pilot-Operated Relief Valve가 열려 압력을 안정시켰지만 그때부터 상황이 꼬이기 시작했다. 11시간 전의 기계적 실수가 영향을 미쳐 밸브가 다시 닫히지 않은 것이다. 두 번째 원자로의 운전원들은 제어판에 '닫힘' 신호가 들어온 것을 보고 방출 밸브가 닫혔다고 오판했다. 그 결과 운전원들은 이후 몇 시간 동안 냉각수가 배출되고 있는 것을 알아채지 못하고 잘못된 조치들을 하게 된다.

냉각수가 빠르게 빠져나가자 통제 컴퓨터는 대신 여압 탱크에서 비상용수를 주입했다. 이렇게 주입된 물의 상당량은 역시 방출밸브를 통해 빠져나갔지만, 압력 유지장치의 감지기를 지나간 물의 양은 아주 많아서 냉각 시스템에 물이 너무 많다는 경고가 떴다. 경고에 속아 넘어간 운전원들이 비상용수의 흐름을 줄이자 원자로에는 사실상 물이 공급되지 않게 됐다. 주 냉각 시스템에 위험한 증기가 쌓이기 시작했다. 증기 거품이 유체로 뭉쳤다가 붕괴되면서 기화하면 배관에 손상을 입힐 수 있는 고압 충격파가 방출된다. 캐비테이션Cavitation으로 알려진 현상이다. 여전히 충분한 양의 물이 냉각 시스템을 따라 흐르고 있다고 믿었던 제어실 직원들은 캐비테이션을 막기 위해 펌프들을 껐다. 수위가 점차 낮아지면서 노심 안에 있는 연료의 상부가 드러났고 높은 온도에 노출된 연료가 녹으면서 남아있는 물에 방사성 입자가 섞였다. 이 모든 일이 진행되는 동안 원자로 운전원들은 무엇이 잘못되었는지 알아내려 안간힘을 쓰고 있었다.

새벽 6시에 교대한 새 제어실 인력이 방출 밸브의 온도가 예상보다 높은 것을 알아챘다. 6시 22분 운전원들이 방출 밸브와 압력

유지장치 사이의 예비 블록 밸브를 잠갔다. 냉각수가 흘러나가는 것
은 멈췄지만 이미 과열된 증기가 들어차 물이 순환하지 않았다. 운
전원들은 냉각 시스템에 천천히 가압수를 주입하며 압력을 높였다.
사고가 터진 지 16시간이 지나서야 캐비테이션 우려 없이 주 냉각
수 펌프를 재가동할 정도의 압력이 되었다. 원자로 온도는 떨어졌지
만 이미 노심의 절반 정도와 연료를 감싼 안전 피복의 90퍼센트가
녹아내린 후였다. 원자로의 격납용기가 끔찍한 재앙을 막았다. 거대
한 금속 차폐물은 노심을 둘러싸고 방사성 물질이 녹아든 물이 유
출되지 않게 막았다. 체르노빌의 RBMK 원자로에는 이 격납용기에
해당하는 방지 장치가 없었다.

　　체르노빌에서 그랬듯 운전원들의 실수를 사고의 근본 원인으
로 지적하는 목소리가 높았다. 하지만 7개월 뒤 지미 카터 대통령
산하의 위원회는 훨씬 실용적인 결론을 내렸다. 이 위원회의 보고서
는 개선할 수 있는 여러 영역에 주목했다. "정상적인 상황에서 발전
소를 운영하기 위한 훈련은 충분했을지 몰라도 개연성 있는 심각한
사고에 관해서는 주의가 부족했다." 또한 "이번 사고에도 적용할 수
있는 일부 운전 절차는 적어도 무척 혼란스럽고, 실제로 운전원들이
그랬던 것처럼 부정확한 조치로 이어질 수 있게 작성되었다"고 지
적했다. 운전원들을 혼란스럽게 하는 제어실의 인터페이스 문제도
언급되었다. "원자로의 운전이 이루어지는 제어실은 여러 면에서 부
족하다. 거대한 제어판에는 수백 개의 경고가 뜨고 일부 핵심 지표
들은 운전원들이 볼 수 없는 위치에 표시된다. …… 사고 초기 몇 분
동안 백 개 이상의 경고가 울렸지만 중요하지 않은 신호를 차단해

운전원들이 중요한 경고에만 집중하게 하는 시스템은 없었다." 마지
막으로 과거의 실수에서 교훈을 얻지 못했다는 변함없는 문제도 있
었다. 1년 전 미국 내 다른 발전소에서 비슷한 사고가 있었지만 스
리마일 섬의 운전원들은 해당 사건에 관한 정보를 얻지 못했다.

지금까지의 사고들을 하나하나 살펴보면 불안해지기도 하지
만, 전체적으로는 원자력 발전이 가장 위험이 적은 에너지 생산 방
식이라는 점을 기억해야 한다. 2013년 미국 항공우주국NASA의 과
학자들은 역대 에너지 생산 데이터를 분석했고, 원자력으로 전기
를 생산하면서 화력 발전으로 같은 양의 전기를 생산할 때 발생할
수 있었던 피해를 줄였다는 사실을 밝혔다. 이들의 계산에 따르면
1971년부터 2009년까지 매년 대기 오염과 관련된 사망 184만 건
과 이산화탄소 64기가톤의 온실가스 배출을 방지한 것으로 추정된
다. 비교적 대기 질이 좋은 유럽과 미국의 발전소를 대상으로 한 데
이터라 실제로는 더 큰 효과를 보고 있을 수도 있다. 칭화대학교 부
교수 텡 페이Teng Fei는 2012년 중국에서 석탄 공해로 67만 명이 사
망했다고 추산했다. 전 세계로 따지면 석탄으로 전력을 1테라와트
시 생산할 때마다 170명이 사망했다. 비교를 위해 다른 전력원들의
2012년 수치도 함께 적어둔다. 테라와트시 당 석유 36명, 바이오 연
료 24명, 풍력 0.15명이었다. 수력은 반차오 댐 사고를 반영해도 테
라와트시 당 1.4명이 사망했지만 여전히 주위 환경을 광범위하게 파
괴한다는 단점이 있다. 반면 원자력 발전은 체르노빌과 후쿠시마 참
사의 피해를 포함해 테라와트시 당 0.09명의 사망자만 발생했다.

2

___

체르노빌

CHERNOBYL

CHERNOBYL 01:23:40

1986년의 참사가 일어나기 전에도 체르노빌에서

원자로 1호기의 노심 일부가 용융되는 심각한 사고가

발생했었다는 사실은 거의 알려지지 않았다.

소련 시절 V. I. 레닌 원자력 발전소라는 공식 명칭으로 알려졌던 체르노빌 발전소는 1970년부터 늪이 많은 우크라이나의 북쪽 국경 근처에 건설되었다. 체르노빌이라는 작은 마을에서 북서쪽으로 15킬로미터 떨어진 지점이었다. 우크라이나 수도와 안전한 거리를 확보하면서 프리퍄티 강이라는 수자원과 서쪽의 오브루치Ovruc 부터 동쪽의 체르니고프Chernigov로 이어지는 기존 철로를 고려해 선택한 위치였다. 이 나라에 처음으로 지어지는 원자력 발전소였고 소련의 원자력 시설 중 가장 훌륭하고 믿을 만한 시설이 되리라는 기대를 받았다. 발전소 건설과 함께 소련의 아홉 번째 아토모그라드Atomograd, 즉 '원자력 도시'가 될 프리퍄티도 3킬로미터 근방에 만들어졌다. 어마어마한 규모의 발전소에서 일할 운전원, 건축 기술자, 사무직원 그리고 그들의 가족 5만여 명이 살 곳이었다. 프리퍄

티는 인구 평균 연령이 26세밖에 안 되는 소련에서 가장 '젊은' 도
시였다.

우크라이나 동부의 슬라뱐스카야Slavyanskaya 화력발전소에서 차
석 엔지니어로 일했던 빅토르 브류하노프Viktor Bryukhanov가 체르노빌
의 소장으로 승진해 이 거대한 발전소를 감독하게 되었다. 35세의
브류하노프는 터빈 전문가이자 충성스러운 공산주의자였으며, 직
원들은 그를 발전소의 책임자로 존경하고 신뢰했던 것 같다. 체르노
빌에서 일했던 한 차장 엔지니어는 "그는 대단한 엔지니어였다. 정
말이다"고 평했다. 새로운 임무를 맡은 브류하노프는 발전소와 도시
의 건설을 모두 관리했고 직원 채용부터 기계와 건축 자재 구매까
지 모든 업무를 조정했다. 부지런히 일했지만 성실한 노력에도 불
구하고 공산주의 체제에서 벌어지는 전형적인 문제들이 터졌다. 수
천 톤의 강화 콘크리트 주문이 누락되었고, 특수 장비는 주문할 곳
을 찾지 못하거나 납품이 되어도 품질이 엉망이었다. 결국 브류하
노프는 임시로 운영되던 현장 작업장에 대체품 제작을 지시해야 했
다. 이러한 혼란 속에 완공이 2년 늦춰지긴 했지만 원자로 1호기
는 몇 달간의 시험을 거쳐 1977년 11월 26일 운전을 시작했다. 이어
1978년에는 2호기, 1981년에는 3호기, 1983년에는 4호기가 가동되
었다.

네 기의 원자로 모두 소련이 비교적 최근 설계한 Reaktor
Bolshoy Moshchnosti Kanalnyy(RBMK)-1000, 즉 고출력 압력관형
원자로였다. 각 원자로는 500메가와트 용량의 증기 터빈 발전기 두
대로 천 메가와트의 전력을 생산했다. RBMK-1000은 감속재와 냉

각재로 각각 흑연과 물을 사용했다. 비교적 오래전인 1960년대에 설계되어 이제는 흔치 않은 조합이었지만 빠르고 강력했으며 원자로 건설이 쉬우면서 비용도 적게 들었다. 유지도 상대적으로 간단했고 가동 연한은 길었다. 각 원자로는 7미터 높이에 너비가 11.8미터에 달하는 거대한 구조물이었다. 1986년에는 RBMK-1000 원자로가 14기 가동되고 8기 더 건설되고 있었다. 그중 2기는 참사 당시 체르노빌에 지어지고 있었고 5호기는 그해 말 완공될 예정이었다. 기존 원자로 4기가 우크라이나 전력 생산량의 10퍼센트를 책임졌고, 5호기와 6호기까지 더해지면 수력 발전소를 제외하고 세계에서 가장 규모가 큰 발전소가 될 예정이었다. 참고로 세계 최대의 수력 발전소는 중국의 싼샤댐에 있으며 발전 용량이 무려 2만 2500메가와트에 달한다.

원자로는 원자가 분열되는 핵분열이라는 과정을 활용해 전기를 생산한다. 모든 물질은 원자로 구성되어 있으며 각 원자는 대부분 비어 있는 공간 중심에 거의 모든 무게를 차지하는 조그마한 핵을 가지고 있다. 양성자와 중성자가 핵을 이룬다. 원자의 비어 있는 공간에서는 전자가 궤도를 돌고 있다. 핵에 있는 양성자와 중성자의 수에 따라 원자의 종류가 결정된다. 예를 들어 원소 금은 79개의 양성자를 가지며 무겁기로 유명하다. 구리는 양성자가 29개밖에 없고 금보다 훨씬 덜 밀집되어 있다. 산소의 양성자는 8개뿐이다. 모든 원소에서 양성자와 같은 수의 전자가 궤도를 돌고 있지만 같은 원자라도 다른 수의 중성자를 가질 수 있다. 이렇게 같은 원소의 다른 유형들을 동위원소라 한다. 자동차로 생각하면 같은 모델 내에서

옵션을 추가했다고 할 수 있다. 메르세데스 벤츠는 다양한 모델, 즉 원소를 보유하고 있다. 하지만 같은 모델에서도 엔진 출력이나 실내 장식, 외부 페인트를 다르게 택할 수 있다. 그러면 같은 모델이라도 형태가 달라진다. 안정된 동위원소, 즉 자연적 방사성 붕괴가 일어나지 않는 동위원소는 안정한 핵종이라 불린다. 반면 불안정한 동위원소를 통틀어 방사성 핵종이라 한다. 핵분열의 결과 이 두 유형의 동위원소가 생성되면 '핵분열 생산물'이라 하고 대부분은 다양한 방사성 핵종이 된다. 이런 방사성 핵종이 원자로에서 일어나는 반응의 폐기물이며 뜨겁고 독성이 강하다.

RBMK는 거의 모든 상업형 원자로와 마찬가지로 우라늄을 연료로 쓴다. 우라늄은 92개의 양성자를 가지며 자연에서 만들어지는 원소 중 가장 무겁다. 천연 우라늄에는 핵분열을 일으키는 동위원소 우라늄(양성자 92개, 중성자 143개)이 0.7퍼센트만 포함되어 있다. 체르노빌 4호기 같은 2세대 RBMK 원자로에서는 저렴하지만 우라늄이 조금 더 농축된 연료 190톤이 1,661개의 수직 압력관에 들어간다. 연료 중 우라늄의 농도는 2퍼센트다. 원자로 노심 내부에서 핵반응이 일어나는 동안 중성자들은 다른 우라늄 원소의 핵과 충돌하고, 충격을 받은 핵은 쪼개지면서 열의 형태로 에너지를 방출한다. 이 과정에서 두세 개의 중성자가 추가로 생성된다. 새 중성자들은 다시 더 많은 우라늄 연료와 충돌해 핵을 쪼개고 새 중성자를 만드는 반응을 반복한다. 이 반응이 원자로 안에서 열을 만들어내는 핵분열 연쇄반응이다. 동시에 뜨거운 핵분열 생성물의 형태로 새로운 물질들이 만들어진다.

원자폭탄에서도 같은 원리의 핵분열 연쇄반응을 이용하지만 원자력 발전에서는 물리적으로 핵폭발이 일어날 수 없게 설계하면서 필요한 수준의 열을 만들어내는 정도로 중성자의 방출을 통제한다. 발전소 원자로에서는 거의 농축하지 않은 우라늄이나 플라토늄 원료를 넓은 공간에 분산하고 반응을 억제할 수 있는 제어봉으로 감싼다. 반면 원자폭탄에서는 같은 반응을 즉각적이면서 훨씬 강력한 강도로 일으키기 위해 우라늄이나 플라토늄을 90퍼센트 이상 농축한 두 반구를 강제로 접촉해 폭발시킨다.

어떤 원자력 시설이든 방사선 방출을 막는 것이 가장 중요하다. 그래서 발전소들은 '심층 방어'라는 안전 철학에 따라 건설되고 운영된다. 심층 방어는 안전 문화를 수용해 사고를 방지하는 것을 목표로 하지만 기계와 인간은 실패할 수밖에 없다는 사실도 인정한다. 불운이 겹친 상황에서 발생할 수 있는 문제까지 모두 예상하고 고려해 다양한 중복 대책을 설계해야 한다. 따라서 안전 시스템에 깊이를 확보하는 것이 목표다. 러시아 인형 마트료시카에서 가장 안에 있는 인형에 도달하려면 몇 겹을 거쳐야 하는 것과 유사하다. 한 장치가 실패해도 다음 장치가, 또 다음 장치가, 또 다음 장치가 여전히 동작한다. 첫 번째 장벽은 연료 자체를 세라믹 펠릿으로 만드는 것이고, 그다음 각 연료봉에 지르코늄 합금을 입힌다. 현대의 일반적인 상업 원전에서는 핵분열이 일어나는 노심을 둘러싸는 세 번째 장벽을 설치한다. '압력 용기'라 불리는 이 금속 차폐물은 거의 난공불락이다. 하지만 RBMK는 전통적 압력 용기를 포기하는 대신 원자로 주위를 강화 콘크리트로 둘렀고 천장과 바닥에 생체차폐라 불리는 거대한 금속판을 두었다. RBMK 설계에 맞는 기준과 복잡성을 반영해 적절한 압력 용기를 추가하려면 각 원자로의 건설 비용이 두 배가 될 것으로 추정되었다. 네 번째이자 마지막 장벽은 밀폐된 격납건물이다. 원자력 격납건물이 몇 미터 두께에 달하는 콘트리트나 금속 벽, 또는 둘의 조합으로 단단히 보강된다는 사실은 잘 알려져 있다. 시속 몇백 킬로미터로 하강하는 여객기와 충돌해도 견디도록 설계되며, 상상도 할 수 없는 압력 용기의 파손에도 견딜 수 있어야 한다. 믿을 수 없는 일이지만 RBMK의 원자로 건물은 진정한 격납건물이라 칭할 수 없는 수준이었다. 공사 비용을 더 줄이려 했던 결과였을 것이다.

가장 중요한 안전 장벽을 두 가지나 빠트린 RBMK 원자로는 설계나 승인, 건설은 고사하고 처음부터 고려의 대상이 되지 말았어야 했다. 소련 정부는 이미 이러한 문제를 알고 있었지만 'Vodo-Vodyanoi Energetichesky Reaktor(VVER)', 즉 수水-수水형 원자로 대신 RBMK 설계를 택했다. 가압수형 원자로인 VVER은 건설 비용이 더 비싸지만 발전 용량은 미미하게 적었기 때문이다. 항상 산업 안전 규정을 지킬 테니 RBMK에서 대형 사고가 터질 일은 없다는 것이 당시의 일반적 인식이었다. 그들은 추가 안전 조치는 필요 없다고 결정했다.

핵분열 반응을 일으키려면 중성자 감속재가 필요하다. RBMK 원자로에서는 연료관을 길쭉한 흑연 덩어리로 감쌌고 원자로마다 흑연 1,850톤이 들어갔다. 흑연은 연료 속에서 움직이는 중성자들의 속도를 늦춘다. 중성자들의 속도가 줄어들면 우라늄의 핵과 충돌

해 핵을 분열시킬 확률이 훨씬 더 커지기 때문이다. 골프를 생각해
보자. 공이 홀컵에서 겨우 몇 센티미터 떨어져 있다면 온 힘을 다해
세게 치지 말고 천천히 건드려야 한다. 원자로 내의 중성자도 마찬
가지다. 핵분열이 자주 일어날수록 연쇄반응이 이어지고 더 많은 에
너지가 생산된다. 다시 말해 흑연 감속재는 연쇄반응에 적합한 환경
을 조성한다. 전통적 의미의 불에서 산소의 역할을 생각해 보라. 전
세계의 땔감을 모두 모아도 산소가 없으면 불길이 일어나지 않는다.

흑연을 감속재로 사용하면 대단히 위험할 수 있다. 냉각수가
없거나 '공극voids'이라 불리는 증기 포켓이 존재하면 핵반응이 계속
되고 심지어 더 증가할 수도 있다. 이런 문제는 양의 보이드 계수라
알려졌으며 해당 원자로의 설계가 형편없다는 사실을 말해준다. 흑
연 감속 원자로는 1950년대 미국에서 연구와 플루토늄 생산에 활용
되었으나 곧 안전에서의 약점이 알려졌다. 이제는 서구의 거의 모든
원자력 발전소에서 감속재와 냉각재로 모두 물을 사용하는 가압수
형 원자로 또는 비등수형 원자로를 채택했다. 두 모델에서는 냉각을
위해 원자로에 투입된 물이 동시에 연쇄반응을 가능하게 하는 감속
재로 작용한다. 따라서 물 공급이 중단되면 연쇄반응이 계속될 수
없고 핵분열도 멈춘다. 훨씬 더 안전한 설계다. 지금도 흑연 감속재
를 사용하는 상업용 원자로는 거의 없다. RBMK와 RBMK에서 파
생된 모델 외에는 영국의 개량 가스냉각형 원자로 EGP-6가 흑연
감속재를 사용하는 원자로로는 유일하게 가동 중이다. 현재 건설 중
인 중국 쉬다오 원자력 발전소에도 새로운 형태의 개량 가스냉각형
실험용 원자로가 세워질 예정이다. 이 발전소에는 흑연을 감속재로

사용하는 고온페블베드 모듈형 원자로가 두 기 들어서며, 1호기는 2019년 중순 시험 운전을 시작한다.

핵분열에서 발생하는 엄청난 열 때문에 무슨 수를 쓰든 원자로의 노심을 일정 온도 이하로 유지해야 한다. 특히 다른 유형의 원자로에 비해 상대적으로 '놀랍게도 높은 온도'에서 가동되는 RBMK에서는 더욱 중요한 문제다. 영국의 원자력 전문가 에릭 보이스Eric Voice 박사에 따르면 RBMK 원자로에서 가장 뜨거운 지점은 섭씨 500도에서 700도까지 올라간다. 일반적인 가압수형 원자로는 섭씨 275도 정도에서 가동된다. 원자로의 냉각재로는 기체부터 액체 금속, 소금까지 다양한 물질을 사용할 수 있지만 체르노빌에서는 수많은 다른 원자로와 같은 이유로 경수를 택했다. 물을 그냥 사용하면 되기 때문이다. 처음에는 기체로 원자로를 냉각하려 했지만 필요한 장치가 부족해 물로 바꿨다. 천 평방인치당 파운드 또는 65기압의 고압으로 퍼 올려진 물은 원자로의 바닥에서 데워지며 위로 올라가 물에서 증기를 분리하는 응축기를 거친다. 남은 물은 모두 펌프로 돌아가 다시 원자로에 공급된다. 그사이 증기는 증기 터빈으로 들어가 터빈을 돌려 전기를 생산한다. RBMK 원자로는 시간당 5,800톤의 증기를 생산한다. 터빈 발전기를 거친 증기는 물로 응축되어 펌프로 돌아가고 다시 순환을 시작한다.

이런 냉각 방식에는 한 가지 큰 단점이 있다. 일반적인 가압수형 원자로와 달리 냉각 펌프를 거쳐 증기가 되고 터빈까지 돌렸던 물이 다시 원자로로 들어간다. 즉 시스템의 모든 영역에 방사성 물질을 포함하는 물이 존재한다. 가압수형 원자로에서는 열교환기를 사용해 원자로 속 물의 열을 깨끗한 저압의 물에 전달한다. 그러면 터빈은 오염되지 않고 안전과 유지 관리, 냉각수 배출에 훨씬 유리하다. 두 번째 문제는 노심에서 증기가 생성되므로 위험한 증기 포켓이 생기기 쉽고 보이드 계수가 양의 값을 가질 가능성도 커진다는 것이다. 냉각재와 감속재로 모두 물을 사용하는 가압수형 원자로에서는 문제가 되지 않지만 흑연을 감속재로 사용하는 비등수형 원자로에서는 다르다.

원자로에서 방출되는 에너지를 통제하는 데 '제어봉'이 사용된다. RBMK의 제어봉은 길고 얇은 원기둥 모양으로 반응을 억제하기 위해 대부분 중성자를 흡수하는 탄화붕소로 이루어져 있다. 제어봉을 노심에서 빼내도 붕소가 차지했던 자리에 냉각수가 들어가지 않도록 각 제어봉의 끝은 역시 중성자를 흡수하는 흑연으로 만들어져 있다. 그래야 제어봉을 다시 삽입했을 때 반응도에 더 큰 영향을 미치기 때문이다. 체르노빌의 제어봉 211개는 필요에 따라 위에서 아래로 노심에 삽입되었고 보조용 짧은 '흡수봉'이 24개 더 있었다. 흡수봉 역시 위에서 아래로 삽입되면서 노심의 폭을 따라 출력량이 고르게 분산되게 했다. 제어봉이 원자로 노심에 많이 들어갈수록 노심을 관통하면서 출력이 줄었다. 반대로 제어봉을 들어올리면 출력이 늘었다. 모든 제어봉을 동시에 삽입할 수도 있었고, 운전원의 뜻에 따라 깊이를 조정할 수 있었으며, 필요에 따라 분리한 뒤 묶어서 삽입할 수도 있었다. RBMK의 제어봉은 서구의 기준과 비교하면 믿을 수 없을 정도로 느려서 가장 높은 위치에서 완전히 삽입하려면 18~21초가 걸린다. 캐나다의 CANDU 원자로를 비롯한 일부 시설에서는 1초면 끝나는 작업이다.

1986년의 참사가 일어나기 전에도 체르노빌에서 원자로 1호기의 노심 일부가 용융되는 심각한 사고가 발생했었다는 사실은 거의 알려지지 않았다. 1982년 9월 9일에 벌어진 사고는 몇 년 뒤까지 비밀로 남아 있었다. 자세하고 믿을 만한 사건 자료, 특히 영어 자료는 구하기 어렵다. 하지만 냉각수 제어 밸브가 잠겨서 물이 흐르는 관이 과열되고 원자로 안의 핵연료 집합체와 흑연 일부가 손상되었던 것으로 보인다. 소련 국가보안위원회KGB가 다음 날 남긴 기밀문서에 따르면 "1982년 9월 13일 완료될 예정이었던 체르노빌 발전소 1호기 연료체의 계획 정비 작업에 따라 9월 9일 원자로를 시운전했다. 출력이 20퍼센트로 증가하자 압력 계통/부하 연료체 1,640개 중 하나가 부서졌다. 동시에 그 연료체가 들어 있던 기둥도 깨졌다. 게다가 흑연 더미가 일부 젖어 들어가기 시작했다." 연료와 흑연이 물이 흐르는 관에 쓸려 들어갔고 굴뚝으로 핵분열 생성물들이 배출됐다. 그 결과 냉각수가 원자로에 제대로 도달하지 못하면서 부분적으로 노심 용융이 일어났다.

운전원들은 오랫동안 무슨 일이 일어나는지 제대로 파악하지 못했고 경고 신호를 30분 가까이 무시했다. 이후 KGB의 조사원은 냉각수 공급을 고의로 중단했던 발전소 직원들의 태만 행위를 간과한 듯하다. 두 기관에서 발전소 인근에서 방사성 오염 수치를 측정했는데 그 결과가 확연히 달랐다. 정부의 원자력산업위원회는 오염이 거의 없었다고 보고했지만 우크라이나과학원 산하 원자력연구소에서 파견된 생물물리학자들은 허용 한도의 수백 배에 달하는 방사선을 발견했다. 이후 체르노빌 참사를 분석한 두 고위층 인사는 1982년과 1986년의 두 사건에서 모두 공식 보고서에 동의하지 않았다. 사고 당일 근무 중이었던 원자로 운전원들은 잘못된 조치가 전혀 없었다고 주장했다. 체르노빌에서 1979년부터 1989년까지 선임 엔지니어로 일했던 니콜라이 V. 카르판Nikolai V. Karpan은 "목격자이자 사고 수습에 참여했던 사람으로서, 원자로에 급수를 완전히 차단했던 체르노빌의 ATS 엔지니어들에게 책임을 돌린 발전기술과학설계연구소NIKIET의 보고서는 그들 나름의 설명이라는 말밖에 할 수 없다"고 적었다. "그날 유수량을 조정했던 감독자들과 설비관리팀은 거듭해서 그들이 범했다고 알려진 오류를 부인하고 있다. 그날 그들은 규정을 엄격하게 지키며 평소처럼 일했고, 규정에 따라 수로에 물 공급이 완전히 차단되는 것을 기계적으로 막는 유도판을 조절 장치에 설치할 예정이었다." 원자로 설계의 결함 또는 더 개연성이 있는 장비의 제조상 결함이 주요 원인으로 확인되었을 가능성이 크지만 정치인들은 대신 운전원들을 비난하는 손쉬운 대안을 택했다. 막대한 비용을 들여 개발하고 건설했으며 이미 다른 두 발전소에서 돌아가고 있는 최신식 원자로의 설계가 잘못되었다는 사실을 인정하기보다는 사람 탓을 하는 쪽이 훨씬 구미에 맞았다. 직접 조사를 하고 보고했던 체르노빌의 연구 감독관도 이 비공식적 설명에 힘을 실었다. "지르코늄 관 파이프는 벽에 가해진 잔여 내부 응력 때문에 파괴된 것으로 밝혀졌다. 해당 부품 제조사는 자발적으로 관 파이프의 생산 공정을 바꿨고 이 '참신한 시도'가 원자로 내 사고로 이어졌다."

1982년 체르노빌에서 일이 터지기 전에도 레닌그라드 원자력 발전소에서 RBMK 원자로의 설계가 원인이 된 심각한 사고가 있었다. 1975년 11월 1호기의 노심이 일부 용융된 것이다. 이 사고에 관한 자세한 정보는 체르노빌의 1982년 사건보다 더 찾기 어렵지만 모스크바 원자력발전운전연구소의 엔지니어 빅토르 M. 드미트리에프Viktor M. Dmitriev가 운영하는 웹페이지에서 어떤 일이 있었는지 확인할 수 있다. 이 사고는 1986년 체르노빌 참사와 놀라울 정도로 닮은 점이 몇 가지 있었다. 레닌그라드의 원자로 1호기는 정기 보수 후 재가동 중이었고, 운전원들이 결함 때문에 두 개의 터빈 중 하나를 분리했을 때는 출력이 800메가와트에 달했다. 원자로를 안정적으로 유지하려면 500메가와트로 줄여야 했다. 그때 야간 근무조가 도착해 저녁 근무조의 업무를 넘겨받았다. 새벽 2시에 제어실의 누군가가 실수로 유일하게 연결되어 있던 터빈을 분리했고, 비상 컴퓨터 시스템이 가동되면서 자동으로 원자로가 정지됐다. 나중에 설명하겠지만 원자로에서 독작용Poisoning이 시작되면서 운전원들은 원자로를 최대 출력으로 되돌리는 것을 시도하거나 그대로 정지되게 두는 갈림길에 섰다. 어느 쪽이든 대가가 따를 터였다. 그들은 10여 년 후 체르노빌에서 그랬던 것처럼 출력을 높이는 쪽을 택했다. 상황은 뜻대로 풀리지 않았다. 체르노빌에서 교육을 받으러 왔다가 우연히 사고 현장에 있었던 V. I. 보레츠Boretz는 "원자로가 정지된 후 출력이 올라가는 동안 운전원들이 제어봉을 들어 올리는 등 반응성을 바꾸는 조치를 하지 않았는데도 갑자기 원자로가 저절로 가속 시간을 줄이며 속도를 높이곤 했다. 다르게 말하자면, 폭발하려 했다"고 회상했다. "비상방호시스템 때문에 원자로의 가속이 두 번 중단됐다. (사실 기준을 초과하는 출력과 출력이 증가하는 속도로 인해 비상방호시스템은 세 번 이상 가동되었다. - 빅토르 M. 드미트리에프 주) 자동으로 작동되는 네 개의 제어봉에 더해 수동 조작하는 추가 제어봉들까지 삽입하는 표준적 방법대로 출력이 증가하는 속도를 늦추려 했던 운전원들의 시도는 실패했고, 속도는 점점 빨라졌다. 원자로는 비상방호시스템이 작동하고서야 멈췄다." 원자로가 다시 통제되기 전 최종적으로 도달했던 출력은 정격 용량의 두 배에 가까운 1,720메가와트였다.

사고를 조사한 정부위원회는 심각한 설계 결함을 찾아냈고 1976년 보이드 계수 낮추기, 제어봉 설계 수정, '급속 비상 방호'를 위한 제어봉 추가 설치를 권고했다. 새 제어봉 설계안이 마련되었지만 어떤 원자로에도 적용되지 않았다. 1981년 10월 16일 KGB에 제출된 보고서는 체르노빌의 건설 과정과 장비 품질에 대한 우려를 드러냈다. 보고서에 따르면 발전소가 가동되고 4년간 29번의 비상정지가 있었다. 8번은 직원의 실수가, 나머지는 기술적 결함이 원인이었다. "제어 장치는 신뢰도 기준을 충족하지 못했다." 보고서가 작성된 날까지 전력전화부와 원자로 설계를 담당하는 연구소가 '여러 차례' 이러한 결함에 주목했으나 아무런 조치도 취해지지 않았다.

1983년 말, 리투아니아에 새로 건설된 이그날리나Ignalina 원자력 발전소에서 첫 RBMK 원자로의 시험 테스트가 시작됐고 곧 제어봉이 원자로에 동시에 삽입되면 출력이 갑자기 높아지는 문제가 발견됐다. 기본 원리는 몇 년 후 벌어질 체르노빌 참사와 같았다. 이그날리나에서는 연료가 새것이었고 원자로도 안정적이었으며 제어봉이 노심 밑바닥까지 내려갔기 때문에 붕소가 노출되어 원자로가 다시 통제됐다. 이 중대한 발견은 관련 부처와 기관에 전해졌지만 역시 아무것도 바뀌지 않았다. 1984년 10월 KGB에 제출된 또 다른 보고서는 체르노빌 원자로 1호기의 냉각 시스템에서 일어난 문제들을 짚었다. 바로 관련 부처에 필요한 정보가 전달되었으나 "지금(1984년) 건설 중인 5호기와 6호기에도 이 조언들이 반영되지 않았다." 중요한 정보를 의도적으로 반복해 무시한 사례들을 보면 "RBMK 원자로는 폭발할 운명이었다"는 체르노빌의 차석 엔지니어 아나톨리 댜틀로프Anatoly Dyatlov의 말에 동의할 수밖에 없다.

3

매혹

FASCINATION

CHERNOBYL 01:23:40

아직 학생이었던 내 삶에는 너무나 많은 일이 일어났고

나는 곧 역시 매혹적인 다른 무언가로 시선을 돌렸다.

그래도 수년간 체르노빌 참사라는 주제로 몇 번이나 돌아왔고

그때마다 더 많은 것을 알고 싶다는 욕망을 느꼈다.

언제 처음 체르노빌에 관심을 가졌는지는 기억나지 않는다. 어린 시절 종종 원자로 노심이 녹아버린 후 버려진 도시에 관한 짧은 이야기들을 듣곤 했다. 노심 용융이 뭔지는 몰라도 공상과학소설에 나올 법한 얘기처럼 들렸다. 지어낸 말 같겠지만 내 흥미를 자극한 것은 사고 자체가 아니라 어딘가 실재하는 진짜 도시가 버림받았다는 사실이었다. 버려진 도시를 생각하면 마음이 벅찼다. 종종 그런 장소를 걸으면 어떨지, 아주 친숙하지만 완전히 비워진 곳에 있으면 어떨지 상상하곤 했다. 비극이 닥치기 전에는 어떤 곳이었을지도 궁금했다.

대학교에 입학한 2005년에야 홀로 자전거를 타고 출입금지구역에 다녀온 이의 사진을 보았다. 결국 꾸며낸 일로 밝혀졌지만 나는 체르노빌 여행이 유행하기 전부터 그곳에서 벌어진 일들에 매혹되었다. 사고 현장을 담은 사진을 열심히 찾아다녔고, 그 유명한 체르노빌의 환기 굴뚝이 내 기억 속에 깊이 각인된 것도 그때였다. 2007년 어둡고 무질서한 PC 비디오 게임 '스토커: 쉐도우 오브 체르노빌Stalker: Shadow of Chernobyl'이 공개되었고 나는 모니터 속에서 내가 보고 읽어온 공간을 방문하고 탐험할 수 있었다. 이 게임은 체르노빌 참사 이후 출입금지구역에서 기이하고 초자연적인 이상 현상들이 일어나는 세계를 배경으로 한다. 분명히 단점도 있지만 우크라이나인 개발자들은 사진에 찍힌 장소를 알아볼 수 있을 정도로 정확하게 공간을 재현했고 분위기에 어울리는 설정을 내세웠다. 게임을 하면 할수록 직접 그곳에 가서 내 눈으로 발전소를 보고 싶다는 열망이 커졌다. 하지만 아직 학생이었던 내 삶에는 너무나 많은 일이 일어났고 나는 곧 역시 매혹적인 다른 무언가로 시선을 돌렸다. 그래도 수년간 체르노빌 참사라는 주제로 몇 번이나 돌아왔고 그때마다 더 많은 것을 알고 싶다는 욕망을 느꼈다.

후쿠시마 참사가 모든 것을 바꿨다. 2011년 3월 11일, 현지 시각으로 14시 46분, 일본 도호쿠의 오시카 반도에서 동쪽으로 70킬로미터 떨어진 지점에서 역사상 다섯 번째로 강력한 진도 9.0의 지진이 일어났다. 해저지진은 40미터에 달하는 쓰나미를 일으키며 해안을 강타했고 진로에 있는 모든 것을 파괴하며 내륙으로 10킬로미터 전진했다. 뒤이은 혼란 속에 1만 6천 명이 넘게 사망했고 백만여 채의 건물이 파괴되거나 손상되며 40만 명 이상이 집을 잃었다. 세계은행이 추산한 경제적 손실은 2350억 미국 달러에 달해 역사상 가장 비싼 대가를 치르게 한 자연재해로 기록되었다. 쓰나미는 홍수 대비가 허술했던 40년 역사의 후쿠시마 다이이치 원전을 덮쳤고 예비 디젤 발전기를 포함해 부지 전체를 침수시켰다. 지진이 감지되자마자 후쿠시마 원전은 가동 중이던 원자로 3기를 정지하고 비상용 디젤 발전기로 붕괴열 냉각을 시작했다. 그러나 발전기가 물에 잠겨 쓸모없게 되자 온 나라가 혼란에 빠졌다. 지진으로 엉망이 된 길을 헤치고 간신히 도착한 소방차들은 호스를 원자로 펌프에 연결하려 했지만 현장에 알맞은 연결 장치가 없었다. 직원들의 용맹한 노력에도 불구하고 세 기의 원자로가 모두 녹아내렸고 격납건물은 수소 폭발로 심각하게 손상되었다. 역사상 두 번째로 심각한 원자력 사고였고, 7등급으로 나뉜 국제원전사고 고장분류지침에서 체르노빌 참사 외에 유일하게 7등급에 해당하는 사고였다. 후쿠시마 원전의 다른 원자로 3기는 사고 당시 연료를 보충하기 위해 가동이 중단된 상태였다. 아니면 어떤 상황이 펼쳐졌을지 알 수 없다.

치명적인 쓰나미가 일본의 발전소를 짓밟은 뒤 나는 컴퓨터에 달라붙은 채 인터넷을 샅샅이 훑으며 새로운 정보를 찾았다. 눈을 동그랗게 뜨고 생존자들이 유튜브에 올린 영상을 보고 또 봤다. 막을 수 없는 물의 장벽이 핸드폰으로 촬영된 영상에 담겨 있었다. 물은 진로에 있는 모든 것을 쓸어버렸다. 가벼운 자전거부터 거대한 어선까지 종이 한 장처럼 던져버렸다. 마을 하나가 납작해진 채 그대로 내륙으로 쓸려갔다. 후쿠시마 다이이치의 상황이 시시각각 더 악화하자 온라인 포럼과 블로그에 자리를 잡은 사람들은 어떤 일이 일어날지 추측했다. 제2의 체르노빌 참사가 될까? 갑자기 방구석 원자력 전문가들이 대거 등장해 발전소의 안전 시스템에 관한 의견을 내놓고 일본이 이런 사태에 얼마나 잘 대비했는지 평가했다.

　나중에야 알았지만 당시 내가 가장 박식하다고 느꼈던 이도 틀린 의견을 내놓았다. 그는 원자로가 난공불락이며 이번 쓰나미도 노심 용융까지는 일으키지 못할 거라 주장했다. 다른 많은 이들과 마찬가지로 나도 사고가 환경과 근처 주민에게 어떤 영향을 미칠지 궁금했다. 그리고 내가 관심과는 별개로 원자로가 어떻게 작동하는지, 원자로의 안전 시스템이 얼마나 훌륭한지 근본적으로 이해하지 못한다는 사실을 깨달았다. 그린피스와 같은 단체들은 원자력 발전이 안전하지 않고 처리할 수 없는 악성 폐기물을 만들어낸다고 목소리를 높이며 타협을 거부한다. 옹호자들은 전 세계에서 원자력 발전으로 인한 사망자 수는 석탄 발전의 3분의 1에 불과하다고 받아친다. 석탄 발전소에서 발생하는 비산재는 원자력 발전소에서 같은 양의 전력을 생산할 때보다 100배 더 많은 방사선을 주위에 실어 나른다. 사실 원자력은 상업화된 다른 어떤 발전 방식보다 더 깨끗하게 전기를 만들어낸다.

　그렇다면 누구의 말이 맞을까? 원자력 발전을 둘러싸고 엄청난 공포와 선전이 넘쳐나서 충분한 지식 없이는 무엇을 믿어야 할지 알아내기가 거의 불가능하다. 나는 내 힘으로 진실을 알아내고 싶었고, 원자력 발전의 비밀과 잠재적 위험에 좀 더 진지하게 접근하기 시작했다. 인간이 초래한 역사상 최악의 재난보다 더 좋은 교재가 있을까? 체르노빌에서 무엇이 잘못됐고, 어떻게 그런 참사가 일어났고, 누구에게 책임이 있고, 어떤 교훈을 남겼는지 알고 싶었다. 먼저 찾을 수 있는 모든 다큐멘터리를 보았다. 어떤 작품은 객관적이고 유익했지만 추측만으로 그곳에서 벌어진 일들에 관한 '사실'을 창조해내는 뻔뻔한 작품들도 있었다. 소련이 제일 처음 내놓은 설명은 오해의 소지가 많아 상황을 더욱 복잡하게 만들었다. 이 때문에 사고가 터지고 몇 년 사이 나온 책들은 정확하지 않았다. 나는 수많은 거짓 정보가 이 전설적인 원자력 사고를 둘러싸고 있다는 사실을 깨달았다. 모두 체르노빌 참사를 들어본 적이 있지만 정말 무슨 일이 있었는지 아는 이들은 얼마 되지 않는다. 시야를 흐리는 정보들은 진실을 알고 싶다는 내 의지를 더 강하게 할 뿐이었다.

2011년 8월 말, 몇 달 만에 처음으로 우연히 한 사진 포럼에 접속했다가 체르노빌의 출입금지구역을 찾아가는 여행 광고를 보았다. 일찌감치 예약이 마감됐지만 막상 날짜가 다가오자 여행을 취소한 이들이 몇 명 있었던가 보다. 10월 8일 출발하는 일정으로 바로 몇 주 후였다. 호기심이 많은 여행객에게 출입금지구역을 구경시켜주는 상품은 몇 가지 알고 있었지만 모두 감독 하에 승인된 경로만 갈 수 있었다. 그나마도 당시에는 모두 공공기물파손으로 인해 중단된 상태였다. 하지만 이 상품은 달랐다. 프리퍄티를 자유롭게 돌아다닐 수 있다고 했다. 어떤 사람들이 이 여행에 참여하는지 알 수 없었지만 26살의 가난뱅이 실업자였던 나는 탐험에 합류하기로 했다. 우크라이나 국내 교통비와 저녁이 포함된 가격이 425파운드로 예상보다 저렴했다. 해볼 만했다. 물론 내가 살던 스코틀랜드 애버딘셔Aberdeenshire에서 런던에 가고 다시 탐험의 출발지인 키예프까지 날아가는 왕복 비용을 생각하면 총 경비는 천 파운드에 근접했다. 그 돈이면 버스와 숙박, 가이드, 조식, 그리고 가장 중요할 것으로 생각되는 뇌물까지 감당할 수 있을 것 같았다.

하지만 어떻게 몇 주 만에 천 파운드를 만들까? 내 손에 처음 들어온 제대로 된 전기기타이자 아름다운 붉은 몸체를 자랑하는 아이바네스 조 새트리아니 시그니처Ibanez Joe Satriani Signature JS-100을 팔기로 했다. 650파운드에 사서 제대로 써보지도 못한 니콘 105밀리미터 매크로 렌즈도 떠나보내야 했다. 기타와 헤어지려니 슬펐다. 내가 처음으로 사랑에 빠진 악기였지만 1년 전부터는 쉑터Schecter 30주년 기념 모델 C-1을 주로 치고 있었고, 렌즈는 한 달에 한 번 쓸까 말까 했다. 나는 두 물건을 이베이에 올렸다. 아프리카의 두 사기꾼 그리고 몇몇 고객과 몇 주를 낭비한 후 자비롭게 부족한 돈을 빌려주신 부모님 덕분에 필요한 돈을 모두 마련할 수 있었다.

탐험대는 일단 10월 8일 런던 외곽의 루턴Luton 공항에 모인 후 우크라이나 키예프 근처의 보리스필Boryspil 국제공항으로 날아가 유럽의 다른 지역에서 온 사람들과 뭉칠 예정이었다. 영국에서 런던과 가장 먼 지역이라 할 수 있는 애버딘Aberdeen 북쪽의 시골 마을에 사는 나는 먼저 런던으로 가야 했다. 12시간이 걸리는 지옥 같은 버스 마라톤 아니면 기차로 두 시간 반 거리의 에든버러에 가서 런던으로 향하는 심야 직행열차로 갈아타는 두 가지 선택지 중 후자를 택했다. 어렸을 때부터 침대 열차를 타고 여행해 보고 싶었다. '오리엔트 특급 살인'이 떠오르며 모험심이 솟아올랐고, 비좁고 답답한 버스와 달리 제대로 쉴 수 있다는 이점도 있었다.

금요일 저녁, 아버지가 나를 집에서 8킬로미터 떨어진 가장 가까운 버스정류장에 내려주고 작별 인사를 건넸다. 나는 버스로 한 시간 동안 50킬로미터를 이동해 우아한 빅토리아 시대풍의 애버딘 역에 들어섰다. 최근 철과 유리로 천장으로 재단장한 이 역에서 내가 탈 첫 번째 열차가 출발했다. 스코틀랜드 동부 해안지역을 달리는 여행은 평온했고 곧 창문에는 내 모습만 반사되었다. 나는 의자를 뒤로 젖히고 핸드폰을 꺼내 이날 출시된 '마인크래프트: 포켓에디션Minecraft: Pocket Edition' 게임을 시작했다. 체르노빌에서 마인크래프트를 하는 첫 번째 사람이 된다고 생각하자 신이 났다. 완벽한 어둠 속에 위풍당당한 포스 철교Forth Rail Bridge를 건너 에딘버러 웨이벌리Edinburgh Waverley 역에 도착하면서 런던으로 향하는 여정의 1부가 끝났다. 밤 11시였다. 나는 기차에서 내린 뒤 역의 반대편 한쪽 구석에서 조용히 쉬고 있는 다음 기차를 찾았고, 유니폼을 입은 승무원에게 런던으로 가는 기차가 맞는지 확인했다.

예전에 프레스턴Preston부터 랭커스터Lancaster까지 25킬로미터를 가려고 아홉 량짜리 기차를 탄 적이 있었다. 나는 30분 후에야 기차가 정차하지 않는다는 것을 깨달았다. 무표정한 얼굴의 승무원은 내 질문을 듣고 평정심을 유지하려 애쓰며 내가 거의 300킬로미터 떨어진 글래스고Glasgow까지 가는 무정차 직행열차를 타고 있다고 알려주었다. 맙소사……. 승무원들은 오직 나를 위해 중간 지점인 칼라일Carlisle로 잠시 기차를 돌렸다.

하지만 오늘은 승무원이 맞는 기차라고 확인해주었다. "오늘은 마워이에요." 내 객실을 찾아 문을 열었다. 다른 친구는 아직 없었다. 나는 위층 침대를 선점하려 유치하게 깃발처럼 가방을 걸어두었다. 시간이 흘렀지만 아무도 오지 않았다. 출발할 시간이 되자 아까

그 승무원이 노크하고 얼굴을 들이밀더니 같은 객실의 손님이 탑승하지 않았다고 전했다. 조그마한 객실을 홀로 차지했지만 곧 기차에서 자기가 쉽지 않다는 사실을 깨달았다. 남쪽에서 수도로 향하는 내내 기차는 계속 덜컹거리다 휘어졌고 멈췄다 달리기를 반복했다.

기차는 새벽 4시에 나도 모르게 런던에 입성했다. 춥고 피곤했지만 개트윅Gatwick 공항까지 가는 열차를 탈 역으로 서둘러 걸어갔다. 두 시간 만에 공항에 도착하자 나밖에 없었다. 9시가 되어서야 다른 사람들이 나타나기 시작했다. 남녀가 섞인 무리에 다가가 내 소개를 했다. 마침내 지난 몇 주간 대화해 온 사람들의 얼굴을 마주하니 기뻤다. 좋은 사람들을 많이 만났지만 특히 대니Danny, 케이티Katie, 다비드Dawid와 친해졌다. 우리 넷은 여행 내내 붙어 다녔다.

무뚝뚝한 목소리가 우리 비행기가 탑승 준비를 마쳤다고 알렸다. 우리는 탑승 통로를 걸어 대기 중인 우크라이나국제항공 에어버스 A320으로 향했다. 침착한 척하려 노력했지만 실은 공황 상태였다. 비행기를 탄 적이 두 번밖에 없었지만 모두 야간비행이었고 끔찍했다. 어쩔 수 없는 비행기 추락사고를 생각하면 늘 두려웠고 악몽에 단골 소재로 등장하기도 했다. 왼쪽 날개 뒤쪽 창가 좌석을 배정받아 시야는 완벽했지만 모든 기계를 꺼달라는 안내 방송이 나오기 전까지 핸드폰만 만지작거렸다. 비행기의 강력한 엔진 덕분에 의자 속으로 빨려드는 기분이 들자 눈을 꼭 감고 나를 주위의 모든 것과 차단했다. 흥분됐지만 그만큼 무서웠다.

비행기에서 보이는 풍경은 생각했던 것보다 더 좋았다. 처음으로 이렇게 높은 곳에서 세상을 보면서, 상투적인 말이지만, 우리 모두 얼마나 사소한 존재인지를 깨달았다. 비행시간의 절반은 해안선을 내려다보고 우리가 어디에 있는지 맞혀보면서, 나머지 절반은 내가 지면으로부터 약 11킬로미터 위에 있다는 사실을 생각하지 않으려 노력하면서 보냈다. 비행기는 공중에서 네 시간 반을 보낸 뒤 오후 늦게 어두운 구름을 뚫고 보리스필 국제공항에 거칠게 착륙했다. 흐리고 빗방울이 떨어졌지만 상관없었다. 다시 단단한 땅 위로 돌아왔고 하늘을 날았던 시간의 공포를 잊을 수 있었다. 항공기 승무원들은 어떻게 일을 하는 걸까?

우리 일행이 눈에 띄는 것이 분명했다. 터미널에 들어서자 모두 우리를 바라보았다. 우리는 앞서 어떤 상황에서도 보리스필 공항 직원에게 우크라이나를 찾아온 진짜 이유를 밝혀서는 안 된다는 교육을 받았다. 대신 사진을 찍으러 온 여행객이라 답해야 했다. 출입국 검사대에 앉아있던 마르고 창백한 얼굴의 남자는 나를 의심스럽게 바라보았다. 이 외국인들 모두 체르노빌을 보러 우크라이나에 온 건가? 불안했지만 만약을 위해 밝고 순수한 미소를 지어 보였다. 그들이 우리의 진짜 의도를 알면 입국을 허가하지 않을 가능성도 있다고 했다. 이유는 알 수 없지만 그랬다.

몇 시간이 비었다. 우리가 탈 버스는 저녁 8시에 올 예정이라 그때까지 각자 시간을 보내야 했다. 돈을 조금 바꾼 뒤 대니, 케이티, 다비드 그리고 조쉬Josh라는 친절한 친구와 먹을거리를 찾아 나섰다. 바보 같은 관광객들이 그렇듯 우리는 처음 눈에 들어온 친숙한 가게에 자리를 잡았다. 주 터미널 건물에 자리한 50년대 느낌의 미국식 식당이었다. 벽은 뉴욕의 오래된 흑백 사진으로 덮여 있고 코카콜라 인쇄 광고도 있었다. 메뉴판은 《타임스》 1면처럼 꾸며져 있었다. 모두 배가 고파 죽을 지경이었다. 하지만 다섯 명 중 다비드만 우크라이나어를 아주 약간 읽고 말하는 수준이었고 식당 직원은 영어를 전혀 못 했다. 우리는 차 한 잔으로 만족하기로 했다. 차는 세계 공통이라는 생각이 들었다.

나와 새 친구들은 아주 뜨거운 녹차를 홀짝이며 체르노빌과 카메라 장비에 관한 대화를 나눴다. 어디에서 왔는지, 이곳에 오게 되어 얼마나 흥분되는지도 이야기했다. 시간이 빠르게 흘렀고 우리는 곧 버스에 올라 수천 년의 역사를 지닌 도시 빌라체르크바_{Bila Tserkva}로 향했다. 80킬로미터 떨어진 그 도시에서 밤을 보낸 뒤 남쪽의 미사일 박물관을 찾을 예정이었다. 사고 없이 밤 11시에 빌라체르크바에 도착했다. 호텔까지 가는 길에 보이는 것이라고는 공업지대의 조명뿐이었다. 가이드가 호텔 직원들과 기나긴 논쟁을 벌이는 20분간 로비를 서성인 후에야 대리석과 스테인드글라스로 장식된 계단을 오를 수 있었다. 내 느낌에는 호텔 직원들이 우리가 올 줄 몰랐던 것 같았다. 우리는 꼭대기 층에 도착해 다시 길을 잃었다. 구출에 나선 다비드가 청소를 하던 직원에게 손짓과 폴란드어를 섞어 상황을 설명했다. 마침내 각자 방을 찾아 짐을 내려놓은 사람들은 건물을 돌아다녔다. 자연스레 제일 먼저 향했던 옥상은 문이 잠겨 있었다. 결국 모두 술집에 모였다.

하지만 나는 예외였다. 나도 다른 사람들만큼이나 피곤했지만 우두커니 선 채 술을 들이켜는 여행은 즐기지 않았다. 탐험을 원했다. 몇 명을 찔러본 끝에 다비드가 동행하기로 했다. 우리는 삼각대

Hiding in the shadows at Bila Tserkva

빌라체르크바의 그림자에 숨어서

와 카메라를 들고 밤의 도시로 향했다. 우리 호텔은 두어 개의 가게 와 식당이 환하게 붉을 밝힌 교차로의 북쪽 모서리에 있었지만 그 지역을 벗어나면 희미한 가로등 아래 잡초가 마구 자라난 인도와 움푹 팬 도로만 길게 뻗어 있었다. 다비드와 나는 별말 없이 내 기억 을 따라 버스를 타고 지나왔던 공업지대로 향했다. 길을 걸으며 처 음으로 예상치 못했던 풍경을 맞닥뜨렸다. 떠돌이 개들이었다. 10분 쯤 걷는 사이 벌써 두세 마리가 지나갔고 우리를 무시한 채 태평한 밤 산책을 계속했다. 누군가에게는 그다지 특별한 광경이 아닐지 몰 라도 스코틀랜드 북부에서는 볼 수 없는 모습이었다. 개들과 마주치 고 얼마 지나지 않아 처음으로 예상했던 볼거리도 맞닥뜨렸다. 소련 을 상징하는 차량 중 하나인 라다리바Lada Riva였다.

공업지대의 중심에 자리한 하얀색 건물은 곡물 저장고처럼 보 였다. 고층 건물 양옆으로 특색 없는 저장탑이 12기씩 서 있었고 양 쪽 끝에는 거대한 저장탑이 우뚝 솟아 있었다. 저장탑들은 모두 수 평으로 엉성하게 연결되어 있었다. 다비드와 나는 옛 군용 트럭 앞 에 앉아있는 남자가 프레임에 들어오지 않게 노력하면서 나무 그늘 에서 사진을 찍었다. 우리는 공업지대의 보일러 플랜트를 카메라에 담을 수 있는 곳까지 좀 더 내려갔다가 호텔로 돌아와 잠이 들었다.

전략미사일군사박물관Strategic Missile Forces Museum은 한때 SS-24 '스 캘플Scalpel'이라는 사일로 기반 미사일을 보관했던 소련의 비밀 미 사일 기지였다. 2천여 가지 전시물 중에는 35미터 길이의 무시무시 한 대륙간 탄도 미사일ICBM SS-18 '사탄Satan'도 있었다. 지금까지 개 발된 핵미사일 중 가장 고성능 모델로 20메가톤의 위력을 자랑하며 현재 사용되는 어떤 ICBM 모델보다도 강력하다. 2천 제곱킬로미터의 지역을 파괴하는 SS-18의 2만 킬로톤과 비교하면 히로시마에 떨어진 원자폭탄의 폭발력은 16킬로톤에 '불과했다'. 소련이 붕괴한 뒤 우크라이나에 있던 미사일 기지는 미국과의 전략무기감축협정START에 따라 모두 철거되었지만 박물관으로 바뀐 이 기지만 예외로 남았다. 기지 관람은 재미있었다. 지하 40미터에 묻혀있는 12층 규모의 미사일 사령부를 둘러봤고 이국적인 군용차량의 사진을 잔뜩 찍었으며 인상적인 미사일 기술을 가까이서 관찰했다. 하지만 내내 비가 내렸고 우리 중 누구도 미사일을 보러 우크라이나까지 오지 않았다. 모두 체르노빌에 가고 싶어 안달이 났다.

우리는 오후 2시 반쯤 박물관을 떠났고 슬라부티치Slavutych라는 마을을 향해 10시간의 힘겨운 여정을 시작했다. 앞으로 며칠간 우리의 전초기지가 될 곳이었다. 바깥이 점점 어두워지자 나는 창문 밖 자동차들이 남기는 조명의 흔적을 찍으며 지루함과 싸웠다. 곧 마찬가지로 따분해진 버스 안의 거의 모든 사람이 카메라를 들었다. 우리는 키예프를 통과했지만 이 도시에서 가장 높은 언덕 꼭대기에 서 있는 102미터 높이의 조국의 어머니상을 창문 너머로, 그나마도 한껏 조명을 받고 빗물에 왜곡된 모습만 본 것이 전부였다. 키예프의 경계를 넘어서자 칠흑같이 검고 낡은 일직선의 도로가 이어졌다. 가로등은 없었고 차도 거의 없었다. 우리 버스에서 나오는 희미한 빛으로 볼 수 있는 것은 유령 같은 나무들의 윤곽뿐이었다. 더 나은 소일거리를 찾아내지 못한 나는 대니, 케이티, 다비드에게 체르노빌에서 어떤 일이 벌어졌는지 설명하며 한 시간을 때웠다. 이동하던 중 버스에 불이 난 줄 알고 운전기사를 제외한 모두가 공포에 떨었던 때도 있었다. 차 안에서 무언가 타는 냄새가 났고 연기도 보였지만 운전기사는 지극히 당연한 일인 것처럼 동요하지 않고 계속 차를 몰았다. 나는 우크라이나인들의 침착함에 감사하기 시작했다.

영원할 것 같던 10시간이 지나고 슬라부티치에 도착했다. 체르노빌에서 동쪽으로 50킬미터 떨어진 이 도시는 1986년 참사 직후 건설되기 시작했다. 프리퍄티에서 살 수 없게 된 체르노빌의 직원들과 가족들을 수용하기 위해서였다. 슬라부티치라는 이름은 근처 드네프르강을 부르던 옛 슬라브말에서 따왔다. 도시에는 2만 5천여 명이 살고 있으며 경제적으로나 사회적으로나 체르노빌 발전소와 관련 시설에 크게 의존하고 있다. 대부분의 사람이 발전소에서 일했거나 지금도 일하기 때문이다. 소련 내 8개 국가에서 온 건축가들이 슬라부티치의 건설에 참여하면서 도시가 8개의 구역으로 나누어졌고 구역마다 건축 스타일과 색채 배합이 달라졌다. 우크라이나의 다른 지역보다 훨씬 현대적인 도시지만 2000년 12월 발전소의 마지막 원자로가 폐쇄되며 고용 인력이 3천 명으로 줄어든 이후 높은 실업률을 기록하고 있다.

가이드는 사람들이 알아서 조를 짜게 했고 나와 친구들은 4인용 숙소에 함께 묵기로 했다. 버스는 어둠 속에 조용히 슬라부티치를 누비며 여기저기 사람들을 내려놓았고 우리 순서가 왔다. 5층 건물 앞에 내리자 작고 통통한 검은 머리의 여성이 기다리고 있었다. 40대 초반으로 보이는 그녀는 우리에게 따라오라고 손짓하고 계단을 따라 가장 높은 층으로 올라갔다. 방 5개짜리 아파트는 바로 그

녀의 집이었다! 폴란드인이었던 다비드는 우크라이나어를 조각조
각 이해했고 그녀가 약간의 추가 수입을 올리기 위해 우리에게 집
을 내놓았다고 짐작했다. 우리가 머무는 동안 그녀는 아이들과 복도
건너편의 어머니 집에서 지낼 예정이었다. 벽을 따라 가족사진이 걸
려 있고 욕실에는 푹신한 장난감들이 있는 사랑스럽고 예쁜 집이었
다. 무척 아늑하고 따뜻해서 어떤 호텔보다 편안하고 안락한 숙소였
다. 누군가의 집을 대신 차지한 데 죄책감이 들었지만 결국 모두에
게 이득이 되는 일이라고 나 자신을 다독였다. 우리는 잠시 모여 앉
아 집주인이 준비해둔 맛있는 차를 마시며 이야기를 나눴고, 곧 앞
으로의 일정을 기대하며 잠자리에 들었다.

4

사고

THE ACCIDENT

CHERNOBYL 01:23:40

1시 23분 4초 8호기 터빈이 분리되었고

속도가 줄어들기 시작했다.

1986년 4월 26일 새벽 1시를 막 지난 시각, 체르노빌 4호기 원자로에서 검사가 시작되었다. 그리고 뒤이어 역사상 최악의 원자력 사고가 일어났다. 그날 밤 발전소에는 남녀 직원 176명이 근무 중이었고 남동쪽으로 몇백 미터 떨어진 5호기 건설 현장에서는 286명이 일하고 있었다. 4호기 제어실에는 운전원들이 이 발전소의 터빈을 설계하기도 했던 국영 전력회사 도네네르고Donenergo에서 파견된 직원과 함께 완전 정전 상태에서 1분 정도 자체적으로 원자로에 전력을 공급하는 안전장치를 시험하고 있었다.

원자로에서 가장 중요한 문제는 노심에 끊임없이 냉각수가 공급하는 것이다. 특히 흑연을 감속재로 사용하는 RBMK 원자로에서는 더욱 민감한 문제였다. 냉각수가 없으면 원자로가 폭발하거나 노심이 녹아내릴 수 있었다. 원자로를 정지해도 노심 내 연료에서는 계속 붕괴열이 발생해서 냉각을 계속하지 않으면 노심이 손상될 수 있었다. 냉각수를 흐르게 하는 펌프는 발전소 자체 터빈에서 만들어지는 전기를 사용했지만 자체 전력 공급이 중단되어 정전 상태가 되면 전국 전력망에서 전기를 끌어올 수 있었다. 전력망 전환에 실패하면 발전소 내 디젤 발전기가 자동으로 가동되었으나 거대한 펌프를 작동시키기 위한 전력을 모으기까지 약 50초가 걸렸다. 3.5초 만에 노심에 가압수 250톤을 주입할 수 있는 비상 탱크 6기가 있긴 했지만 RBMK 원자로에는 시간당 약 3만 7천 톤의 물이 필요했다. 초당 필요량은 약 10톤으로, 비상 탱크의 물 250톤으로는 50초의 공백을 메울 수 없었다.

그래서 '운전중단 장치run-down unit' 검사가 필요했다. 정전이 일어나도 핵분열 반응은 계속 열을 만들어낸다. 배관에 남아있는 물은 잠시 추진력을 유지하고 증기도 계속 만들어진다. 그 결과 양이 기하급수적으로 줄어들긴 해도 터빈은 계속 돌아가며 전기를 생산한다. 결정적 순간에 잠시 이 잔여 전력으로 급수 펌프를 돌리면 디젤 발전기가 속도를 올려 필요한 전력에 도달할 때까지 시간을 벌 수 있다. 이 과정을 뒷받침하는 장비를 시험하는 검사였다.

애당초 소련이 새로운 안전 시스템을 시험하는 검사였다고 주장했던 것과 달리 운전중단 장치는 RBMK 원자로의 표준 사양이었고 4호기를 시운전했던 3년 전부터 가동되고 있어야 했다. 체르노빌 발전소장 빅토르 브류하노프와 관련 부처 담당자들은 발전소를 예정보다 빨리 가동하느라 수행한 적도 없는 안전 검사를 승인하면서 이후 검사를 마치기로 구두 약속했다. 무모한 결정처럼 들리지

만 소련에서는 상당히 일상적인 관행이었다. 계획된 일정에 앞서 과
업을 마치면 관계자 모두에게 상당한 상여금과 부상이 주어졌기 때
문이다. 운전중단 장치를 돌리려면 정밀한 보정과 조정이 필요했고
1982년과 1984년, 1985년에 3호기에서 시험을 시행했지만 세 번 모
두 충분한 전압을 유지하지 못해 실패했다. 하지만 엔지니어들이 전
압 조정기를 개조했기 때문에 다시 검사를 시도하기로 했다. 원래
25일 오후로 예정되어 있었으나 키예프의 전력망을 통제하는 기관
에서 전력 소비량이 정점에 달하는 저녁 이후로 검사를 미뤄달라고
수석 엔지니어 니콜라이 포민에게 요청했다. 오후 근무 인력은 미리
검사에 관해 들었고 자신들이 무엇을 해야 할지 정확히 알고 있었
지만 근무 시간이 끝나 귀가했다. 저녁 근무 인력이 관련 정보를 넘
겨받았으나 역시 근무가 끝났고, 상대적으로 경험이 적은 야간 근무
인력이 시험을 시작하게 되었다. 이 검사를 해본 적이 없는 운전원
들은 아무런 준비도 하지 못했고 자신들이 어떤 일을 하게 될지도
몰랐다.

　설상가상으로 원자로 4호기는 핵연료의 주기가 끝나가고 있었
다. RBMK 원자로 설계의 특징 중 하나는 '가동 중 연료 교체online
refuelling'다. 즉 원자로를 운전하는 도중에 소모된 연료를 교환할 수
있었다. 노심 내부에서 연료가 균일하게 연소되지 않기 때문에 원자
로에 새 연료와 오래된 연료가 섞여 있는 경우가 드물지 않았고, 보
통 2년마다 전체 연료를 교체하곤 했다. 4월 26일에는 약 75퍼센트
의 연료가 수명이 끝나가고 있었다. 오래된 연료에는 이미 뜨겁고
방사성이 강한 핵분열 생성물이 축적되어 있어서 잠시라도 냉각수

가 흐르지 않으면 바로 연료관이 손상되고 원자로의 원래 설계보다 더 빨리 열이 발생할 수 있었다. 이 검사만 끝나면 4호기 원자로를 장기 정지하며 연간 정비를 하고 오래된 연료를 교체할 예정이었다. 새 연료로 검사를 하는 것이 훨씬 합리적이었지만 경영진은 시험을 밀어붙였다.

검사에서는 원자로에 제어봉 211개를 모두 부분 삽입해 정전 상태와 유사하게 출력 수준을 낮추면서도 핵분열 생성물에 대처할 수 있을 정도의 냉각을 유지했다. 그리고 원자로 내 잔여 증기로 터빈을 돌린 후 전체 시스템과 분리해 자체 관성만으로 전력을 생산하도록 했다. 이때 전기 출력을 측정하면 비상상황에서 급수 펌프를 가동하기에 충분할지 엔지니어들이 판단할 수 있었다. 고의로 출력 수준을 낮추면 제어 컴퓨터가 정전으로 인식해 자동으로 안전 시스템을 가동할 수도 있었다. 그래서 한 번 실패해도 다시 검사를 시도할 수 있도록 예비 디젤 발전기와 비상 노심 냉각계통ECCS을 포함하는 안전 시스템을 분리해 두었다. 그러지 않으면 비상 노심 냉각계통이 자동으로 원자로를 정지시키고 검사를 일 년 더 미루게 할 터였다. 놀랍게도 이런 조치는 이후 작성된 수많은 보고서가 지적한 바와 달리 차석 엔지니어가 승인한 안전수칙을 따른 것이었다. 안전 시스템의 분리가 사고 전체에 어떤 영향을 미쳤는지는 논란의 여지가 있지만 아주 어리석은 결정임은 분명하다. 빅토르 브류하노프는 검사를 승인한 니콜라이 포민과 함께 강제 노동 수용소에서 10년간 복역하고 공산당에서 제명되는 대가를 치렀다. 그리고 셀 수 없이 많은 사람이 건강과 생명을 잃었다.

시작부터 문제가 있었다. 야간 근무자들이 받은 검사 계획에
는 주석과 손으로 덧붙인 수정사항이 많았다. 신원 미상의 운전원과
같은 건물에서 근무하는 동료가 통화한 내용을 기록한 자료를 보
면 오싹해진다. "한 운전원은 동료에게 전화를 걸어 '어떻게 해야 할
까? 검사 계획에 뭘 해야 하는지 설명이 있는데 여러 군데 줄을 그
어 지워놓았어.' 통화 상대는 잠시 생각하더니 '줄을 그어 놓은 설명
도 따라 해'라 답했다." 그리고 0시 28분, 한 시간 정도 여유를 가지
고 출력을 낮추는 과정을 시작할 때 선임 엔지니어 레오니드 톱투
노프Leonid Toptunov가 수동 모드를 자동 제어 모드로 바꾸며 제어봉이
계획보다 훨씬 아래까지 내려가게 하는 실수를 저질렀다. 톱투노프
는 원자로 제어를 맡은 지 몇 달밖에 되지 않았고 그동안 출력을 낮
춘 적이 없었다. 그래서 긴장했을 것이다. 검사를 하는 동안 열출력
을 기준으로 1,500메가와트로 유지되어야 하는 출력 수준이 30메가
와트까지 떨어졌다. 참고로 원자로의 출력은 터빈 발전기처럼 열출
력으로 측정하며, 증기에서 전기로 전환되는 사이 에너지가 손실되
므로 열출력 수치가 더 크다. 체르노빌 재판에서 출력이 0까지 떨어
졌고 30메가와트라는 수치는 잘못되었다는 증언이 나왔지만, 그 외
에 내가 본 자료에는 모두 30이라는 숫자가 적혀 있었다. 어느 쪽이
든 30메가와트면 사실상 완전 정지와 차이가 없으며 급수 펌프를
가동할 전력도 되지 않는다. 출력이 이렇게 낮으면 원자로에서 크세
논 동위원소가 방출되는 '독작용'이라는 원자적 프로세스Atomic Process
가 시작된다. 크세논 동위원소는 중성자를 흡수해 핵분열 반응을 심
각하게 저해한다. 검사는 독작용이 시작되기 전 끝났어야 했다. 출

력이 급격히 떨어지지 않았다면 시험은 사고 없이 진행되었을 것이고 RBMK의 위험천만한 단점도 영원히 밝혀지지 않았을 것이다. 하지만 결정적으로 이 검사를 책임지고 있던 남자, 55세의 차석 엔지니어 아나톨리 댜틀로프는 시험을 중단하지 않았다.

댜틀로프는 중앙 러시아의 가난한 집안에서 태어났다. 부모님보다 더 많은 것을 이루겠다는 투지와 부단한 노력 덕분에 그는 총명하고 자수성가한 젊은이로 성장했고 1959년 모스크바의 국립 원자력연구대학교를 우등으로 졸업했다. 1973년 체르노빌에 합류하기 전에는 러시아 동부 연안에서 잠수함에 조그마한 수-수형 원자로VVER를 설치하는 등의 일을 했다. 하지만 성미가 급하고 실수를 용납하지 않으며 뒤끝이 있는 성격 탓에 부하 직원들의 반감을 사기도 했다. 댜틀로프는 그날 일찍 검사가 연기된 자리에 있었고 이제 인내심이 바닥나 있었다. 시험을 계속해도 소용없다는 사실을 받아들이는 대신 화를 내고 고함을 치며 제어실을 서성였다고 한다. 댜틀로프는 검사 기회를 또 낭비해 자신의 평판이 나빠지는 것을 바라지 않았다. 그는 운전원들에게 원자로의 출력을 다시 올리라고 지시했다. 출력 수준이 아주 낮게 떨어진 후 시험을 계속하면 원자로가 불안정해져 폭발할 수도 있었다. 댜틀로프는 이 중대한 결정을 오롯이 책임져야 하는 인물이다.● 한편으로는 앞서 소련의 여러 원자력 시설에서 일어난 사고들이 다른 시설의 운전원들에게 전혀 알

● 댜틀로프는 이후 출력을 떨어트릴 때나 검사를 계속한다고 결정했을 때 자신은 자리에 없었다고 주장했다. 그의 주장은 여러 목격자의 증언과 다르다.

려지지 않았기 때문에 그가 이런 결정을 내릴 수 있었을 것이다. 정부는 모든 사망사고를 은폐했고 공개적으로는 소련이 전 세계에서 가장 뛰어난 완벽한 기술을 보유했다고 주장했다. 최악의 상황에도 RBMK 원자로의 냉각수 관 한두 개가 파열되고 말 터였다. 폭발은 터무니없는 상상이었다.

톱투노프는 출력이 급격히 떨어진 뒤에도 검사를 속행한다는 댜틀로프의 결정이 안전수칙 위반이라 판단해 지시를 따르지 않았다. 근무조장 알렉산데르 아키모프Alexander Akimov도 마찬가지였다. 아키모프는 체르노빌의 상급 직원 대부분이 그렇듯 러시아 출신이었다. 1953년 5월 6일 러시아에서 세 번째로 큰 도시 노보시비르스크Novosibirsk에서 태어난 그는 1976년 모스크바의 전력기술연구소에서 화력 자동화 프로세스 학사 학위를 땄고, 1979년부터 체르노빌에서 터빈 엔지니어로 일했다.

댜틀로프는 분노했고 둘이 지시를 따르지 않는다면 다른 사람을 찾아보겠다고 했다. 아키모프 그리고 아직 26살로 경험이 많지 않았던 톱투노프는 뜻을 굽히고 검사를 이어갔다. 원자력 발전소의 운전원은 여러 혜택이 따르는 훌륭한 직업이었고 그만큼 일자리를 뺏겠다는 협박이 심각한 위협일 수 있었다는 점을 기억해야 한다. 그뿐 아니라 댜틀로프는 발전소 전체에서 가장 경험이 많은 원자력 엔지니어라 할 수 있었다. 수석 엔지니어인 포민 역시 브류하노프와 마찬가지로 터빈 전문가인 전기 엔지니어였다. 두 사람도 댜틀루프의 지식을 인정했다.

30분가량 지나 1시가 되었을 즈음 아키모프와 톱투노프는 제어봉의 절반 정도를 빼내 출력을 200메가와트까지 높이는 데 성공했다. 하지만 둘이 만들어낼 수 있는 최대한의 출력이었고 의도했던 700메가와트와는 거리가 멀었다. 이미 크세논의 독작용이 위력을 발휘해 연료의 반응성을 심각하게 떨어트리고 있었다. 이후 러시아의 안전수칙은 저低출력 시의 열수력 불안정 문제 때문에 정상 운전 중 최소 열출력 700메가와트를 유지하도록 바뀌었다. 200메가와트에서는 검사를 진행할 수 없었으므로 두 사람은 독작용의 효과를 만회하려 자동 시스템을 중단시키고 수동으로 더 많은 제어봉을 들어 올렸다. 그리고 동시에 8개의 주 순환 펌프를 모두 연결해 노심에 투입되는 냉각수의 양을 시간당 6만 톤까지 늘렸다. 물을 너무 많이 투입하면 관에서 캐비테이션이 발생할 수 있어 역시 안전수칙을 초과하는 양이었다. 냉각수가 증가하며 증기가 줄어들었고 곧 터빈 속도도 떨어졌다. 운전원들은 냉각수를 추가 투입하며 반응성이 떨어진 것에 대응하기 위해 아직 원자로에 남아있던 몇 안 되는 제어봉을 거의 빼냈고, 결국 완전히 삽입된 제어봉 8개만 남았다. 당시 기준으로도 정상 운전 시에 최소 15개 제어봉을 유지해야 했으며 사고 이후에는 30개로 늘어났다.•

정상적인 상황이었다면 자동 안전 시스템이 이때까지 몇 번이나 원자로를 정지시켰을 것이다. 아키모프와 톱투노프 그리고 동료 운전원들은 침착했지만 원자로의 상태를 걱정했다. 터빈 건물의 부

• 그리고리 메드베데프는 《체르노빌 노트》에서 여러 번 사고 당시 최하 기준이 30이었다고 썼다. 지식이 풍부했던 그가 이 기준을 잘못 알고 있었다는 것이 믿기지 않는다.

책임자였던 라짐 다블렛바예프Razim Davletbaev는 1987년 열린 재판에서 "검사 계획을 실행하기 전부터 제어실의 몇몇은 불안해 보였다"고 증언했다. "댜틀로프는 계속해서 아키모프에게 '늑장 부리지 마'라고 했다." 나는 댜틀로프가 왜 이런 상황에서도 검사를 계속하려 했는지 이해해 보려 애썼다. 원자로는 분명히 불안정했고 시험에 필요한 출력 수준에 전혀 근접하지 못했다. 따라서 아무리 검사를 진행해도 원하는 수치를 얻을 수 없었을 것이다. 댜틀로프가 시험을 계속해도 헛수고라는 사실을 인정했다면 운전원들이 원자로를 정지시켰을 것이다. 그는 그러지 않았다. 댜틀로프는 검사를 시작했다.

댜틀로프가 정확히 어떤 논리에 따라 이런 결정을 내렸는지는 알 수 없지만 검사를 마쳐야 한다는 상부의 압력이 있었던 것은 분명하다. 이때까지 여러 번 실패했기 때문에 브류하노프와 소련 과학 아카데미의 회원들 모두 간절히 이 문제를 매듭짓고 싶어 했다. 댜틀로프에게는 시험 결과가 중요하지 않았을 수도 있다. 그는 단지 검사를 끝냈다고 보고하고 싶었을 것이다. 추측이긴 하지만 평소 나무랄 데 없이 이성적이었던 남자가 그토록 비이성적인 행동을 보인 이유를 설명할 수 있다.

1시 23분 4초 8호기 터빈이 분리되었고 속도가 줄어들기 시작했다. 운전원들은 여전히 어떤 일이 벌어질지 짐작하지 못했고, 시험만 끝나면 원자로를 정지시킬 수 있다고 이야기하며 차분한 토론을 시작했다. 이후 일어난 일들은 100퍼센트 정확하게 규명되지 않았다. 댜틀로프는 이후 검사가 문제없이 정상적으로 진행되었고, 계확대로 시험이 마무리되자 원자로를 정지하기 위해 EPS-5 비상 안전 버튼을 눌렀다고 주장했다. 다른 사람들은 고성이 오갔고 톱투노프가 제어판을 보고 심각한 문제가 생긴 것을 알아차리자 아키모프가 해당 버튼을 눌렀다고 증언했다. 터빈 속도가 떨어지면서 반응성이 약간 증가했지만, 일부 보고서와 시뮬레이션에 따르면 버튼을 누르기 전까지 특별히 이상한 현상은 없었다. 모든 수치도 당시 상황에서는 정상이었다. 이후 국제원자력기구(IAEA)의 보고서에는 다음과 같은 발언이 실렸다. "제어봉 때문에 초래된 반응성 급증 Reactivity Excursion 외에 사고를 설명할 수 있는 다른 요인이 분명히 더 있을 것이다. MCP 캐비테이션, 노심 입구에 비평형 증기 유입, EPS 신호가 들어오기 전 속도가 떨어지던 '주 순환 펌프' 작동 중단, 노심 입구에서 끓어올랐던 냉각수, 아래쪽 냉각수 관에서의 일부 유출, 순간적인 증기안전밸브 개방 등의 문제가 제기되었다."

어느 쪽이든 4월 26일 새벽 1시 23분 40초에 32세의 알렉산데르 아키모프가 운명적인 결정을 내렸다. 그는 긴급 정지를 시작하기 위해 EPS-5 비상 안전 버튼을 누르겠다고 선언했고 남아있던 모든 제어봉이 노심 속으로 천천히 하강하기 시작했다.* 역사의 흐름을 바꿀 판단이었고 명백히 아키모프의 선택이었다. 어쨌든 노심이 그토록 불안정해진 중요한 이유는 211개의 제어봉을 대부분 다 빼내

----

* 다양한 1차 자료와 2차 자료의 내용이 엇갈리는 것을 보면 톱투노프와 아키모프 중 누가 비상 안전 버튼을 눌렀는지 확실히 밝혀지지 않은 듯하다. 하지만 아키모프를 지목한 자료가 훨씬 더 많고 그가 눌렀을 가능성이 더 큰 것 같다.

서 그와 동료들이 원자로를 거의 통제할 수 없게 되었기 때문이었다. 톱투노프가 그에게 고함을·쳤다는 이야기가 사실이라 해도, 아키모프는 그 버튼을 누르는 것이 자신에게 주어진 유일한 선택지라 생각했을 것이다. 하지만 실은 그가 할 수 있는 최악의 일이었다. 제어봉은 몇 초 만에 움직임을 멈췄다.

주 순환 펌프에 기포가 생기며 증기가 들어찼고, 귀중한 냉각수의 흐름이 줄어들어 노심 내 물이 있어야 할 자리에 증기 포켓이 형성되기 시작했다. 냉각수가 부족해지면서 출력이 기하급수적으로 증가하는 양의 보이드 계수가 발생하고 있었다. 간단히 정리하면, 증기 증가 → 냉각수 감소 → 출력 증가 → 열 증가 → 증기 증가였다. 8대의 급수 펌프 중 4대는 속도가 줄어드는 터빈을 돌리고 있었기 때문에 출력이 증가할수록 원자로에 공급되는 물은 점점 더 줄었다. 건물 곳곳에서 주 원자로실에서 나는 '쾅쾅' 소리를 들을 수 있었다. 아키모프의 제어판은 제어봉들이 더 움직이지 않고 원래 위치에서 겨우 2.5미터 아래에 멈췄음을 알렸다. 재빨리 머리를 굴린 그는 서보모터servomotor의 클러치를 풀어 무거운 제어봉들이 자체 무게로 노심 안으로 내려가게 했지만 제어봉들은 꼼짝도 하지 않았다. 6년 뒤 댜틀로프는 "눈알이 튀어나올 것 같았다. 도저히 설명할 방법이 없었다"고 회상했다. "평범한 사고가 아니라 뭔가 훨씬 더 끔찍한 일이 일어난 것이 분명했다. 참사였다."

아키모프 역시 무슨 일이 일어나고 있는지 이해하지 못했다. 그는 제어실에 함께 있던 다른 불쌍한 운전원들과 마찬가지로 RBMK 원자로 설계의 치명적이고 파괴적인 결함을 알지 못했다.

약 5미터 길이의 제어봉은 핵반응을 중단시키기 위해 중성자를 흡수하는 원소인 붕소로 구성되어 있었지만 각 봉의 양 끝은 흑연으로 만들어졌다. 노심 전체에서 반응성을 증가시키는 감속재로 사용되는 바로 그 흑연이었다. 흑연과 붕소 사이에는 길고 텅 빈 구획이 있었다. 끝부분을 흑연으로 만든 이유는 제어봉을 삽입하는 경로에서 역시 감속재이지만 흑연보다는 효과가 약한 냉각수를 내보내 연료의 반응을 감소시키는 붕소의 효과를 높이기 위해서였다. 모든 제어봉의 흑연 부분이 원자로 안에서 움직이기 시작한 순간 노심 하부에서 정 반응도positive reactivity가 급상승하며 열과 증기 발생이 크게 늘었다. 이 열로 핵연료 집합체의 일부가 부러졌고 제어봉이 삽입되는 관도 일그러지면서 제어봉이 노심으로 부드럽게 들어가기가 어려워졌다. 제어봉이 완전히 삽입되면 흑연으로 된 끝부분이 노심 아래에 위치하지만 지금은 200개가 넘는 제어봉이 노심 가운데 박혀 있었다.

RBMK의 설계자들도 원자로를 처음 만들었을 때는 이 문제를 알지 못했다. 문제를 알게 되었을 때는 이후 인정했듯 '망연자실해' 운전원들에게 알리는 것을 잊었다. 어떻게 이렇게 명백한 설계 결함을 그 많은 사람이 놓쳤는지 이해할 수 없다. 핵분열 반응을 중단하려 설계된 시스템이 비상방호시스템 버튼을 눌러야 하는 가장 심각한 비상상황에서 오히려 반응성을 증가시킨다는 사실은 충격적이다. 결과적으로 설계자들이 계획한 비상 대책의 첫 단계는 노심에 감속재를 투입하는 것이 되었다. 핵분열에 관해 조금이라도 아는 사람이라면 이렇게 제어봉을 설계해서는 안 된다는 것을 분명히 내다봤어야 한다. 너무도 명백한 사실이라 내가 아주 중요한 기술 정보를 놓쳤다는 생각이 들 정도다. 지능적이고 합리적인 사람이라면 이런 시스템을 설계했을 리가 없기 때문이다. 아니면 단순히 소련의 과학기술에 흠집을 낼 수 없다는 자존심의 문제, 혹은 장비 교체 그리고 발전소의 장기간 정지와 그로 인한 전기 공급 중단으로 발생하는 비용의 문제였을 수도 있다.

4초 만에 원자로의 출력이 설계 용량의 몇 배로 치솟았다. 노심 안에서 고삐가 풀린 열과 압력은 제일 먼저 연료관을, 다음에는 냉각수 관을 파열시켰고 그 결과 급수 펌프의 자동안전밸브가 잠겼다. 냉각수 공급이 중단되자 노심 속 얼마 안 되는 물에서 증기가 형성되는 속도가 더 빨라졌다. 원자로 자체의 안전밸브들이 이 증기를 내보내려 했지만 압력이 너무 높았고 곧 안전밸브도 터졌다.

놀랍게도 그때 4호기의 광활한 원자로실에서 이 모든 것을 목격한 사람이 있었다. 원자로 자재 창고의 야간근무 조장 발레리 페레보스첸코Valeriy Perevozchenko는 각각 안전밸브가 채워진 금속 덮개 2천 개가 15미터 너비의 원반 형태를 이루고 있는 원자로 윗면이 위아래로 들썩이는 것을 보았다. 그는 달렸다. 원자로의 우라늄 연료는 출력이 기하급수적으로 증가해 온도가 섭씨 3천 도에 이르렀고 압력은 초당 15기압씩 올랐다. 정확히 1시 23분 58초, 아키모프가 비상방호시스템 버튼을 누른 지 18초 만에 증기의 압력이 무력해진 체르노빌의 원자로 4호기를 휩쓸었다. 증기가 폭발했고 3미터 두께의 450톤짜리 생체차폐 상부가 위로 솟구쳐 올랐다 추락하며 폭발로 패인 구멍에 아찔한 각도로 간신히 걸렸다. 그리고 노심이 노출되었다.

순식간에 증기와 갑작스레 유입된 공기가 연료체의 손상된 지르코늄 피복과 반응해 휘발성의 수소와 산소 혼합물을 만들어냈고 몇 초 뒤 훨씬 더 강력한 폭발이 일어났다.* 수십 톤의 기화된 연료가 대기로 내동댕이쳐졌다. 이 연료들은 유독성 구름에 실려 유럽 전역으로 퍼져 나갈 운명이었다. 거대한 폭발은 노심 주변에서 흑연이 대부분을 차지하는 700톤의 방사성 물질을 추가로 분출시켜 근처 몇 제곱킬로미터 지역에 퍼트리기도 했다. 3호기 터빈실 지붕, 4호기와 공유하던 환기 굴뚝 모두 방사성 물질의 공격을 받아 불길에 휩싸였다. 온도가 극도로 높아진 원자로의 연료는 크게 갈라진 구멍으로 밀려든 공기와 결합하며 노심에 남은 흑연에 불을 붙였고 몇 주 동안 살아있을 불을 만들어냈다. 극심하게 손상된 4호기 전체에서 조명과 유리창, 전기 시스템 대부분이 파괴됐고 몇 개 안 되는 비상등만 빛나고 있었다.

엔지니어 사샤 율첸코Sasha Yuvchenko는 2004년 《가디언》과의 인터뷰에서 "쿵 소리가 났다"고 설명했다. 그는 1986년 당시 겨우 24살이었다. "몇 초 뒤 파장이 건물을 통과하는 것을 느꼈다. 두꺼운 콘크리트 벽이 고무처럼 휘었다. 전쟁이 난 줄 알았다. 우리는 호뎀추크Khodemchuk를 찾아 나섰는데 그는 폭발해 증기를 내뿜는 펌프 옆에 있었다. 증기가 모든 것을 휘감고 있었다. 어두웠고 섬찟한 쉿쉿 소리가 났다. 천장이 사라져서 바로 하늘이 보였다. 별이 가득했다."

---

* 2차 폭발을 짐작하게 하는 증거도 있지만 수소 폭발이라는 의견이 일반적이다.

육첸코는 무슨 일이 일어났는지 알아보려 밖으로 달려 나왔다. 그는 "건물 절반이 사라졌다"고 회상했다. "우리가 할 수 있는 일은 아무것도 없었다." 한 명이 현장에서 즉사했다. 35세의 펌프 운전원 발레리 호뎀추크는 불행히도 폭발로 완파된 주 순환 펌프실에 있었다. 그의 시체는 4호기 안에 그대로 파묻혔다.

방사선을 측정하는 것은 까다로운 일이다. 퀴리curie, 베크렐becquerel, 래드rad, 렘rem, 뢴트겐roentgen, 그레이grey, 시버트sievert, 쿨롬coulomb 등 단위부터 다양하다. 1986년 체르노빌에서 전리방사선ionizing radiation에 노출된 정도를 측정하는 데 주로 사용된 단위는 뢴트겐이었다. 이제는 잘 사용하지 않는 단위지만 이 책의 남은 부분에서는 편의를 위해 뢴트겐을 사용하기로 한다. 사고에서 기록된 거의 모든 측정치가 뢴트겐을 단위로 하기 때문이다. 우리는 모두 비행기나 바위, 일부 음식, 태양 등 다양한 원천을 통해 끊임없이 방사선을 접한다. 일반적인 사람은 신체에 해가 없는 시간당 23마이크로뢴트겐 또는 0.000023뢴트겐 수준의 자연 방사선에 노출된다. 가슴 엑스레이를 찍으면 0.8뢴트겐의 방사선을 쬐게 된다. 미국 원자력규제위원회가 방사선 작업종사자를 위해 규정한 연간 한도는 시간당 0.0028뢴트겐이고, 일반인에 대한 한도는 1년에 총 0.1뢴트겐이다. 태양 방사선이 더 강한 대기 상층부에서 일하는 항공기 승무원들은 방사선 작업종사자들보다 많은 연간 0.3뢴트겐에 노출된다. 사고 당시 체르노빌 4호기 원자로실의 방사선은 바로 목숨을 잃을 수 있는 시간당 3만 뢴트겐 수준이었다. 5시간 동안 500뢴트겐을 쬐면 치명적이고 400뢴트겐이면 50퍼센트의 사람이 목숨을 잃는다. 아무리 운이 좋아도 몇 달은 입원해 치료를 받아야 하며 운이 나쁘면 심각한 손상을 입을 수도 있다. 그날 밤 대기로 퍼져 나간 방사성 입자의 양과 강도는 히로시마에 떨어진 원자폭탄의 10배에 달했다. 발전소 전역에 흩뿌려진 원자로 연료와 흑연 몇백 톤은 반영하지 않은 수치다.

제어실로 돌아오면 아키모프가 소방서에 연락하려 전화기를 들고 있었다. 엄청난 사고에 바로 반응한 소방차들이 이미 발전소로 달려오는 중이었지만 전화는 먹통이었다. 폭발 과정에서 원자로 밑바닥에 냉각수를 공급하던 관들이 뜯겨나간 탓에 이제는 엉망이 된 펌프마저도 원자로에 물을 주입하지 못하고 있었다. 불행히도 운전원들은 이 사실을 깨닫지 못했다. 혹은 원자로의 폭발이 불러올 끔찍한 결과 때문에 현실을 부정하고 있었다. 사고를 제대로 파악하지 못한 그들은 잘못된 행동을 계속하며 상황을 악화시키고 생명을 허비하게 했다. 차석 엔지니어 댜틀로프는 안전제어시스템의 비상 물탱크에서 수소 폭발이 일어났고 원자로는 여전히 온전하다고 확신했다. 이렇게 판단할 근거가 전혀 없었는데도, 그리고 창밖만 내다봤어도 자신이 틀렸다는 사실을 알았을 텐데도, 그는 이후 몇 시간 동안 자신의 오판에 따라 행동했다. 절대적인 확신이 아니라면 다른 때에는 지적이고 합리적이던 사람이 명백한 현실을 거부할 이유가 없었다. 모스크바 정부에 보고서를 제출한 브류하노프를 포함해 사고의 원인을 물었던 모든 이가 댜틀로프 나름의 설명을 들었고 거의 하루 종일 진실로 통용됐다. 댜틀로프도 처음에는 자신이 물탱크의 수소 때문에 폭발이 발생한 거로 판단했었다고 인정했다. 하지만 이후 이상하게도 "브류하노프가 어떻게 '원자로가 파괴되지 않았다는' 결론에 이르렀는지 모르겠다. 그는 나에게 원자로가 파괴되었는지 묻지 않았다. 나는 속이 메스꺼워서 아무 말도 하지 못했다. 그때 내 위장에는 아무것도 남아있지 않았다"고 주장했다. 거짓말을 한 걸까? 기억이 잘못된 걸까? 모르겠다. 내가 설명할 수 없는 모순이다.

제어실의 모든 사람이 충격을 받고 혼란에 빠졌다. 그들은 상황에 맞게 모든 것을 제대로 해왔다고 믿었다. 원자로를 다시 가동할 수 있을 거라 주장하는 댜틀로프에게 설득된 아키모프는 디젤 발전기를 돌려보려고 했다. 댜틀로프는 젊은 교육생 둘, 빅토르 프로스쿠랴코프Viktor Proskuryakov와 알렉산드르 쿠얍체프Aleksandr Kudyavtsev 를 원자로실로 보내며 손으로 제어봉을 더 삽입하라고 지시했다. 댜틀로프는 두 사람을 사지로 보냈다. 그는 죽을 때까지 그 순간을 후회했다. 댜틀로프는 숨을 거두기 몇 년 전 "둘이 복도로 달려 나갔을 때 내가 멍청한 지시를 내렸다는 사실을 깨달았다. 전기나 중력으로 움직이지 않는 제어봉을 사람의 힘으로 움직일 수 있을 리가 없었다. 급히 쫓아갔지만 그들은 사라진 후였다"고 털어놓았다. 교육생들은 거대한 원자로실에 도착해 파괴된 방과 엘리베이터를 헤치며 나아갔다. 눈 앞에 펼쳐진 광경에 놀라며 몇 분간 머문 것이 전부였지만 그것만으로도 충분했다. 둘은 몇 주 후 사망했다. 엄청난 양의 방사선을 흡수한 탓에 얼굴이 짙은 갈색으로 변한 채 제어실로 돌아온 프로스쿠랴코프와 쿠얍체프는 원자로가 사라졌다고 보고했다. 댜틀로프는 그들의 말을 믿는 대신 두 사람이 착각했다고 주장했다. 원자로는 온전했고 폭발은 비상 탱크에서 산소와 수소가 섞이면서 일어났다. 원자로에 물을 공급해야 한다!

근무 중이던 직원들, 특히 댜틀로프는 인재人災에서 흔히 목격되는 심리적 현상인 집단사고Groupthink의 강력한 징후를 보였다. 심리학 교수 제임스 T. 리즌James T. Reason 박사는 '집단에서 조화나 순응을 추구한 결과 비합리적이거나 제대로 기능하지 못하는 의사 결정을 내리는 것'으로 설명되는 집단사고가 4호기 운전원들의 행동에 중요한 요소로 작용했다고 지적했다. 그는 특히 폭발이 일어나기 전한 시간 동안 내려진 결정에 관해 "그들의 행동은 줄곧 안전하다는 환상을 따랐다"고 지적했는데, 폭발이 일어난 후에도 마찬가지였다. "자신들의 행동으로 인한 위험을 걱정 또는 경고하는 행위조차 합리적이지 않다고 판단했을 가능성이 크다."

원자로의 윗면이 들썩이는 것을 목격했던 38세의 발레리 페레보스첸코는 상급자 중 제일 먼저 무슨 일이 일어났는지 제대로 파악하고 받아들였다. 그가 쥔 선량계는 천 마이크로뢴트겐을 가리키고 있었다. 평소 수치보다 훨씬 높았지만 실은 측정 범위를 벗어난 것이었다. 믿을 수 없는 일이지만 건물 주위에 설치한 강력한 감지기들이 폭발과 함께 불타버려 이제 발전소에서 더 높은 방사선 수치를 확인할 수 있는 선량계는 잔해 아래 묻힌 한 대와 금고에 보관 중인 한 대밖에 없었다.* 심지어 안전 장비도 자물쇠가 잠겨 있

---

* 잔해 아래 묻힌 한 대와 금고에 보관 중인 한 대가 같은 장비인지는 불확실하다. 어떤 자료에서는 금고 속에 있던 선량계가 잔해에 깔렸다고 설명하고 어떤 자료에서는 다른 장비라 한다. 어느 쪽이든 만성적으로 측정장비가 부족했다는 사실은 변하지 않는다.

어 사용할 수 없었다. 그는 시간당 5뢴트겐이 방출되고 있다고 짐작했다. 현실과 거리가 먼 수치였다. 관리자였던 페레보스첸코는 직원 두 명에게 사라진 이들을 찾아보라 지시했다. 둘은 함께 떨어진 대들보에 깔린 채 의식을 잃은 블라디미르 샤셰노크Vladimir Shashenok를 찾아내 구조했다. 자동 시스템을 조정하는 젊은 엔지니어였던 샤셰노크는 압력계를 확인하고 있었는데 폭발로 그가 있던 방이 무너지면서 전신에 열과 방사선으로 인한 심한 화상을 입었다. 두 용감한 구조자들도 샤셰노크를 옮기는 동안 그의 손이 닿았던 등에 방사선 화상이 발생하는 등 방사선 때문에 심각한 부상을 얻었다. 한 명이 통상적인 치사량이 넘는 방사선에 노출됐지만 둘은 기적적으로 사고에서 살아남았다. 불과 나흘 전 35세 생일을 축하했던 두 아이의 아버지 샤셰노크는 다시 의식을 회복하지 못했고 네 시간 반 후 병원에서 숨을 거뒀다. 사고 당일 죽은 두 번째이자 마지막 인물이었다. 샤셰노크의 아내는 남편을 보고 충격받았다. "조금도 내 남편 같지 않았다. 부어오른 물집 같았다."

그사이 페레보스첸코는 이미 사망한 호뎀추크를 찾아 나섰다. 맨손으로 연료와 흑연 조각을 주워가며 잔해를 헤치고 걸었지만 어둠 속에서 친구를 찾기는 쉽지 않았다. 고단한 수색에서 돌무더기와 휘어진 금속판만 확인한 끝에 그는 동료를 잃었다는 사실을 인정하고 4호기로 돌아가기 시작했다. 페레보스첸코는 이미 강력한 방사선의 효과로 괴로워하고 있었다. 비틀거리며 제어실로 돌아가는 내내 구토했고 순간순간 정신을 잃었다. 마침내 목적지에 도착한 그는 원자로가 파괴되었다고 보고했지만 댜틀로프는 믿지 않았다. 운전원들은 이미 노심에 물을 공급하고 있었다.

방사선을 내뿜는 원자로 연료와 흑연이 어디에나 널려 있었다. 지붕 일부가 4호기의 터빈실 위로 무너져 내리면서 7번 터빈에 불을 붙이고 석유 관을 부쉈다. 불은 석유를 따라 번졌고 터빈실 지붕을 태웠다. 지붕 잔해가 떨어지며 급수 펌프의 압력 밸브를 망가트렸고 팔팔 끓는 방사성 물이 콸콸 쏟아져나왔다. 직원들은 화재를 제압하고, 전기 시스템을 분리하고, 직접 석유 배출 밸브와 냉각수 밸브를 열기 위해 사투를 벌이며 우라늄 덩어리 옆을 바쁘게 지나다녔다. 이 용감한 사람들 중 많은 이가 자신이 원자로 연료 조각 사이를 달렸다는 사실도 모른 채 죽었다. 아키모프와 톱투노프는 새벽 6시에 아침 근무조가 도착해 교대한 뒤에도 발전소에 남아 사고를 수습하려는 절박한 노력에 동참했다. 둘은 어딘가 밸브가 잠겨 원자로에 물이 공급되고 있지 않다고 확신하고 함께 반파된 급수실에 들어가 두 급수관의 밸브를 열었다. 그리고 연료와 물이 섞인 고농도의 방사성 물질이 무릎까지 올라오는 다음 방으로 자리를 옮겨 몇 시간이나 손으로 반쯤 물에 잠긴 밸브들을 돌렸다. 방사선의 영향으로 점차 힘이 떨어진 두 사람은 프리퍄티의 병원으로 후송되었다. 아키모프와 톱투노프의 고결한 노력은 헛수고였다. 원자로로 들어가는 급수관이 이미 파괴되어 둘은 그냥 물을 버리는 밸브를 연 셈이었다. 하지만 제어실의 운전원들은 폭발이 일어나고 6시간 후에도 여전히 원자로에 다시 물을 공급하려 노력하고 있었다.

그날 밤 체르노빌 발전소의 직원들은 진정한 의미에서 영웅이었다. 그들은 도망칠 수 있을 때도 도망치지 않았다. 대신 이타적으

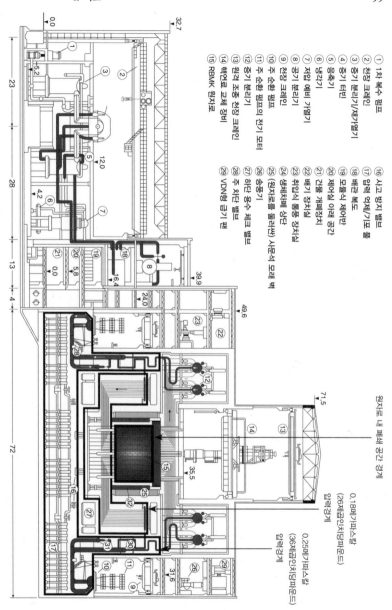

① 1차 복수 펌프
② 천장 크레인
③ 증기 분리기/재가열기
④ 증기 터빈
⑤ 응축기
⑥ 냉축기
⑦ 지압 예비 기압기
⑧ 공기 분리기
⑨ 천장 크레인
⑩ 주 순환 펌프
⑪ 주 순환 펌프의 전기 모터
⑫ 증기 분리기
⑬ 원격 조종 천장 크레인
⑭ 핵연료 교체 장비
⑮ RBMK 원자로

⑯ 사고 방지 밸브
⑰ 압력 억제/기포 풀
⑱ 배관 복도
⑲ 모률식 제어반
⑳ 압력실 아래 공간
㉑ 제어실 아래 공간
㉒ 배기 가져실
㉓ 건물 개폐장치
㉔ 생체차폐
㉕ 취입식 통풍 장치실
㉖ 송풍기
㉗ 하단 용수 체크 밸브
㉘ (원자로를 둘러싸는) 사문석 모래 벽
㉙ VDN형 급기 팬

원자로 내 밀폐 공간 경계

0.18메가파스칼
(26제곱인치당파운드)
압력경계

0.25메가파스칼
(36제곱인치당파운드)
압력경계

Chernobyl Unit 4 Cross Section

체르노빌 4호기 단면도(모든 거리는 미터 기준)

로 자리를 지키며 발전기의 수소 냉각제를 질소로 교체해 추가 폭발을 막았다. 손상된 터빈의 탱크에서 석유를 퍼내 외부의 비상 탱크로 옮겼고, 불이 번지는 걸 막으려 석유 탱크 위에 물을 뿌렸다. 이런 노력이 없었다면 불이 총 600미터의 터빈실을 삼키고 지붕도 더 무너졌을 것이다. 그리고 불길은 1호기와 2호기, 3호기까지 번져 십중팔구 가동 중이던 모든 원자로의 파괴를 불렀을 것이다.

메드베데프가 쓴《체르노빌 노트》의 한 문단을 그대로 옮긴다. 발전소 직원들이 그날 밤 보여준 용맹함을 묘사하는 대목이다. "알렉산드르 렐레첸코Aleksandr Lelechenko는 젊은 전기기사가 불필요하게 방사선이 강한 구역에 들어가지 않게 하면서, 자신은 세 번이나 전기분해구역Electrolysis Space에 가 비상 발전기에 수소가 들어가지 않게 조치했다. 전기분해구역 주위에 파편이 쌓여 있었고 어디에나 연료와 원자로 흑연 조각이 널려 있었다는 사실, 그리고 방사선이 시간당 5천에서 1만 5천 뢴트겐이었다는 사실을 생각하면 이 47세의 남자가 의도적으로 젊은이들을 뒤에 남겨두고 자신을 희생한 행위가 얼마나 도덕적이고 영웅적인지 알 수 있다. 그다음에는 무릎까지 올라오는 방사성 물속에서 배전 상자의 상태를 살피며 급수 펌프에 전압을 공급하려 했다. 렐레첸코가 피폭된 방사선량은 총 2,500래드(2,851뢴트겐)로 한 사람을 다섯 번 죽일 수 있는 양이었다. 하지만 그는 프리퍄티 병원에서 응급 처치를 받은 뒤 서둘러 사고 원자로로 돌아와 몇 시간 더 일했다." 렐레첸코는 한 예일 뿐이다. 여기서 미처 언급하지 못한 사례가 수없이 많다. 너무나 안타까운 사실은 이렇게 많은 이들이 원자로를 구하기 위해 했던 일들이 실은 상황을 더 나쁘게 만들었다는 것이다. 그들은 헛되이 목숨을 바쳤다.

렐레첸코는 발전소에 복귀해 일한 후에도 자신은 괜찮다고 주
장했다. 어떻게 그런 강인함을 발휘할 수 있었는지 모르겠다. 그는
병원에 가는 대신 집으로 돌아가 아내와 저녁을 먹었다. 잠은 거의
자지 못했지만 다음 날 아침 일터로 돌아가며 아내에게 "거기서 어
떤 일이 벌어지고 있는지 상상도 할 수 없을 거야. 우리는 발전소를
구해야 해"라 설명할 힘은 남아 있었다. 렐레첸코는 2주 후인 5월
7일 키예프의 병원에서 숨을 거뒀다. 상태가 너무 안 좋아서 다른
부상자들과 함께 비행기로 모스크바의 방사선 전문 병원에 이송할
수도 없었다. 렐레첸코가 사망한 후 그의 용기를 높이 사 소련에서
가장 명예로운 훈장인 레닌 훈장이 추서되었다.

5

도착

ARRIVAL

CHERNOBYL 01:23:40

격렬한 감정이 솟구쳤다.

이곳에 있다는 사실이 이토록 내게 중요한 이유는 알 수 없었지만

정말 그랬다. 사고를 다룬 수많은 다큐멘터리와 극영화들을 보고

수많은 관련자의 이야기를 읽은 후 실제로 모든 일이 일어났던

장소에 발을 디디자 압도되는 느낌이었다.

겨우 5시간쯤 자고 끊임없이 울리는 알람 소리에 눈을 떴지만
당장이라도 출발하고 싶었다. 몇 년을 기다린 끝에, 사고의 모든 면
면을 샅샅이 살폈던 수많은 시간을 지나, 마침내 두 눈으로 직접 체
르노빌을 보는 날이 온 것이다. 두 눈은 퀭해도 정신만은 말짱한 우
리 넷은 다시 모여 아침을 먹기로 한 식당까지 몇 블록을 걸었다. 슬
라부티치가 어제 보았던 우크라이나의 다른 지역에 비해 훨씬 다채
롭고 현대적인 것은 분명했다. 건물을 보면 확실히 소련에 속했던
도시 같았지만 왠지 덜 낡아 보였다. 아마 소련이 스스로 몰락하던
시기에 만들어졌기 때문일 것이다. 넓은 거리는 잘 관리되고 있었고
빌딩 사이 공간마다 그리고 거리를 따라 키 큰 소나무가 서 있었다.
어떤 면에서는 좀 지나칠 정도로 목가적이고 깨끗했다. 도시가 채워
지지 않았다는 느낌이었다.

약속한 식당은 슬라부티치 도심 광장의 북동쪽 모퉁이에 있었다. 수많은 콘크리트 빌딩 사이에 서 있는 특징 없는 하얀 색 건물에는 들여다볼 수 있는 유리창이 하나도 없어 제대로 찾아왔는지 확신할 수 없었다. 지키는 이 없는 문으로 들어서자 바닥에 대리석 타일이 깔린 짧은 복도가 바로 끝의 계단으로 이어졌다. 사람이나 집기가 전혀 없어서 우리는 아는 얼굴이 보일 때까지 계단을 올라갔다. 나는 계단 옆에 쌓인 가방 무더기 위에 장비를 내려놓고 자리를 잡은 뒤 주위를 둘러보았다. 아침을 먹기에는 좀 황당한 장소였다. 우리 일행이 극히 일부만 차지하고 있는 광활한 홀은 붉은색과 흰색으로 장식되어 있었다. 의자 덮개나 다른 장식들을 보면 원자력 재난 현장을 방문하려는 지친 외국인 여행자들이 간단한 아침을 먹는 곳이 아니라 결혼식장 같았다. 분명히 이 도시의 주요 행사가 열리는 장소 같았다. 50대 초반으로 보이는 풍만하고 키 작은 여성이 감독하는 가운데 단색 블라우스와 치마를 입은 20대 여성 네 명이 차와 커피를 내놓았다. 사장으로 보이는 여성의 희미한 미소와 위풍당당함은 마피아 두목을 연상시켰다.

나는 닭고기와 토마토, 오이를 배부르게 먹었다. 우크라이나에서 먹은 모든 식사가 이런 구성이었다. 방광이 허락하는 한까지 차도 마음껏 마셨다. 우리는 각자 소지품을 챙겨 들고 기차역으로 출발했다. 온기를 느낄 수 없고 비도 내리는 을씨년스러운 아침이었지만 운 좋게 구름이 걷힌 사이 10분 만에 슬라부티치 역에 도착했다. 나는 사방에서 나타나 우리와 마찬가지로 침묵 속에 큰길을 따라 행진하는 이 도시의 사람들을 관찰했다. 모두 같은 방향으로 걷고 있었다.

철도는 체르노빌이라는 심장에서 나온 동맥처럼 슬라부티치의 생명줄 역할을 했다. 기차가 없었다면 발전소에 남아 그곳을 관리하고 출입금지구역을 조사하는 삼천 명의 노동자 중 많은 이가 일을 계속할 수 없었을 것이다. 자동차나 버스로는 곧장 갈 수 있는 길이 없고 비행기를 탈 수도 없으니 기차가 유일한 현실적 대안이었다. 체르노빌 발전소가 통째로 방치되었다면 이 외딴 도시에 사는 사람 중 전부는 아니더라도 대부분이 떠나야 했을 것이다. 이런 생각은 나를 우울하게 했고, 슬라부티치에 방사선 관련 질병을 앓는 사람이 많다는 사실을 기억해내자 더 우울해졌다. 이곳에 도착하기 전까지는 여전히 얼마나 많은 사람이 발전소에 고용되어 있는지 전혀 몰랐다. 그런 참사가 벌어진 후에도 수많은 사람이 발전소에 생계를 의존하고 있다는 사실은 새로운 관점을 선사했고 내가 살아가는 일상의 환경을 감사하게 했다.

우리는 기차역 발치에 있는 작지만 부산한 시장을 통과해 금이 간 콘크리트 계단을 올라갔다. 사람들은 모두 야외 플랫폼 네 개 중 시장에서 가까운 곳에 몰려 있었고 다른 세 플랫폼에는 아무도 없었다. 가장 멀리 있는 플랫폼 너머에는 길고 하얀 2층짜리 건물이 몇 채 있었는데 물결 모양의 금속 지붕 때문에 창고처럼 보이기도 했다. 어두운 창문으로는 아무도 보이지 않았다. 기차 시간이 다가오자 플랫폼이 가득 찼다. 나는 얌전히 있는 일행 대부분과 달리 카메라를 꺼내 사진을 찍기 시작했다. 지금 보는 풍경을 모두 담고 싶었다. 하지만 렌즈를 통해 이 도시 사람들의 시선을 확인하고 바로 카메라를 내려놓았다. 그들은 사진 찍히는 것을 좋아하지 않았다. 실은 우리가 이곳에 있다는 사실 자체를 좋아하지 않았다.

낡았지만 매력적인 회색 소련 전차 기관차가 역사로 들어왔다. 청록색과 자홍색으로 모서리를 장식한 채 객차 6대를 끌고 있었다. 나는 앞서 다니던 직장을 그만둘 때까지 몇 년간 매일 통근 열차에서 좌석을 차지하기 위해 미친 듯이 달렸던 기억이 몸에 배어있었고, 가장 가까운 문이 열리자 무의식적으로 앉을 자리를 찾아 뛰어들었다. 이미 앉아있던 사람들이 내가 근처에 오지 않길 바라는 적대감을 전혀 숨기지 않았으므로 나는 모든 자리가 비어 있는 의자를 택했다. 넷이 모두 쿠션을 댄 의자에 억지로 끼어 앉은 후에야 단체 여행객인 우리 일행이 기차 곳곳에서 전부 모으면 객차 하나는 될 법한 좌석을 차지하고 있으리라는 것을 깨달았다. 정작 합법적으로 좌석 요금을 낸 승객들은 서 있었다. 우크라이나어는 할 줄 몰랐지만 말투만 듣고도 당연히 화가 났다는 것을 알 수 있었다. 나를 편안한 집에서 안락한 삶을 살다가 그들이 매일 견뎌야 하는 현실을 구경하러 온 사람으로 보는 것은 아닌지 의심스러웠다. 그리고 상대적으로 보면 그들의 판단이 옳다는 것을 인정할 수밖에 없었다. 함께 이곳에 도착한 누구보다 그리고 어쩌면 이곳에서 일하는 몇몇 사람들보다 더 이곳에서 일어난 일에 순수한 관심을, 어쩌면 열정까지 가지고 있다 해도 내가 이곳 사람들과 비교해 더 부유하며 원하면 언제든 떠날 수 있다는 사실은 부인할 수 없었다. 나는 프리퍄티에서 소개한 이들이 방사선의 공포를 피해 찾았던 사회에서 배척당했고 그들 중 많은 이가 출입금지구역으로 돌아와야 했던 안타까운 이야기를 알고 있었다. 예의 없었던 내 태도 때문에 죄의식과 부끄러움이 섞인 강렬한 감정이 차올랐다. 나는 다시는 그들의 자리에 앉지 않았다.

기차가 엄청난 소음을 내며 체르노빌에 근접하자 숨이 멎는 듯했다. 초반 절반의 여정에는 삼림지대 중간중간 나타나는 몇몇 농장과 개인 주택들을 지나고 드네르프 강과 프리퍄티 강을 건넌다. 그리고 변두리의 한 마을에서 잠시 숨을 돌린다. 후반부에는 지평선을 따라 평평하게 이어지는 습지대를 따라 달리며 믿을 수 없는 경치가 펼쳐진다. 솔직히 인정하면 좀 비뚤어진 인간처럼 보일 수도 있겠지만, 창밖의 모습은 내가 원자력 참사를 상상하며 떠올렸던 주위 풍경과 완전히 일치했다. 안개가 자욱한 것까지 똑같았다. 물론 원자력 발전은 고사하고 화력 발전을 시작하기 한참 전부터 우크라이나 북부와 벨라루스의 모습은 이랬을 것이다. 하지만 최소한 내 상상은 현실에 상당히 근접해 있었다. 가을이라 모든 색이 바래고 겨울을 준비하며 물러나고 있었지만 그렇다 해도 풍경 속 색채와 형태가 너무나 단조로워 놀랄 수밖에 없었다. 여기저기 흩어진 연초록색 덤불 외에는 살아있는 생명이 거의 보이지 않았다. 급히 국경을 넘고 이웃 나라 벨라루스를 15킬로미터나 달렸지만 다른 나라에 왔음을 알리는 울타리나 표지판은 아무것도 없었다.

몇 킬로미터를 더 달려 완만한 모퉁이를 돌 때 처음으로 경고를 위한 기념비처럼 지평선을 찢고 우뚝 솟은 체르노빌의 75미터짜리 냉각탑을 보았다. 기차가 곧은 철로를 따라 달리자 냉각탑은 사라졌고 우리는 발전소에 근접했다. 동료 여행객들 사이에 긴장이 고

조됐다. 기차역에 들어선 열차는 닫혀있는 플랫폼의 출입문에 객차 출입구를 맞추기 위해 몇 센티미터 더 움직였고 곧 멈춰 섰다. 문이 열리자 우리가 움직이기 전에 항상 이 기차를 타는 승객들이 먼저 내렸다. 나도 따라 내렸지만 그들이 플랫폼 한쪽 끝의 유일한 출구로 조용히 빠져나갈 때까지 지켜보고만 있었다. 어디로 가야 할까? 우리는 아무런 설명도 듣지 못했다. 역사 안에서는 밖을 볼 수 없었다. 차가운 회색 파형 강판으로 만들어진 역사 내부는 비스듬한 지붕을 떠받치는 두꺼운 청록색 기둥을 따라 둘로 나뉘어 있었다. 임시로 만든 시설처럼 보였다. 발전소 단지로 사라지는 노동자들 사이에서 나타난 가이드가 우리를 불러 모았다. 우리는 두 복도가 교차하는 곳으로 이동했고, 짧은 머리에 군대 훈련복을 입은 당당하고 엄격해 보이는 남자 세 명이 기다리고 있었다. 둘은 서 있었고 나머지 한 명은 클립보드로 무장한 채 책상을 차지하고 있었다. 그는 천천히 목록의 이름들을 호명하며 여권을 검사했다. 우리는 입을 다문 채 여기까지 온 것이 헛수고가 되지 않길 기도했다. 불안한 10분이 지난 뒤 모든 검사가 문제없이 끝났고 우리는 천장이 낮고 넓은 복도 끝으로 안내받았다. 관형 조명이 깊게 골이 진 벽 위에 황금빛 불빛을 뿌리고 있었다.

안내를 맡은 사람은 마레크 라빈스키Marek Rabinski 박사였다. 대머리였지만 은빛 턱수염은 따로 손질하지 않는 듯 무성했고 테가 두꺼운 선글라스를 꼈다. 늘 정신이 없는 천재 과학자의 전형적인 모습이라 바로 그가 좋아졌다. 그는 폴란드 안제이 솔탄 원자력연구소Andrzej Soltan Institute for Nuclear Studies의 플라스마 물리학 및 기술 부서

책임자였고, 폴란드원자력학회의 창립 멤버였으며, 체르노빌 참사
전문가였다. 마레크는 오늘 일정을 설명하기 전 건강과 안전에 관
한 길고 긴 독백을 늘어놓았다. 우리가 이미 외우고 있는 내용이었
다. 건물 위로 올라가 몸을 던져서는 안 된다는 이야기도 했다. 고향
으로 돌아간 후에는 마음대로 해도 좋지만 여기서는 안 된다고 굳
이 경고하고 싶은 듯했다. 나를 포함해 모든 이들이 눈에 띄게 초조
해하기 시작했다. 투덜거리며 발로 바닥을 찧었고 몇 초마다 자세를
바꾸며 주위를 둘러봤다. 지척까지 온 터라 바로 손을 뻗으면 닿을
곳에 제일 좋아하는 음식이 놓여 있을 때처럼 가만히 있기가 고통
스러웠다. 이곳에서 보낼 귀중한 시간이 조금밖에 없었다. 마레크가
영어를 하지 않아서 통역을 거치느라 더 오래 걸렸다. 30분은 족히
되는 듯했던 좀이 쑤시는 시간 후에 우리는 밖으로 나올 수 있었다.
　더는 멀리 보이는 윤곽선이 아니었다. 나는 겨우 몇백 미터 떨
어져 있는 석관Sarcophagus, 즉 4호기에서 여전히 방출되는 방사선을
막기 위해 강철과 콘크리트로 만든 차폐물의 색상과 세세한 만듦새
를 확인할 수 있었다. 내가 서 있는 입구 통로에서는 거대하고 쇠락
한 크레인에 가려 건물 일부가 보이지 않았지만 어쨌든 가장 좋은
앵글을 찾으려 노력하며 장애물을 무시하고 사진을 찍었다. 예상했
던 대로 무채색 하늘에서 빗방울이 떨어지기 시작했다. 카메라를 챙
긴 뒤 다른 일행을 따라 흰색과 붉은색으로 칠해진 아름다운 버스
에 올라탔다. 1970년대에 만들어진 듯한 버스는 참사 직후 소개하
는 사람들을 날랐던 버스와 같은 모델이었다. 계급을 가늠할 수 없
는 군인이 우리와 동행할 예정이었다. 아마 하급 장교가 아닐까? 코

트 속에 눈에 띄는 휘장을 달고 있지 않아 알 수 없었다. 규정에 따라 머리를 짧게 깎고 보잉 선글라스를 쓴 채 쉴 새 없이 껌을 씹는 군인은 나보다 약간 작아서 170센티미터가 좀 넘는 듯했고 억양이 아주 강했다. 영어를 발음기호 그대로 말하는 느낌이어서 무척 마음에 들었다. 아쉽게도 그는 거의 입을 열지 않았다. 얼굴에 잔주름이 가득하고 무뚝뚝한 버스 기사도 마찬가지였다. 둘은 철부지 외국인 여행객들을 돌보는 것보다 더 좋은 일을 백만 개는 알고 있는 듯했다.

하지만 너무 흥분 상태였던 나는 개의치 않았다. 모두 안전하게 탑승한 후 버스는 5분 정도 4호기를 향해 달렸다. 앞쪽에 서 있던 나는 석관을 온전히 볼 수 있었다. 어마어마했다! 당연히 클 줄은 알았지만 실제로 얼마나 대단한지는 몰랐다. 굴뚝 높이가 무려 150미터에 달해 백 년은 된 이 층짜리 시골집에서 사는 사람이 머릿속에 그려볼 수 있는 규모가 아니었다. 여담이지만 그로부터 2년 뒤 인터넷에서 구한 설계도 몇 장을 이용해 마인크래프트 안에 체르노빌의 실물 크기 모델을 만들었는데, 이 굴뚝이 얼마나 거대한지 다시 확인할 수 있었다.

격렬한 감정이 솟구쳤다. 이곳에 있다는 사실이 이토록 내게 중요한 이유는 알 수 없었지만 정말 그랬다. 사고를 다룬 수많은 다큐멘터리와 극영화들을 보고 수많은 관련자의 이야기를 읽은 후 실제로 모든 일이 일어났던 장소에 발을 디디자 압도되는 느낌이었다. 아마 어떤 사람들은 아우슈비츠나 노르망디 해변을 방문했을 때 비슷한 느낌을 받을 것이다.

하지만 구조물은 내가 지금껏 보았던 형태와 약간 달라 보였다. 이제까지 나는 주로 사고부터 석관이 처음 만들어진 1987년까지만 조사했었다. 25년이 흐른 지금은 안정화 철강구조Designed Stabilisation Steel Structure라 알려진 63미터 높이의 지지대가 석관의 지붕과 서쪽 벽을 떠받치고 있었다. 지지대는 체르노빌 발전소를 미래에도 안전하게 유지하기 위한 장기 프로젝트인 차폐물 구축계획Shelter Implementation Plan의 일부로 2007년 완성되었다. 원래 금속 기둥 두 개로 기존 차폐물의 지붕을 지탱했는데, 지붕 무게가 1986년의 폭발로 이미 심하게 손상되고 남은 서쪽 벽에 상당한 압력을 가했다. 2000년대 초에는 이로 인해 붕괴할 위험에 처하기도 했지만 이제 밝은 노란색과 회색이 섞인 안정화 철강구조가 캔틸레버로 지붕 무게 800톤 중 80퍼센트를 부담하며 훼손을 막고 있다.

석탑에서 150미터 떨어진 잘 가꿔진 잔디밭에는 두 손으로 원자로 건물과 지붕을 받치는 모양을 형상화한 석조 기념물이 있었다. 명판에는 "원자력 재난에서 세계를 구했던 영웅들과 전문가들에게 바칩니다. 차폐물 건설 20주년을 기념하며"라 적혀 있었다. 빗방울이 점점 더 굵어졌지만 나는 근처 정보 센터로 이동할 때까지 계속 낡은 석관의 사진을 찍었다. 정보 센터는 위에 레이저 와이어를 설치한 콘크리트 벽 한쪽에 있었다. 조그마한 방에는 정확한 비율로 만들어진 4호기의 횡단면 모델이 있어 사고 현장을 정확하게 파악할 수 있었다. 호뎀추크가 사망한 펌프실은 완전히 묻혀 있었다. 유리로 된 오른쪽 벽을 통해서는 전체 여행 중 체르노빌을 가장 가깝게 그리고 상세하게 들여다볼 수 있었지만 알 수 없는 이유로 이 완벽한 위치에서 사진 촬영이 금지되어 있었다. 이해할 수 없었다. 믿을 수 없을 정도로 불만스러운 일이었다. 정장을 입은 직원이 새 안전 차폐물을 건설하는 프로젝트와 관련해 앞으로 이루어질 작업과 현재까지의 진행 상황을 짧게 설명해주었다. 프로젝트를 몇 년간 본격적으로 추진하기 전에 유명한 환기 굴뚝을 해체해야 한다는 이야기도 했다. 굴뚝은 실제로 2014년 2월 철거되었다.

다시 밖으로 나온 우리는 발전소 앞에 모여 기념사진을 찍었다. 나는 촬영을 맡은 여행사 직원의 우스꽝스러운 모습을 찍어두었다. 일행이 모두 카메라를 맡긴 탓에 그의 목에 DSLR 카메라가 20대쯤 걸려 있었다. 근처에서 쾅 하는 소리가 났고 풍경 사이로 메아리가 퍼져 나갔다. 반쯤 물에 잠긴 종을 일정한 리듬에 따라 커다란 망치로 두들기는 듯한 소리였다. 레이저 와이어가 설치된 벽 너머에서 건설 노동자 한 명이 새 안전 차폐물을 건설하기 위한 기초 공사를 하며 말뚝 박는 기계를 사용하고 있었다. 이후 이틀 내내 어디를 가든 이 소리를 들을 수 있었다. 내게는 출입금지구역의 소리였다.

우리를 태운 버스는 프리퍄티로 향했다. 버스가 다가가자 홀로 외롭고 따분하게 검문소를 지키던 군인이 손으로 간단한 차단기를 들어 올려 도시 주변을 둘러싼 울타리를 넘어갈 수 있게 해주었다. 우리는 도시 중심가 근처에서 내렸고 90분의 시간이 주어졌다. 대니, 케이티, 다비드와 나는 다른 몇몇과 함께 움직였고 커다란 무리와 헤어져 프리퍄티에서 가장 높은 건물로 향했다. 도시의 북서쪽 가장자리에 있는 건물에서 프리퍄티를 편하게 내려다볼 수 있었

다. 내 첫 번째 인상은 정확히 예상했던 그대로라는 것이었다. 모든
것이 그대로 남아 있었다. 신호등, 도로 표지판은 물론이고 길 한쪽
에 어린이용 자전거도 있었다. 모두 잊혀진 삶을 일깨웠다. 신호등
에는 전구가 없었다. 도로 표지판은 녹이 슬고 표시가 바랬다. 자전
거에는 바퀴와 핸들이 없었다. 버려진 장소들을 탐험해 온 경험을
통틀어 이렇게 공동체의 삶이 온전히 사라졌다는 느낌을 주는 장소
는 프리퍄티 외에 딱 한 곳밖에 없었다. 1906년 에든버러 근처 4제
곱킬로미터의 땅에 문을 열었던 뱅거빌리지병원Bangour Village Hospital은
스코틀랜드 최초로 마을 형태를 한 정신병원이었다. 병원은 10년
넘게 방치되었지만 부지는 그대로 남아있어 교회, 가게, 가로등, 버
스 정류장, 도로 표지판 그리고 평소에는 있는지도 모르는 사소한
시설까지 모두 확인할 수 있다. 프리퍄티는 그 병원을 거대한 규모
로 확장한 듯했다.

　　우리는 10분간 부지런히 걸어 알 수 없는 이유로 일본 후지산
의 이름을 따 후지야마Fujiyama라 불렸던 16층짜리 주거용 건물에 도
착했다. 힘겹게 계단을 오르는 내내 너무 무거운 장비를 들고 온 것
을 한탄하며 여행 짐을 꾸리는 내 철학까지 재평가하게 됐지만 결
국 황량한 옥상에 도착할 수 있었다. 믿을 수 없는 광경이 펼쳐졌다.
버려지고 잡초에 뒤덮인 도시가 내 발아래 있었다. 꿈 같았다. 눈에
띄는 장식이 전혀 없는 흰색과 회색의 브루탈리즘Brutalism 양식 콘크
리트 건물들이 제멋대로 자란 숲 위로 돌출되어 있었고 멀리 안개
속에 체르노빌 발전소의 윤곽이 희미하게 보였다. 어두운 구름이 하
늘 위에서 모든 것을 적시고 있었지만 그마저도 왠지 어울리는 듯

했다. 텅 빈 채 부서지고 차마 말로 설명할 수 없는 이 도시에 있는 기분은 지구상 다른 어느 곳에 있는 기분과도 달랐다. 침묵 속에 귓가를 스치는 바람을 느끼며 서 있으니 지구의 인류가 모두 오래전에 소멸하고 어쩌다 나만 남은 것 같았다. 확신할 수 있었다. 새로 사귄 친구들이 옆에 있는데도 갑자기 격렬한 외로움이 느껴졌다. 모두 같은 기분을 느꼈을까? 나는 묻지 못했다.

주어진 90분을 지켜야 해서 필요 이상으로 머무를 수 없었다. 우리는 주거용이 아닌 가장 높은 층을 살피다 노출된 콘크리트와 물탱크, 배관 사이에서 미라가 된 개의 사체를 찾아냈다. 피난처나 잃어버린 주인을 찾아 이곳까지 온 걸까? 온몸에 구멍이 나 있었다. 총상일까? 사람들이 소개한 후 동물을 찾아다녔던 처리반에게 발각되었을 수도 있지만 25년 후까지 남아있는 구멍은 다른 의미일지 모른다. 방사선 질환은 인간에게도 충분히 가혹하다. 그래도 사람은 최소한 증상과 치료법을 알 수 있다. 반면 동물들은 어떤 일이 왜 일어나는지 전혀 이해하지 못하고, 자신들을 아끼던 사람들이 왜 사라졌는지도 알지 못한다. 체르노빌의 동물들이 보낸 마지막 몇 주는 아마 견디기 힘든 시간이었을 것이다. 나는 이 가련한 생명체가 방사선에 피폭된 최악의 결과를 경험하지 않고 그냥 굶어 죽었기를 바랐다.

버스로 돌아오는 길에 프리퍄티에 많이 보이는 유치원 중 한 곳에 잠깐 들어갔다. 조용한 방을 지나자 아기 침대와 장난감이 가득한 방이 나왔다. 다양한 색이 칠해진 벽에는 웃고 있는 동물들과 만화 속 풍경, 숫자와 알파벳이 그려져 있었다. 잠시 한 명이 없어졌

Walking towards Fujiyama in Pripyat.
It is the distant building on the far left

프리퍄티에서 주거용 건물 후지야마를 향해 걸어가는 길.
가장 왼쪽에 보이는 건물이다.

다고 착각하는 해프닝도 있었지만 만나기로 한 장소에 모두 모이자 버스는 프리퍄티를 빠져나와 과학자들이 출입금지구역 전반의 방사선 수치를 감시하는 연구 건물로 향했다. 가는 길에 악명높은 붉은 숲Red Forest을 지나쳤다. 엄청난 양의 방사선이 통과한 탓에 초록색이 모두 붉은색으로 변한 숲이었다. 발전소에 이름을 빌려준 오래된 마을 체르노빌도 지나갔다. 과학자들이 하는 일을 설명해 준 내용을 떠올릴 수 있다면 좋겠지만 도저히 기억이 나지 않는다. 다시 끝날 줄 모르는 통역이 시작되었기 때문이다. 나는 빠르게 흥미를 잃었다. 이어서 흥미로운 장소 두 곳에 짧게 들렀다. 먼저 도착한 곳은 출입금지구역 안에서 유일하게 운영되는 종교시설인 상트엘리야교회St. Elijah Church였다. 흰색과 금색, 네온 파랑의 조화가 강렬했다. 이 지역의 몇 안 되는 거주민 중 한 명인 동방정교회 신부가 이끄는 이 교회는 사고 직후에도 알 수 없는 이유로 방사선의 영향을 비교적 적게 받았다고 해서 유명해졌다. 사실은 알 수 없다. 그다음 목적지는 프리퍄티 강의 오래된 항구였다. 여전히 방사선을 내뿜는 녹슨 배들이 줄지어 물 위에 버티고 있었다.

발전소로 돌아가는 길에 잠시 사고로 사망한 소방관들을 기리는 추모비를 찾았다. 용감하게 불을 공격하는 남자 6명이 실제 크기로 조각되어 있었다. 그 뒤에는 의사가 한 명 서 있었다. 아무것도 모른 채 지붕에 올라가 엄청난 방사선을 흡수하는 일 그리고 어떤 상황을 겪게 될지 알면서도 자기 자신을 희생하는 일 중 어느 쪽이 더 비극적인지 모르겠다. 자신들이 밟고 있는 잔해가 방사성 연료와 흑연이고 숨 쉬는 공기는 치명적인 방사성 핵종으로 오염되어 있어

서 몇 분 만에 목숨을 잃게 되리라는 사실을 알았던 사람이 얼마나
될지 궁금했다. 어느 쪽이든 그들은 자리를 지켰고 거의 40건에 가
까운 화재와 싸웠다. 그들의 희생은 실로 엄청날 수 있었던 파괴를
막았다. 추모비의 명패에는 "세상을 구한 이들에게 바칩니다"는 문
구가 새겨져 있었다.

　　점심을 먹기 전 버스가 마지막으로 멈춘 곳은 발전소에서 남동
쪽으로 약 1.6킬로미터 떨어진 도로 위였다. 곧게 뻗은 도로에서는
심각하게 손상된 4호기와 석관이 멀지만 또렷하게 보였다. 오른쪽
강을 건너면 일부분이 완성된 5호기와 반쯤 지어진 냉각탑이 있었
다. 5호기는 사고만 아니면 몇 달 후 가동될 예정이었으나 결국 완
성되지 못했다. 사람들은 도구를 내려놓은 채 사라졌고 크레인은 선
자리에 그대로 버려졌다.

　　우리는 체르노빌 직원들이 사용하는 식당에서 늦은 점심을 먹
었다. 신발에 붙어있을 방사성 진흙을 중화하기 위해 문간의 붉은
액체를 밟고 건물에 들어가야 했다. 손을 씻고 식당으로 향하는 계
단을 올라갔다. 주방 직원 외에는 거의 아무도 없었고 여행 일정을
통틀어 가장 든든한 식사였다. 점심을 먹은 후에는 버스를 타고 5호
기 근처에 갔다. 폭발이 일어나던 순간에도 바쁘게 움직이던 크레
인들이 건물을 둘러싸고 있었다. 안에 들어갈 수 있다면……. 그곳
에서 촬영한 사진은 엉망이었다. 5호기를 관찰하는 데 너무 집중한
나머지 사진 찍기 좋은 위치를 찾지 못하고 짧게 주어진 시간을 허
비하고 말았다. 알 수 없는 기계의 잔해가 곳곳에 널려 있는 조그마
한 숲을 지나 버스로 돌아가는 길에 귀엽고 장난기 많은 강아지들

A monument stands before the remains of Chernobyl's Unit 4

체르노빌 4호기 앞에 서 있는 기념비

과 마주쳤다. 근처에 주둔하는 군인들이 키운다고 했다. 사고 전부
터 이곳에 살던 개들의 후손일까? 분명히 그렇겠지만 군인들이 복
무 중에 동물을 키우는 것이 허용되리라고는 생각할 수 없었다. 버
스가 출발할 때 나는 거대한 검은 크레인을 얼핏 보았다. 체르노빌
의 건설 과정을 담은 수많은 사진에서 보았던 크레인과 같은 종류
였다. 익숙한 구조물이 시야에서 사라지자 좀 더 일찍 알아보지 못
한 나 자신을 저주했다.

　　버스가 사망한 이들을 기리는 발전소의 주 추모비 옆에 멈췄을
때는 우리에게 주어진 시간이 거의 끝나가고 있었다. 늘 4호기가 체
르노빌의 '앞쪽'에 있고 1호기는 '뒤쪽'에 있다고 생각했었다. 내가
본 발전소 사진 대부분이 동쪽에서 서쪽을 바라보며 촬영되었기 때
문이었다. 하지만 지금 내가 서 있는 곳은 1호기를 지나 터빈실의
뒷면을 바라보는 관리동 근처, 발전소의 뒤쪽이었다. 이곳에서는 체
르노빌 발전소 단지를 포괄하는 전경을 볼 수 있었다. 알 수 없는 이
유로 이 각도에서 찍힌 사진을 한 번도 본 적이 없어서 더 흥미로웠
다. 나는 카메라를 꺼냈고 수평을 따라 이동하며 이후 하나로 이어
붙일 사진을 찍어나갔다. 뒤늦게 누군가 별것 없는 관리동을 찍으면
안 된다고 소리를 질러서 나는 기념비로 돌아왔다. 1.5미터 높이의
붉은 돌담에는 검은 대리석 명패가 31개 있었고 방사선에 과다 노
출되어 사망한 이들의 이름이 새겨져 있었다. 중앙에는 붉은 벽돌로
아치를 만들어 검은 종을 달아놓았다. 검은 대리석 판에는 "생명을
위한 생명"이라는 문구와 원자atom를 상징하는 그림이 새겨져 있었
다. 절제된 기념물이었지만·분명히 잘 관리되고 있었다. 이곳에 이

름이 없는 수많은 희생자의 가족들은 이 추모비를 어떻게 생각할지 궁금했다. 그들을 위한 추모비는 없다.

다음 그리고 마지막 목적지는 발전소 서쪽의 야노프 역Yanov Station이었다. 이동하는 동안 기진맥진한 채 오늘 찍은 사진들을 훑어보았다. 엉망인 날씨 탓에 망친 사진이 많아 안타까웠다. 버스가 멈췄다. 벌써 도착한 걸까? 버스에서 내리자 늦은 오후의 희미한 빛 속에 낡았어도 위풍당당한 디젤 기관차 두 대가 눈에 들어왔다. 두 기관차 사이의 비좁은 틈을 통과하자 네 세트의 레일로 이루어진 철로가 보였고 그중 한 레일만 비어 있었다. 나는 철길을 양쪽으로 살폈다. 양쪽 모두 선이 끊어지지 않고 지평선 너머까지 이어졌다. 흩어져 있는 장비들과 녹이 슨 시설 사이에서 단연코 가장 눈에 띄는 것은 밝은 노란색의 새 이동식 철로 크레인이었다. 어떤 작업에 쓰던 장비일까? 근처에 답이 될 만한 것이 보였다. 검게 변한 장작들이 쌓여 있는 지붕 없는 화물차였다. 크레인과 화물차 사이에 진홍색의 납작한 액체 운반용 화물차가 있었는데, 곧바로 다가간 케이티가 아무런 망설임 없이 그 화물차에 올라갔다. 곧 다른 사람도 몇 명 합류했다.

그녀의 장난스러운 행동이 내게 영감을 주었다. 나는 그때까지 사진을 찍고 있던 거대한 파란색 기관차에 삼각대를 기대놓고 기관차를 오르기 시작했다. 평생 후회할 일이지만 기관실 문이 잠겨 있는지는 확인하지 않았고, 몇 초 만에 지붕에 올라섰다. 다른 누군가도 같은 생각을 했는지 몇십 미터 아래에 있는 다른 기관차 위에 올라섰다. 기관차 지붕에서 아래를 내려다본 정확히 그 순간 두꺼운 구름 사이로 태양 빛이 비치며 주위 풍경에 강렬한 색감을 불어넣었다. 경치는 완벽했다. 타이밍도 완벽했다. 검은 구름 그리고 노랑, 빨강, 초록 등 가을의 온갖 색채, 퇴락한 중장비들. 낮게 걸린 태양 빛이 모든 것에 질감을 더했다.

그때 왼편에 있는 건물에서 누군가 우크라이나어로 고함을 쳤다. 더 가까이 있는 누군가도 영어로 내게 내려오라고 외치고 있었다. 버려진 기관차가 아니었다! 나는 재빨리 내려오는 중에도 잔뜩 화가 난 남자 몇 명이 버스 뒤에서 나타난 것을 놓치지 않았다. 아마도 기관사들일 터였다. 맙소사! 삼각대를 쥐고 기차들이 줄지어 있는 앞으로 빠르게 걸으며 파란색 기관차의 주인 혹은 기관사가 나를 걷어차러 오기 전 현장을 벗어날 수 있길 기원했다. 되돌아보면 참으로 무례한 행동이었다.

떠나고 싶지 않았다. 이제 해가 나왔고 오늘 중 처음으로 온기가 느껴졌다. 이 경이로운 날이 곧 끝난다는 사실이 슬펐다. 특별한 소설이 끝나갈 때 어떤 기분인지 알지 않나? 곧 모든 것이 끝나는 걸 알고 이 순간을 유지하기 위해 읽기를 멈추고 싶은 우울한 기분, 바로 그 기분을 느끼고 있었다. 목적지 없이 홀로 철로를 따라 걷고 출입금지구역의 소리를 들으며 저녁을 보내고 싶었다. 발전소로 돌아가 새 안전 차폐물을 세우고 폐로 작업을 하는 사람들과 대화를 나누고 싶었다. 사고에 관한 생각을 듣고 싶었다. 사고가 남긴 것은 무엇인지, 세상과 분리된 채 사람이 살기 힘든 지역에서 살아가는 것이 어떤지, 특히 자신들의 미래를 어떻게 생각하는지 알고 싶었다. 오랫동안 버려졌던 프리퍄티의 호텔 지붕에서 별빛 아래 밤을 보내고 차가운 달빛에 의지해 이 도시를 바라보고 싶었다. 무엇보다도 체르노빌의 손상된 4호기에 들어가 아주 잠시라도 폐허가 된 복도를 탐험하고 폭발한 원자로를 직접 보고 싶었다. 있을 수 없는 일이었다. 슬라부티치행 열차가 곧 출발할 시간이었다. 마레크가 마지막으로 버스에서 내리라고 알렸지만 처음으로 남아있고 싶었다. 이 놀라운 지역을 몇 초라도 더 경험하고 싶었다.

역으로 들어서자 플랫폼으로 가는 길은 회색 전신 방사선 탐지기 앞에 줄을 선 발전소 직원들 때문에 막혀 있었다. 다른 방법이 없었으므로 나는 어깨를 으쓱하고 내 장비를 검사기 아래 밀어 넣은 뒤 사람 크기로 만들어진 구멍에 들어가 섰다. 네 개의 센서에 손과 발을 올리자 차가움이 느껴졌다. 모든 것이 계획대로만 되기를 기원했다. 초록색 불이 들어왔다. 위험할 정도로 방사선에 노출된 것은 아니라고 짐작했다. 우리 일행은 차례로 탐지기를 통과했고 파란색과 회색이 섞인 플랫폼을 따라가 기다리던 열차에 올라탔다. 나는 좌석을 체르노빌의 지친 노동자들에게 양보하고 두 친구와 함께 연결 통로에 자리를 잡았다.

습지를 건너 돌아가는 여정은 왠지 아침보다 더 요란하고 빠르게 끝났다. 골동품 같은 기차의 모든 부품이 체르노빌과 멀어지려는 결연한 노력으로 온몸을 떨고 있는 듯했다. 우리 셋은 깊은 생각에 잠겨 기차가 강, 습지, 버림받은 길과 숲을 빠르게 지나치는 동안 아무런 말도 하지 않았다. 나는 인류가 가장 큰 참사를 겪었던 현장을 찾아가는 길 그리고 떠나는 길에 정확히 무엇을 보았는지 잊지 않기 위해 여정의 일부를 핸드폰 동영상으로 담았다.

슬라부티치로 돌아와서는 다비드, 케이티, 대니와 저녁거리를 찾아 근처 상점에 갔다. 나는 영어를 조금 할 줄 아는 친절한 지배인에게 다가가 러시아어와 우크라이나어로 '부탁드립니다'와 '감사합니다'를 알려달라고 부탁했다. 30대로 보이는 그가 웃으며 친절하게 가르쳐준 덕분에 계산하는 직원들에게 감사 인사를 할 수 있었다. 이곳에서는 모든 것이 이질적으로 보였다. 포장에 적힌 설명을 읽을 수 없어서 내용물을 알 수 있는 제품이 몇 개 없었다. 요리하기에는 너무 피곤한 상태라 준비가 필요 없는 음식을 찾았지만 수줍음과 무지함 탓에 내가 알아볼 수 있는 두 가지 물건, 아이스크림과 스펀지케이크만 샀다.

6

비상 대응

EMERGENCY RESPONSE

CHERNOBYL 01:23:40

놀랍게도 이후 체르노빌 발전소가 문을 연 이래

전 직원이 참여하는 제대로 된 화재 대응 훈련은

단 한 번도 없었다는 사실이 밝혀졌다.

직원의 연락을 받고 잠에서 깬 체르노빌의 책임자 빅토르 브류하노프는 새벽 2시 반쯤 발전소에 돌아왔다. 그는 자신이 근무하는 관리동 아래 주 벙커를 포함해 비상 벙커들을 개방하라고 지시한 뒤 바로 사무실로 향했다. 브류하노프는 이동하는 사이 손상된 원자로 건물을 보았고 최악의 상황을 예상했다. 사무실에서 상관에게 전화를 걸었지만 연락이 닿지 않았고 이후 주 벙커에서 회의를 소집했다. 그리고 회의에서 심각한 사고가 있었다는 것을 알게 되었다. 비상 탱크 중 하나에서 수소가 폭발했지만 원자로는 무사한 듯했다.* 직원들은 원자로에 더 많은 냉각수를 공급하려 급수 펌프를 준

---

* 브류하노프는 이후 발전소에 도착하자마자 원자로가 파괴되었다는 사실을 알았다고 주장했다. 하지만 이런 주장은 그가 모스크바에 보고한 내용뿐 아니라 여러 목격자의 진술과도 다르다.

비하고 있었고 소방관들은 터빈실 지붕에 붙은 불길과 싸우고 있었다. 상황은 통제되고 있었다. 발전소 내부와 주변의 방사선 수치를 묻자 선량측정사들은 현재 유일하게 작동하는 선량계로는 초당 천 마이크로뢴트겐, 즉 시간당 3.6뢴트겐이라고 보고했다. 평소보다 높은 수치였지만 바로 목숨을 위협할 정도는 아니었다. 브류하노프와 다틀로프는 해당 선량계에서 확인할 수 있는 가장 큰 값인 것을 알면서도 이 수치가 정확한 측정값이라 추정했다. 실제 방사선 수치는 발전소 내 일부 지역에서 초당 8백만 마이크로뢴트겐에 달했다. 시간으로 환산하면 3만 뢴트겐에 달하는 충격적인 양이었다.

브류하노프는 안도했다. 초당 천 마이크로뢴트겐이면 아주 절망적인 상황은 아니었다. 곧 공산당에서 브류하노프보다 지위가 높은 지역당 관료들이 주 벙커 회의실에 합류해 대피 필요성을 논의하기 시작했지만 공황 상태가 발생하거나 이후 불필요한 소개로 밝혀질 때의 영향을 염려하는 이들이 많았다. 회의실에 모인 사람들은 자신들이 가장 좋은 시나리오를 따라가고 있다고 생각하기로 했다. 브류하노프는 모스크바의 상관들에게 원자로는 멀쩡하며 다행히 사고가 처음 걱정했던 것만큼 심각하지 않다고 보고했다. 모스크바에서는 4호기를 복구하고 가동할 일정을 서면 제출하도록 지시했고 문제가 곧 해결될 거라 확신했다. 이후 바로 직원들이 시간당 200뢴트겐을 측정할 수 있는 선량계를 찾아냈지만 이번에도 방사선량이 측정 범위를 벗어났다. 브류하노프는 기계가 고장 났다고 주장하며 현실을 믿으려 하지 않았다. 다틀로프와 브류하노프는 방사선 수치를 측정해 오라고 보냈던 이들이 죄다 멍청이고 선량계는 쓸모없는 고물이라 우기면서 다른 직원들을 무시했다. 몇 시간 지나지 않아 댜틀로프는 방사선에 과다 노출되어 일을 계속할 수 없는 상태가 되었다. 발전소 주변에 널려 있는 흑연 덩어리를 두 눈으로 보면서도 그는 여전히 현실을 인정하지 않았다.

빌전소의 소방관들은 이미 재앙이 된 사고가 상상도 할 수 없는 파국으로 번지지 않도록 막는 데 핵심적인 역할을 했다. 사고가 터지고 몇 분 만에 동료들과 현장에 도착한 23세의 블라디미르 프라비크Vladimir Pravik 중위는 바로 자신들의 인력과 장비로는 커다란 피해가 예상되는 광범위한 화재에 제대로 대처할 수 없다는 사실을 깨달았다. 그는 프리퍄티와 더 넓은 키예프 지역에 가능한 모든 지원을 요청하고, 부하들을 팀으로 나눠 3호기 지붕과 터빈실에 집중하도록 했다. 4호기가 3호기와 건물을 공유하고 네 기의 원자로 모두 하나의 터빈실에 연결되어 있었기 때문에 두 지점에서 불이 번지며 강력해지면 끝이었다.

하늘에서 떨어지는 원자로 잔해가 발전소 전역에서 모든 인화성 물질에 불을 붙이고 있었다. 이 역시 애당초 운전중단 장치 검사를 해야 했던 이유와 마찬가지로 브류하노프에게 책임이 있었다. 발전소를 건설할 때는 여러 명백한 이유로 거대한 지붕에 불연성 물질을 바를 예정이었다. 하지만 불연성 물질을 필요한 만큼 확보하지 못한 채 일정에 쫓겼던 브류하노프는 대신 역청을 택했다. 역청은 가연성이 아주 높은 물질이라 수련에서 10년 넘게 산업시설에 사용하는 것이 금지되어 있었다. 아마 재고가 충분했던 이유도 그 때문이었을 것이다. 뜨거운 열에 녹은 역청은 소방관들의 부츠에 들러붙어 움직임을 제약하는 동시에 폐에 독가스를 불어넣었다. 이 결정을 두고 브류하노프를 비난하기는 쉽지만 그에게 대안이 많지는 않았을 것이다. 체르노빌 건설처럼 거대하고 특별한 프로젝트에는 공급 부족이 끊이지 않았다. 당시 다수의 원자력 발전소가 동시에 만들어졌으나 이 프로젝트들을 뒷받침할 기반시설은 존재하지 않았다. 역청을 쓰지 않았다면 발전소 건설이 지연되었을 것이고 브류하노프가 자리를 잃는 대신 다른 누군가가 같은 결정을 내렸을 것이다. 그래도 나는 발전소 지붕에 가연성 물질을 바른 것이 브류하노프가 저지른 최악의 실수 중 하나라 생각한다. 분명히 다른 방법이 있었을 것이다.

그날 밤 체르노빌의 불길과 싸우기 위해 제일 먼저 도착했던 소방관들의 비극은 발전소에 소속된 소방대임에도 불구하고 많은 이가 방사선의 위험을 제대로 이해하지 못했다는 데 있었다. 체르노빌과 프리퍄티 밖에서 달려온 소방관들은 분명히 아무것도 몰랐다. 이에 관해 진술이 엇갈리긴 하지만 소방관들이 남긴 다수의 서면 증언을 보면 힘이 떨어지고 구토를 할 때까지 방사선 문제는 생각조차 하지 않았다는 것을 알 수 있다. 발전소의 화재도 그냥 화재였고 그들은 평소처럼 불과 싸웠다. 몸에 이상을 느꼈을 때도 몇몇은 흡입한 연기와 열 때문이라 생각했다. 서방국가에서 원자력 발전소에 배치되는 소방관들은 특별한 교육을 받고 자신들을 방사선에서 보호해 줄 특수 장비를 착용한다. 소련에서는 원자력 발전소에서 근무하는 소방관들에게 방사선 피폭을 최소화할 특수 소방복을 지급하지 않았다. 기본적인 호흡용 보호구도 없었고 공기 정화 필터가 달린 안면 마스크가 전부였다.

이후 한 소방관은 다음과 같이 증언했다. "우리는 방사선에 관해 잘 알지 못했다. 발전소에서 일하는 사람들조차 몰랐다. 트럭에는 물이 전혀 남아있지 않았다. 미샤Misha가 물탱크를 채웠고 우리는 지붕을 겨냥했다. 죽은 친구들, 바시치크Vashchik, 콜랴Kolya, 블라디미르 프라비크 등이 지붕으로 올라갔다. …… 사다리를 타고 올라갔다. …… 그리고 다시는 그들을 볼 수 없었다." 아나톨리 자하로프Anatoli Zakharov는 2006년 다른 이야기를 했다. 그는 "물론 우리도 알고 있었다!"며 웃었다. "규정에 따르면 절대 원자로 근처에 접근해서는 안 됐다. 하지만 도덕적 의무이자 임무였다. 우리는 가미카제 특공대 같았다." 텔랴트니코프Telyatnikov 대령은 폭발 25분 만에 도착한 2차 소방대를 지휘했다. 그는 "누가 내게 방사선에 관해 알려줬는지는 알 수 없다"고 회상했다. "발전소 직원 중 하나였다. 그들은 모두 하얀 작업복을 입고 있었다. 불을 끄는 동안 방사선이 눈에 보이는 것 같았다. 우선 주위의 많은 물질이 폭죽처럼 빛을 내고 달아올랐다. 누가 내던지기라도 한 것처럼 여기저기서 불빛이 번쩍이기도 했다. 그리고 사람들이 있던 지붕에는 어떤 기체가 있었다. 연기와는 달랐다. 연기도 있었지만 내가 말하는 기체는 안개 같았다. 묘한 냄새가 났다." 그가 지붕에 보낸 대원은 아무도 살아남지 못했고, 마찬가지로 불과 싸우며 수백 뢴트겐의 방사선을 흡수했던 텔랴트니코프 대령 역시 2004년 53세에 암으로 사망했다.

놀랍게도 이후 체르노빌 발전소가 문을 연 이래 전 직원이 참여하는 제대로 된 화재 대응 훈련은 단 한 번도 없었다는 사실이 밝혀졌다. 화재 대응 절차조차 방사선 피폭 가능성을 배제하고 있어 다른 산업시설의 대응 절차와 거의 동일했다. 그래서 고위급 직원들은 잘못될 일이 전혀 없다고 믿고 있었다. 37개 소방대에서 출동한 81대의 소방차와 186명의 소방관이 불길과 싸운 끝에 새벽 6시 35분 무렵에는 원자로 노심의 불을 제외한 모든 불이 꺼졌다. 용감한 소방관 몇 명은 4호기 원자로실까지 들어가 원자로에 직접 물을 쏟아붓기도 했다. 방사선이 너무 강해서 그들은 1분이 지나기 전 치사량에 노출되었다. 이후 며칠간 원자로를 식히려 했던 다른 시도들과 마찬가지로 그들의 행동은 상황을 더 악화시켰을 뿐이었다. 너무 뜨거운 원자로의 불길에 물을 부어서 대부분이 위험한 수소와 산소의 혼합 기체로 분리되거나 바로 증발해버렸고 나머지 물은 지하실을 침수시켰다. 진압 과정에서 많은 소방관이 프리퍄티의 병원으로 후송되었지만 병원은 방사선 질환에 제대로 대처할 준비가 되어 있지 않았고 의사들과 간호사들 역시 방사선에 피폭되었다. 그들이 돌봐야 했던 환자들이 방사선에 극도로 오염된 나머지 몸에서 방사선을 내뿜었기 때문이었다.

초기에는 발전소에 의사가 한 명밖에 없었다. 프리퍄티 A&E의 28세 내과 의사 발렌틴 벨로콘Valentin Belokon은 동료의 전화를 받고 방사선에 관한 경고는 전혀 듣지 못한 채 발전소로 달려갔다. 폭발 30분 후 현장에 도착한 그는 발전소의 응급치료소에 물품이 거의 없다는 것을 알게 됐다. 그래도 벨로콘은 자신이 가진 의료도구로 최선을 다했고 곧 주위 사람들이 비슷한 증상과 패턴을 보인다는 사실을 알아챘다. 두통을 느끼며 목의 분비샘이 부어올랐고, 목마름을 호소하다 메스꺼워하며 구토를 했다. 벨로콘은 이런 증상이 무엇을 의미하는지 알았지만 괴로워하는 발전소 직원들과 소방관들을 위해 버틸 수 있을 때까지 이타적으로 몇 시간이나 일을 계속했다. 이후 그는 "새벽 6시가 되자 목이 간질거렸다"고 증언했다. "머리가 아팠다. 내가 어떤 위험에 놓였는지 이해하고 있었던가? 두려웠던가? 이해하고 있었다. 두려웠다. 하지만 사람들은 근처에 하얀색 가운을 입은 사람이 있으면 안심한다. 다른 모든 이들과 마찬가지로 내겐 호흡용 보호구가 없었고 방호복도 없었다……. 어디서 호흡용 보호구를 구할 수 있을까? 하나라도 구하려 했지만 방법이 없었다. 시내 병원에 전화를 걸었다. '호흡용 보호구 좀 있나요?' '아뇨, 없어요.' 그러면 어쩔 수 없었다. 일반 가제 마스크를 쓰고 일한다? 의미 없는 일이었다." 곧 두 번째 의사가 합류했다. 바르시니안 오를로프Varsinian Orlov 박사는 원자로 근처에서 쓰러진 소방관들이 안정을 찾도록 도우며 세 시간을 보낸 후 자신이 "입에 금속 맛이 나고 머리가 아프다"고 묘사한 증상을 느꼈다. 부상자들을 프리퍄티 병원으로 실어날랐던 구급차 기사들까지 자신들이 태운 이에게서 방출되는 방사선의 영향을 받았다.

체르노빌의 세 번째 원자로 역시 위태로운 상황이었다. 3호기 근무조장 유리 박다사로프Yuri Bagdasarov는 비상 탱크에서 나오는 모든 급수관이 파괴된 4호기에 연결된 탓에 여전히 운전 중인 세 번째 원자로를 냉각할 예비 용수가 없다는 사실을 깨닫고 수석 엔지니어 니콜라이 포민에게 원자로 정지를 승인해달라고 요청했다. 막 발전소에 도착해 위기를 수습하려 안간힘을 쓰던 포민은 반대했다. 새벽

5시가 지나 최악의 상황이 예측되자 박다사로프는 갑상샘에 방사성 요오드가 축적되는 것을 막기 위한 호흡용 보호구와 요오드 알약을 직원들에게 나눠준 뒤 상급자의 지시를 거역하고 직접 3호기를 정지시켰다. 그는 소방관들과 더불어 눈앞에 닥쳤던 두 번째 원자로 폭발을 막은 주역이었다. 이후 16시간이 지난 후에야 1호기와 2호기도 정지한다는 결정이 내려졌다. 그사이 포민은 믿을 수 있는 선임 물리학자에게 4호기의 상태를 조사하라고 지시했다. 물리학자는 앞선 직원들과 마찬가지로 원자로가 파괴되었다고 보고했지만 받아들여지지 않았고 이후 역시 목숨을 잃었다. 브류하노프와 포민은 4호기 원자로가 완전히 파괴되었다는 보고를 몇 번이나 들었지만 그들에게 경고하는 모든 이들을 계속 무시했다.

세르게이 볼로딘Sergei Volodin 기장은 특수 장비가 장착된 Mi-8 수송 헬리콥터를 타고 우크라이나 주변을 자주 오가는 공군 헬리콥터 조종사였다. 볼로딘의 헬리콥터에는 그가 예전에 개인적인 호기심에서 체르노빌 주위의 방사선 수치를 측정하려 설치한 선량계가 있었다. 26일 전에는 선량계가 깜빡인 적이 한 번도 없었다. 사고가 터진 밤, 그와 동료 승무원은 키예프 지역을 포괄하는 비상 근무조로 대기 중이었고 항공기 중 제일 먼저 현장에 도착했다. 볼로딘이 프리파티로 헬리콥터를 모는 사이 뒤에 있던 육군 소령이 그의 선량계로 방사선 수치를 측정했다. 모두 보호장비를 갖추지 않은 상태였다. 체르노빌이 가까워질수록 기계가 미쳐 날뛰기 시작했다. 수치는 10, 100, 250, 500뢴트겐으로 올라갔고 곧 측정 범위를 넘겼다. 볼로딘은 "500이 넘으면 기계도, 사람도 작동하지 않게 되어 있다"고 회상했다. 선량계를 지켜보던 소령은 조종석을 향해 고함치기 시작했다. "당신은 살인자야! 우리를 모두 죽였어!" 대기는 시간당 1,500뢴트겐의 방사선을 내뿜고 있었다. 볼로딘은 "우리는 엄청난 양의 방사선에 노출됐다. 그는 우리가 이미 죽었다고 생각했다"고 설명했다.

아침 근무조 전원과 5호기의 건설 노동자들은 4호기 주변을 파괴한 사고 소식을 전혀 듣지 못한 채 아침 8시에 맞춰 출근했다. 알려주는 사람이 없어 어떤 일이 벌어졌는지 전혀 몰랐던 5호기 공사 책임자는 정오가 되어서야 노동자들을 집으로 돌려보냈다. 하지만 발전소 직원들은 대부분 남았다. 4월 26일 내내 소방관들과 운전원들이 계속 원자로에 물을 퍼 올리려 했지만 지하실이 방사성 물에 더 잠길 뿐이었다. 브류하노프는 원자로가 파괴되었다는 사실을 직시하기 시작하며 점차 이성을 찾아갔다. 폭발 직후 프리퍄티를 소개하는 문제를 논의했지만 당시에는 고위층의 지시 없이 판단하기에는 너무 중대한 사안이라 생각했었다. 브류하노프는 다시 모스크바에 연락해 도시를 소개하도록 승인해달라고 요청했다. 하지만 아이러니하게도 브류하노프 본인이 계속해서 피해가 크지 않다고 보고했던 탓에 위험을 제대로 인식하지 못했던 공산당 관료들은 그의 요청을 고려조차 하지 않았다. 대피가 시작되면 공황 상태가 벌어지고 사고 소식이 퍼질 터였다. 누구에게도 알려서는 안 됐다.

당 관료들과 과학자들로 구성된 특별 정부위원회가 상황을 파악하기 위해 이동 중이었고 24시간 안에 도착할 예정이었다. 특별 위원회의 위원장은 소련 각료회의 부의장이자 전前 석유가스산

업건설장관Minister for Construction in the oil & gas industry 보리스 셰르비나Boris Scherbina였다. 셰르비나는 지위가 낮은 정치인은 아니었지만 소련의 정치적 엘리트 계층이라 할 수 있는 중앙위원회의 일원도 아니었다. 이때까지도 정부는 체르노빌에서 얼마나 심각한 사고가 벌어졌는지 깨닫지 못하고 있었다. 위원회에 합류한 과학자 중 가장 중요한 이는 49세의 국립 과학 아카데미 회원 발레리 레가소프였다. 화학 박사였던 레가소프는 천재로 알려졌고, 명망 높은 I. V. 쿠르차토프 원자력연구소의 제1차장에 오르며 소련 과학계에서 전례 없는 성공을 이어가고 있었다. 원자로 전문가는 아니었지만 대단히 지적이고 경험이 풍부했으며, 공산당과 국제 과학계에 모두 영향력이 있는 인물이었다.

4월 26일 토요일은 타는 듯이 더운 봄날이었다. 프리퍄티의 어린이 만 5천여 명은 학교로 향했다. 어린이들은 특히 방사성 요오드에 취약했지만 당시 소련에서는 일주일에 6일 학교에 갔다. 나머지 시민들은 평범한 하루를 시작했다. 오후에는 결혼식이 열리기도 했다. 도시의 모든 사람이 온종일 소리 없이 방사선에 피폭되었다. 발전소에서 일했던 겐나디 페트로프Gennadiy Petrov는 그리고리 메드베데프에게 "우리 이웃은 …… 오전 11시쯤 지붕에 올라가 수영복만 입고 누운 채 선탠을 했다"는 이야기를 들려주었다. "마실 것을 가지러 내려왔을 때 오늘따라 평소보다 선탠이 잘 되는 것 같다고 했다. 바로 피부에서 타는 냄새가 났다는 것이었다. 술을 많이 마시기는 했지만 기분이 아주 좋아 보였다. …… 저녁이 다가오자 지붕에서 선탠을 했던 이웃이 심하게 토하기 시작했다. 사람들이 그를 병원에

데려갔다." 다른 목격자의 증언도 있다. "4호기에서 사고가 터졌고
불이 났다는 이야기가 돌았다. 하지만 정확히 어떤 일이 벌어졌는지
는 아무도 몰랐다. …… 근처에 사는 아이들 몇 명은 사고가 난 4호
기가 잘 보이는 곳을 찾아 자전거를 타고 야노프 역 근처 다리까지
갔다. 나중에 그곳이 마을에서 방사선이 가장 강한 장소인 것을 알
게 됐다. …… 그 아이들은 심각한 방사선 질환에 걸렸다."

당연하게도 체르노빌의 건설 노동자와 운전원들만 사는 새 도
시에는 곧 발전소에 심각한 사고가 일어났다는 소문이 퍼졌다. 선임
엔지니어였던 리두밀라 하리토노바Lydumila Kharitonova는 "사고를 알게
된 시점은 모두 달랐다. 하지만 4월 26일 저녁에는 거의 모든 사람
이 알고 있었다"고 기억했다. "그래도 가게와 학교, 각종 기관이 모
두 문을 열어서 분위기는 여전히 차분했다. 그걸 보면 아주 위험한
상황은 아니라고 생각했다. 저녁이 다가오면서 더 불안해졌다." 그
날 저녁, 프리퍄티의 많은 가족이 자기 집 난간에 나가거나 이웃들
과 모여 손상된 원자로에서 나오는 신비로운 불빛을 바라보았다. 이
상하게 들릴지 모르지만 사실 프리퍄티와 주위 지역의 사람들은 무
척 운이 좋았다. 사고가 터진 밤부터 이후 며칠간 완벽한 날씨가 이
어졌기 때문이다. 비가 왔다면 대기 중 방사선이 빗물과 섞여 드네
르프 강에 흘러들었을 것이고 희생자의 수도 대폭 늘어났을 것이다.
대신 대부분의 입자가 대기 상층부에 머물러 영향이 비교적 적었다.
검사 시각 역시 행운이 따랐다. 봄이 한창인 주말이라 많은 사람이
도시를 떠나 있었다. 남은 사람들도 집에서 잠을 자다가 가장 많은
양의 방사선이 방출된 시간대를 피했다.

도시를 떠나려던 사람은 곧 경찰이 차단벽을 세우고 출입을 통제하고 있다는 사실을 알게 되었다. 사고에 관한 소문이 퍼지는 것을 막으려는 조치였다고 볼 수밖에 없다. 이때까지는 외딴 도시의 주민들과 일부 공산당 관료들만 체르노빌에서 벌어진 일을 알고 있었기 때문이다. 사람들의 안전을 위해 이 지역에 접근하지 못하도록 방어벽을 세웠다면 다행이지만 덕분에 차단벽 안의 사람들도 이동할 수 없게 됐다. 관료들은 공포가 퍼지는 것을 막기 위해 사고에 관한 정보를 전혀 제공하지 않았다. 물론 이런 조치는 극단적 추측으로 이어졌고 많은 이가 숲을 걸어 통과해 차단벽을 우회하는 방법으로 빠져나가려 했다. 여성들은 무방비한 아이들을 유모차에 태우고 나무 사이를 지나갔다. 이 지역은 이후 붉은 숲이라는 이름으로 알려졌다. 숲을 뒤덮었던 소나무가 모두 원자로에서 제일 먼저 날아온 가장 치명적인 입자에 노출되어 붉게 변하며 죽어버렸기 때문이다. 이 숲은 지금까지도 지구상에서 가장 오염된 지역으로 남아있다.

26일 오후 2시경 육군 화학 특수부대 대원들이 키예프 공항에 도착해 체르노빌로 향했다. 그들은 지표면의 방사선을 처음으로 정확히 측정했다. 측정치는 심각하게 높았고 계속 증가하고 있었다. 저녁 무렵에는 마침내 체르노빌 원자력 발전소 내부의 정확한 측정치가 보고되었다. 시간당 수천 뢴트겐으로 몇 분 만에 사망할 수 있는 양이었다. 몇 달 후부터는 발전소 전역 240개 지점에서 정기적으로 방사선량을 측정했지만 당시만 해도 원격 조종이 가능한 선량계가 없어 사람을 보내 수치를 확인하게 했다. 비슷하게 대기의 방사선을 측정할 원격 조종 비행기가 없어서 조종사들이 비행기를 몰고 위험한 기둥 사이를 통과해야 했다.

위원회의 주요 구성원 몇 명은 하늘에서 발전소를 내려다보기 위해 헬리콥터에 올랐고, 마침내 체르노빌의 원자로가 의심의 여지 없이 파괴되었다는 사실을 확인했다. 적절한 대응 방안을 논의하기 위해 위기 대책 회의가 열렸다. 정치인들은 이 사고가 어떤 결과를 불러올지 이해하지 못했고 지식이 부족한 상태에서 마구잡이식 제안을 내놓으며 귀중한 시간을 낭비했다. 실망스러운 논의가 이어진 끝에 레가소프와 동료 과학자들이 나서 은폐할 수 있는 사건이 아니라고 정치인들을 설득했다. 오랫동안 국제적 파급력이 이어질 엄청난 사고였다. 전통적인 화재 진압 방법으로는 해결할 수 없는 문제라고도 설명했다. 가능한 대안이 한정된 가운데 회의 참석자들은 원자로 위로 헬리콥터를 날려 노심에 곧장 모래를 쏟아붓는 것이 최선이라는 데 합의했다. 붕소, 백운석, 납을 섞은 모래는 중성자와 열을 흡수하는 동시에 불도 어느 정도 가라앉힐 터였다. 무거운 모래주머니를 수만 번은 날라야 했다.

레가소프는 체르노빌에 도착한 이후 줄곧 프리퍄티와 주변 지역을 비워야 한다고 되풀이해서 주장했다. 26일 저녁이 되자 결국 셰르비나도 손을 들었고 발전소로부터 반경 10킬로미터 안에 있는 모든 사람을 안전한 곳으로 이동시키는 데 동의했다. 하지만 이런 결정조차도 오점을 남겼다. 과학자들은 즉각적인 강제 소개를 주장했지만 셰르비나는 다음날 오전 늦게까지 도시 주민들에게 소식을 알리지 않았다. 주민들은 어떤 위험에 노출되어 있는지 모른 채 밖을 돌아다니며 하룻밤을 더 보냈고 미리 대피 준비를 하지도 못했다. 대피하는 사람들을 나르기 위해 키예프에서 1,100대의 버스가 밤새 달려왔다. 자가용을 이용하면 교통 체증이 발생할 수 있었고 차분하게 대피할 수 없었기 때문에 모두 버스에 올라야 했다.

레가소프는 프리퍄티의 방사선 수치가 정점에 달했던 27일 아침에도 "아기들을 유모차에 태운 엄마들이나 거리에서 노는 아이들을 볼 수 있었다"는 기록을 남겼다. 가능한 많은 주민에게 상황을 알리기 위해 도시를 돌아다니며 집집마다 전단을 배포할 사람들을 고용하기도 했다. 11시가 되자 도시 전역의 라디오에서 대피 안내 방송이 흘러나왔다. "프리퍄티의 주민들에게 시의회에서 알려드립니다! 프리퍄티 시 체르노빌 발전소에서 일어난 사고로 인해 인근 지역의 방사선 수치가 나빠지고 있습니다. 공산당과 관료들, 군대가 이 문제에 대처하기 위한 조치들을 진행하고 있습니다. 그럼에도 불구하고 가능한 한 주민들을 안전하고 건강하게 지키기 위해, 특히 어린이들을 위해, 주민 여러분을 일시적으로 키예프 주의 가장 가까운 마을로 대피시킬 필요가 있습니다. 이러한 이유로 1986년 4월 27일 오후 2시부터 경찰과 시 공무원의 감독하에 아파트 건물마다 자유롭게 이용할 수 있는 버스가 한 대씩 배정될 것입니다. 만약을 위해 각종 서류와 필수 개인용품, 약간의 음식을 챙기는 것이 바람직합니다. 도시의 공공시설 및 산업시설의 간부들이 시설 관리를 위해 프리퍄티에 남아야 할 인력을 결정하였습니다. 대피 기간 경찰이 모든 주택을 보호할 것입니다. 동지 여러분, 임시로 집을 비우기 전 전등과 전기제품, 수도를 모두 끄고 창문을 닫았는지 확인하십시오.

단기간의 대피 과정에서 차분함과 질서를 유지해 주십시오."

　엄청난 오해를 부르는 성명이었다. 레가소프는 2년 뒤 회고록에 "이 도시가 영원히 소개되리란 것을 알고 있었다"고 적었다. "하지만 내게는 사람들에게 진실을 알릴 정신력이 없었다. 게다가 영원히 떠나야 한다는 사실을 알리면 짐을 챙기느라 상당한 시간이 소요될 터였다. 방사선 수치가 이미 무척 위험한 수준이어서 일시적인 이동이라고 이야기했다." 레가소프가 겪었을 괴로움에는 공감하지만 그래도 변명처럼 들린다. 이미 방사선에 오염된 가보들을 챙기지 않길 바랐다고 주장했다면 이해했을지도 모른다. 하지만 오전 내내 시간이 있었는데도 짐을 싸느라 늦어질까 걱정했다면 진심처럼 들리지 않는다. 프리퍄티에 남을 때 겪게 될 위험을 제대로 알리지 않은 덕분에 순조로운 대피가 가능했고, 이 도시를 영원히 떠나게 되리라는 암시도 없었다. 다시 정착할 때까지 오랜 시간이 걸릴지 알았다면 필요한 물품을 모두 챙겼을 것이고 차가 있는 가족은 밤새 도시를 빠져나갈 수도 있었을 것이다. 대신 사람들은 다시 집에 돌아올 수 없다는 사실을 모른 채 가벼운 마음으로 웃고 떠들며 버스에 올라탔다. 반면 지금 벌어지는 일의 무게를 이해한 주민들도 있었다. 발전소에서 무슨 일이 있었는지 알고 있던 직원들이었다. 이들은 제대로 짐을 쌌지만 그런 가족은 흔치 않았다. 개와 고양이 등 모든 애완동물은 남겨졌다. 집에 가둬둔 사람들도 있었고 아예 풀어줘 버린 사람들도 있었다. 개 몇 마리는 도망가는 버스를 쫓아가기도 했다. 노인들이 떠나길 거부하거나 숨어버리는 사고도 있었지만 소개 자체는 놀라울 정도로 효율적으로 이루어져 두 시간 만에 끝났다.

모스크바의 관료들은 원래 발전소에서 반경 10킬로미터 지역을 출입금지구역으로 정했다가 6일 뒤 반경 30킬로미터 지역으로 확장했다. 광범위한 측정을 통해 오염이 심각하다는 사실을 확인하고 내린 결정이었다. 소개 지역의 면적은 2,800제곱킬로미터에 달했다. 이 결정에 따라 앞서 대피했던 사람들도 다시 이동해야 했다. 하지만 사고를 은폐하기 위한 또 다른 노력으로 프리퍄티와 주변 지역 사람들은 겨우 60킬로미터 떨어진 곳으로 옮겨졌고 소규모로 분리되어 근처 도시와 마을에 맡겨졌다. 가족이 찢어졌고, 일부 주민은 피난민을 집에 들이기를 거부했으며, 자기 아이가 아닌 아이를 떠맡는 사례까지 있었다고 보고되었다. 짐을 줄이라는 지시 때문에 돈이나 소련에서 꼭 필요한 신분증명서를 챙기지 않은 사람이 많은 것도 문제였다. 상당한 이들이 사고가 터진 발전소에서 아주 가까운 지역에 남았다는 사실에 불만스러워했고 더 먼 곳으로 가려 했다. 한 헬리콥터 조종사는 이후 "가벼운 옷차림의 수많은 인파, 아이가 있는 여성들, 노인들이 키예프로 가는 도로와 길을 따라 걷는 것을 볼 수 있었다"고 증언했다. 방사선 수치가 계속 위험한 수준을 유지하자 5월 말에는 발전소에서 60킬로미터 떨어진 지역에서도 임신한 여성과 아이들을 대상으로 추가적인 소개가 이루어졌다. 400킬로미터 떨어진 도시에서 오염된 비 때문에 대피하기도 했다. 1986년 한 해 동안 약 11만 6천 명이 170개 마을과 도시를 떠났다.*

---

* 원래 소련은 13만 5천 명이 이주한 것으로 집계했으나 이후 11만 6천 명으로 수정했다.

그 후에도 우크라이나, 러시아, 벨라루스에서 22만 명이 더 이주했
다.

소방관들과 발전소 직원들, 여성 경비원 한 명 등 피폭이 가장
심했던 129명은 프리퍄티 병원에서 방사선 질환을 전문으로 다루
는 모스크바의 6번 병원으로 이송되었다. 도착했을 때는 이미 심각
한 상태였다. 환자들의 몸에서 너무 많은 방사선이 방출되어 가족들
도 접근할 수 없었고, 원래 해당 층을 쓰던 환자들은 병동의 다른 구
역으로 옮겨졌다. 병원 직원들도 그들에게 다가가기를 꺼렸다. 사망
한 소방관의 아내 류드밀라 이그나텐코Lyudmilla Ignatenko는 스베틀라
나 알렉시예비치Svetlana Alexievich의 강렬한 책《체르노빌의 목소리Voices
From Chernobyl》에서 "이 병원의 많은 의사들과 간호사들, 특히 잡역부
들은 아프고 죽게 된다. 하지만 우리도 그때는 몰랐다"고 증언했다.
알렉시예비치의 책은 잊을 수 없는 수많은 독백을 담고 있다. 소방
관이었던 이반Ivan은 "모스크바의 병원에서 다른 소방관 40명과 함
께 눈을 떴다. 처음에는 방사선에 관해 농담을 하기도 했다. 그러
다 한 동지가 코와 입에서 피를 흘리고 몸이 검게 변하다가 사망했
다는 소식을 들었다. 그때부터는 웃을 일이 없었다"고 회상했다. 아
마 방사선 노출로 인해 가장 먼저 사망했던 프라비크의 소식이었을
것이다. 6번 병원이 가득 차자 처음에는 7번 병원을, 다음에는 12번
병원을 개방해 심각하게 피폭된 환자들을 수용했다. 불행히도 6번
병원과 달리 다른 두 병원으로 이송된 환자들에 관한 정보는 전혀
알려지지 않았다.

류드밀라는 방사선 노출의 후유증을 고통스러울 정도로 상세

하게 기억했다. "의사들은 어떤 이유에서인지 환자들에게 계속 가스에 오염되었다고 설명했다. 아무도 방사선은 언급하지 않았다. …… 남편은 변하기 시작했다. 매일 완전히 다른 사람을 만났다. 화상이 표면에 드러나기 시작했다. 입에, 혀에, 볼에 조그마한 병변들이 생겨서 점점 커졌다. …… 우리 대원들이 있던 다른 병실은 군인들이 관리하고 있었다. 병원 잡역부들이 방호복을 요구하며 들어가기를 거부했기 때문이다. 군인들이 위생 용기를 옮겼다. 바닥을 깨끗이 닦고 침구를 교체했다. 모든 일을 했다. (그들은 체르노빌에서 처음으로 방사선 수치를 측정했던 화학 특수부대 군인들이었다. - 저자 주) 하지만 매일 매일 사망 소식이 들렸다. 죽고 죽었다. 티슈라Tischura가 죽었다. 티테노크Titenok가 죽었다. 죽었다. 남편은 하루에 25번에서 30번씩 대변을 봤다. 피와 점액이 섞여 있었다. 팔과 다리의 피부가 갈라지기 시작했다. 온몸이 종기로 뒤덮였다. 고개를 돌리면 베개 위에 머리카락이 한 무더기 빠져 있었다. …… 영안실 사람들이 '옷 입히는 것을 보고 싶나요?'라 물었다. 보고 싶었다! 사람들이 남편에게 정복을 입히고 모자를 씌웠다. 발이 부어올라서 신발은 신길 수 없었다. 부어오른 몸을 모두 옷 안에 집어넣을 수 없어서 정복도 잘라야 했다. 병원에서 보낸 마지막 이틀 동안 남편의 폐와 간 조각이 입을 통해 나왔다. 자기 장기가 목에 걸렸다."

류드밀라는 두 달 뒤 딸을 낳았다. 아기는 선천성 심장병으로 네 시간밖에 살지 못했다. 간 경변도 있었다. 의사들은 아기가 급성 방사선 피폭으로 사망한 29명 중 한 명이었던 아버지에게서 방사선 28뢴트겐을 흡수했다고 추정했다.

발전소 운전원들은 생의 마지막 몇 주를 왜 폭발이 일어났는지 추측하며 고통스럽게 보냈다. 4호기의 아침 근무조장으로 아키모프와 교대했던 V. G. 스마긴Smagin은 "회복한 사람들은 매일 6번 병원 흡연실에 모였다. 모두 한 가지 질문에 사로잡혀 괴로워했다. '왜 폭발이 일어났을까?'"라고 회상했다. "이유를 고민하고 추측했다. 비상 제어시스템의 냉각수 배수 탱크에서 폭발성의 기체 혼합물이 만들어졌다고 짐작했다. 기체가 유입되면서 제어봉이 원자로 밖으로 튕겨 나오고, 그 결과 즉발중성자prompt-neutron가 급증했을 것이다. 또 제어봉의 '끝부분 효과tip effect'도 생각했다. 증기가 형성되는 동시에 끝부분 효과가 일어나면 역시 원자로가 통제를 벗어나 폭발할 수 있었다. 언젠가부터 점차 힘의 분출이라는 데 의견이 모였다."

사고는 특히 아키모프를 괴롭혔다. 우울 속에 천천히 고통스럽게 죽어가는 동안 그는 폭발로 이어진 버튼을 누른 당사자로서 자신에게 책임이 있다고 느꼈다. 하지만 자신의 행동이 왜 잘못된 것인지 이해할 수 없었다. 아키모프의 아내는 그가 죽기 전날 병원을 찾았다. 그리고리 메드베데프의 《체르노빌 노트》에 그녀의 목소리가 담겨 있다. "아직 말을 할 수 있을 때 그는 아버지와 어머니에게 자신은 모든 일을 제대로 했다는 이야기를 반복했다. 그 생각은 끝까지 그를 괴롭혔다. '마지막으로 봤을 때' 그는 말을 할 수 없는 상태였다. 하지만 두 눈에서 고통이 느껴졌다. 지긋지긋한 그 밤을 생각하고 있다는 것을 알 수 있었다. 머릿속에서 모든 일을 재현하고 또 재현해도 자신이 비난받아야 할 이유를 찾지 못했다. 그는 1,500뢴트겐의 방사선을 쐬었고 어쩌면 그 이상이었을 것이다. 그리고 불행한 결말을 맞았다. 점점 더 까맣게 변했고 죽은 날에는 흑인처럼 까매졌다. 온통 새까맣게 타 버렸다. 그는 눈을 뜬 채 죽었다." 5월 10일, 아름다운 봄날이었다. 다른 이들도 연거푸 그의 뒤를 따랐다. 처음에는 소방관들이, 나중에는 방사선에 과다 노출된 운전원들이 숨을 거뒀다. 26세의 레오니드 톱투노프는 5월 14일 사망했다. 댜틀로프는 병원에서 6개월을 보냈지만 살아남았다.

체르노빌에 두 번째로 도착한 의사였던 41세의 오를로프 박사 역시 6번 병원에서 마지막 나날을 보냈다. 로버트 게일Robert Gale 박사는 자신의 책《체르노빌: 마지막 경고Chernobyl: The Final Warning》에 "오를로프를 처음 봤을 때 그는 이미 심각한 방사선 질환의 징후를 보이고 있었다"고 적었다. 미국인인 게일 박사는 6번 병원에서 소련 의사들과 일하며 가장 위급한 환자들을 돌봤다. "검은 포진 물집이 얼굴에 상처를 남겼고 잇몸이 거의 드러나 있었다. 잇몸은 칸디다candida에 감염되어 야생 당근의 꽃처럼 하얀 레이스를 뭉친 것 같았다. 며칠이 지나자 피부가 벗겨지며 잇몸이 날고기같이 선명한 붉은색으로 변했다. 온몸에 궤양이 퍼졌다. 장의 내벽이 무너졌고 피투성이 설사로 괴로워했다. 고통을 덜어주기 위해 모르핀을 처방했지만 의식이 혼미한 상태에서도 아파했다. 방사선 화상은 본질적으로 좋아질 수 없고 악화하기만 한다. 오래된 세포는 죽고 젊은 세포는 손상되어 재생이 일어나지 않기 때문이다. 끝이 다가오자 오를로프를 거의 알아볼 수 없었다. 사고 몇 주 후 찾아온 죽음은 차라리 자비로웠다."

사고 후 수 주 동안 약 십만 명이 방사선 질환을 진단받았고 만

8천 명은 입원 치료를 받아야 했다. 이들을 24시간 돌보기 위해 의사 1,200명과 간호사 900명, 보조 의사 3,000명, 의대생 700명이 교대 근무했다.

바깥세상에서는 4월 28일 월요일이 되어서야 체르노빌에서 일어난 사고의 단서를 잡았다. 우연의 일치로, 나는 이 문장을 2014년 4월 28일에 쓰고 있다. 이날 아침 천 킬로미터 넘게 떨어진 스웨덴 포르스마르크Forsmark 원자력 발전소에 출근한 엔지니어 클리프 로빈슨Cliff Robinson은 감지기의 방사선 수치가 높아진 것을 알았다. 로빈슨은 "처음에는 전쟁이 나서 누군가 원자폭탄을 터트린 줄 알았다"고 회상했다. "섬뜩한 경험이었다. 물론 포르스마르크에 무슨 일이 일어났을 가능성도 배제할 수 없었다." 발전소 직원 6백 명 중 일부를 대피시킨 뒤 남은 이들은 발전소 어딘가에서 방사선이 누출되었다고 가정하고 다급히 문제 지점을 찾아 나섰다. 공기 중 동위원소가 우려했던 바와 달리 원자폭탄이 아닌 원자로에서 나온 물질이라는 사실이 확인되었다. 스웨덴 기상수리연구소는 대기 중 방사성 입자의 궤적을 분석해 남동쪽, 즉 소련에서 방출되었다고 결론 내렸다. 모스크바 주재 스웨덴 대사가 소련 원자력이용위원회에 전화를 걸었지만 제공할 정보가 없다고 했다. 다른 부처에 문의해봐도 사고 소식은 전혀 없었다고 주장했다. 저녁 즈음에는 핀란드와 노르웨이의 관측소에서도 대기 중에 방사성 물질이 많다는 것을 감지했다.

비밀이 드러나자 소련 지도부도 마지못해 사고를 인정할 수밖에 없었다. 〈라디오 모스크바Radio Moscow〉를 통해 국제 사회에 전하는 짧고 모호한 성명이 발표되었다. "체르노빌 원자력 발전소에서 사고가 벌어졌다. 원자로 중 하나가 손상되었다. 사고의 영향을 없애기 위한 조치가 이뤄지고 있다. 관련자들은 도움을 받고 있으며 정부 조사위원회가 구성되었다." 소련 당국은 당시로써는 정확한 숫자였지만 그래도 믿을 수 없는 사망자 2명의 통계 외에 추가 정보를 제공하지 않았고, 서방 세계에서는 추측이 난무했다. 〈UPI통신〉은 체르노빌의 구조대원과 가깝다고 주장하는 키예프의 미심쩍은 정보원을 인용해 사망자가 2천 명에 달한다고 보도했다. "80명은 즉사했고 2천여 명이 병원으로 이송되던 중 사망했다." 〈뉴욕포스트〉는 한 발 더 나아가 5월 2일 1면에 "원자력의 희생자 만 5천 명을 위한 공동묘지"라는 도발적이고 터무니없는 표제를 뽑았다.

프리퍄티의 사람들이 무사히 대피하자 원자로의 불을 끄고 노심에서 독성 핵분열 생성물이 추가 누출되지 않도록 막는 것이 다시 최우선 목표가 되었다. 행동보다 말이 쉽다고 하지만 위원회는 소련 정부의 전폭적인 지원을 받고 있었고 가능한 모든 자원을 동원할 수 있었다. 아프가니스탄 전쟁에 파견되었던 헬리콥터 조종사들이 복귀해 4호기 원자로 위로 끊임없이 날아갔고 녹아내린 분화구 위에 모래주머니를 떨어트렸다. 처음에는 겨우 3명이 주머니에 모래를 채우는 역할을 맡았다. 차관 두 명과 공군 소장 안토시킨Antoshkin이었다. 전력전화부 차관 겐나디 샤샤린Gennadi Shasharin은 "우리는 곧 땀에 젖었다"고 기억했다. "도착한 그대로 일을 시작했다. 메시코프Meshkov와 나는 모스크바에서처럼 정장과 구두 차림이었고 소장은 정복을 입고 있었다. 호흡용 보호구나 선량기도 없었다." 곧 섭씨 200도에 달하는 원자로 위 200미터 지점까지 날아가

정확한 위치를 가늠하기 위해 문밖으로 몸을 내놓고 일일이 손으로
모래주머니를 떨어트렸던 승무원들이 몸에 이상을 느꼈고 작업을
계속할 수 없게 됐다. 헬리콥터를 설계한 이들은 재빨리 기체 아래
에 그물을 달아 주머니를 8개 정도 싣고 가서 조종석에서 버튼만 누
르면 떨어트릴 수 있는 영리한 시스템을 만들어냈다.

　모래주머니들이 바로 불의 온도를 떨어트리긴 했지만, 무거운
주머니가 떨어지는 충격 때문에 공기로 퍼지는 먼지와 잔해가 더
늘었고 대기 중 방사성 물질 수치도 급격히 올라갔다. 첫날이 지나
고 안토시킨 소장은 셰르비나에게 원자로에 모래 150톤을 투하했
다고 자랑스레 보고했다. 셰르비나는 "원자로에 모래 150톤은 코끼
리에게 비비탄 총 한 발을 쏜 것과 같다"고 응수했다. 놀란 소장은
출입금지구역에 더 많은 군인과 조종사를 배치했다. 젊은 조종사들
은 몇 번이고 다시 원자로 위로 날아갔고 곧 피폭을 최소화하기 위
해 조종석 아래에 납판이 설치되었다. 자체 조달한 예방 장치에도
불구하고 수많은 조종사가 치사량에 달하는 방사선에 노출되어 사
망했다.

　4월 28일 헬리콥터들이 원자로에 300톤의 모래를 쏟아부었다.
29일에는 750톤, 30일에는 1,500톤이었다. 소련의 주요 공휴일인
노동절, 즉 5월 1일에도 1,900톤이 투입되었다. 모두 합쳐 약 5천 톤
의 모래가 원자로를 덮었다. 1일 저녁이 되자 건물 기초가 추가 부
하를 견디지 못할 것이라는 우려가 커지면서 투입량이 절반으로 줄
었다. 바닥이 무너지면 모든 것이 거대한 감압수조 안으로 붕괴할
수 있었다. 감압수조는 원래 비상용 냉각 펌프에서 사용할 물을 저

장하는 장치였지만, 증기관이 망가졌을 때는 증기를 압축할 수 있어 압력억제시스템 기능을 하기도 했다. 따라서 붕괴가 일어나면 증기가 폭발할 수 있었다. 소련의 몇몇 물리학자들은 증기가 폭발하면 나머지 세 원자로에 있는 연료가 기화하면서 주위 200제곱킬로미터 지역을 평평하게 날려버리고, 3천만 명이 사용하는 상수도가 오염되며, 우크라이나 북부와 벨라루스 남부가 모두 사람이 살 수 없는 지역이 될 수도 있다고 예상했다. 이런 대참사가 일어날 확률은 높지 않은 것으로 여겨졌지만 가능성을 완전히 배제할 수는 없었다. 이미 녹은 우라늄이 핵폭발을 일으킬 수 없다는 사실을 고려하면 그렇게 엄청난 규모의 사고는 없을 듯했지만 최소한 상황이 더 나빠지기는 할 터였다.

발전소 곳곳의 화재를 완전히 진압하는 것은 상황을 통제하기 위한 중요한 첫 단계였으나 그렇다고 위험이 사라지지는 않았다. 모래주머니에는 중성자를 흡수하는 붕소 혼합물이 섞여 있었지만 실제로 노심에 미친 영향은 거의 없었다. 그래도 모래주머니가 비스듬히 기운 생물학적 차례 상판과 원자로 벽 사이의 열린 틈새를 어느 정도 채웠다. 이 틈새로 노심과 바깥 공기가 열을 주고받으며 환원반응이 일어나고 불의 온도가 올라갔었다. 녹는점이 2,250도인 원소 루테늄이 원자로에서 방출되는 방사성 증기에서 검출되어 온도가 그 이상임이 확인되었고 노심이 융해되고 있다는 사실도 알 수 있었다. 동시에 대기로 확산하는 핵분열 생성물의 양도 증가했다. 발전소를 지키기 위해 무언가를 해야 한다는 절박한 마음에서 나온 레가소프의 진심 어린 계획은 상황을 더 나쁘게 만들었을 뿐이었다.

연료, 피복, 제어봉 등 노심의 부품이 너무 뜨거워져 함께 녹아
내리고 일종의 방사성 마그마가 생성되면 노심 용융이 일어났다고
한다. 노심 용융 상황에서는 격납용기가 타버릴 수 있고 원자로 건
물의 콘크리트 기초까지 손상될 가능성도 있다. 융해된 노심이 모든
방패를 뚫고 지표면 아래 지하수면에 도달하면 감압수조에서 폭발
이 일어나는 것과 같이 엄청난 증기 폭발이 발생할 수 있다. 흥미롭
게도 현대 러시아 원자로들은 이런 극단적 상황을 대비한 안전장치
를 두고 있다. 원자로 아래에 금속성 합금으로 만든 고체 풀solid pool
을 두는 것이다. 융해된 노심이 격납용기를 통과하면 이 고체풀에
도달하고, 고체풀은 액화되면서 소용돌이치는 흐름을 만들어낸다.
흐름에 휩쓸린 방사성 마그마는 냉각수가 흐르는 강철 벽과 접촉하
면서 콘크리트 기초를 태울 수 없을 정도로 온도가 떨어진다.

비상 대응을 감독하던 정부위원회는 빠르게 대안이 바닥나자
그들이 '머릿수 계산counting lives'이라 명명한 작업을 시작했다. 체르
노빌을 구하기 위한 싸움에서 많은, 수많은 이가 목숨을 잃게 되리
라는 사실은 끔찍하면서도 명백했다. 레가소프, 셰르비나 그리고 위
원회의 다른 구성원들은 가능한 비상 대책을 실행하는 동안 얼마나
많은 사람이 희생될지 가늠해야 했다.

앞서 설명했던 것처럼 가장 즉각적인 위험은 원자로 노심이 생
체차폐 하판을 태우고 아래 감압수조에 도달한 뒤 건물 기초까지
파괴하는 것이었다. 위험을 최소화하려면 두 가지 조치를 수행해
야 했다. 먼저 수조를 비워야 했다. 그러나 수동으로만 가동할 수 있
는 밸브가 건물 지하에 있었고 지하층은 노심의 불을 끄려 했던 소

방관들의 헛된 노력 때문에 방사성 물에 잠겨 있었다. 그다음 위원회는 원자로 건물 아래 지면에 액체질소를 주입하기로 했다. 그러면 얼면서 땅이 더 단단해져 기초를 지탱하고, 과열된 노심을 식히는 데도 도움이 될 터였다.

5월 6일 믿을 수 없는 용기를 발휘한 세 지원자가 잠수복을 입고 함께 물에 잠긴 지하실로 내려갔다.* 선임 원자로 기계 엔지니어였던 알렉세이 아나넨코Alexei Ananenko는 두 밸브의 위치를 알고 있었다. 터빈 엔지니어 발레리 A. 베스팔로프Valery A Bezpalov가 두 번째 밸브를 열기로 했고, 비상상황에서 지원 및 구조 역할을 맡기로 한 교대근무 감독자 보리스 알렉산드로비치 바라노프Boris Alexandrovich Baranov는 손전등을 들었다. 이들은 상황을 파악하고 있었고 지하층의 방사선 수치가 얼마나 높은지도 알았지만 사망할 경우 가족들을 잘 보살펴주겠다는 약속을 받았던 것으로 보인다.** 아나넨코는 임무를 마치고 돌아온 직후 국영 통신사 〈TASS〉와의 인터뷰에서 "손전등 불빛이 관을 찾아냈을 때 무척 기뻤다"고 밝혔다. "그 관은 밸브로 이어져 있었다." 몇 분 뒤 손전등이 나갔고 가련한 남자들은 어둠 속에서 관을 더듬으며 나아가야 했다. 밸브를 열자 "탱크에서 물이 쏟아져나오는 소리가 들렸다. 그리고 몇 분 뒤 우리는 사람들에게 둘러싸였다." 감압수조를 채웠던 3,200톤의 물이 빠져나갔다. 하지만

---

* 아나넨코는 날짜를 정확히 기억하지 못하지만 5월 6일인 것으로 보인다. 5월 6일 외에 4일이나 10일로 적은 자료도 있다.

** 주택과 자동차 등을 제공하는 조건이었다. 이야기가 부풀려졌을 가능성도 있지만 사실인 듯하다.

영웅적인 활약을 펼친 세 남자는 물에서 나왔을 때부터 방사선 질환의 징후를 보였고 곧 차례로 무릎을 꿇었다. 혹은 그렇다고 전해진다.

하지만 실제로는 어떤 일이 있었고 세 남자는 어떻게 됐을까? 지하층에 들어가는 것은 충분히 위험한 행동이었지만 오늘날 우리가 알고 있는 것처럼 극적인 상황은 아니었다. 이미 방수 처리가 된 복도와 주변의 방에 물이 차 있어서 바로 감압수조의 물을 빼내는 밸브에 접근할 수는 없었다. 먼저 원자로 아래 적재 구획에 고도의 훈련을 받고 호흡용 보호구와 방화복으로 무장한 소방관 한 팀과 화학 부대의 기갑 장갑차들이 투입되었다. 소방관들은 물속에 아주 긴 특수 호스 4개를 설치한 뒤 관리동 아래에 있는 안전한 브류하노프의 벙커로 후퇴했다. 그러나 세 시간이 지나도록 물이 움직이지 않았고 낙담한 소방관들은 장갑차 중 한 대가 호스를 넘어가다가 끊어버렸을 것이라는 참담한 결론에 도달했다. 새로 구성된 팀이 호스 20개를 가지고 다시 원자로 건물에 진입했다. 그들은 한 시간 뒤 지친 모습으로 구역질을 하면서도 의기양양하게 나타났다. 대체 호스는 제대로 설치되었고 마침내 남아있던 방사성 물을 빼낼 수 있었다.

소방관들이 작업을 마친 후에도 많은 구역에 무릎까지 물이 차 있었지만 경로는 확보되었다. 세 사람은 먼저 지하층 곳곳에서 방사선 수치를 측정했다. 일부 믿을만한 자료에 이들 외에도 지하실에 진입한 사람이 있었다는 설명이 나오기도 한다. 하지만 역할이 불분명한 데다 앞에 언급한 경로 확보 임무를 맡았던 이들일 수도 있다.

이 세 명이 선택된 이유는 그저 소방관들이 지하층에서 물을 빼내는 작업을 할 때 아나넨코와 두 동료가 근무 중이었기 때문이었다. 가장 경험이 많은 교대근무 감독자 바라노프가 밸브를 열 사람으로 아나넨코와 베스팔로프를 선택했고 둘의 감독자이자 구조자로 동행했다. 세 남자는 잠수복을 입고 지하실에 들어가 무릎까지 차오르는 방사성 물을 헤치며 관과 밸브로 가득한 복도로 나아갔다. 세 사람은 각각 두 개의 선량계를 가지고 있었고 하나는 가슴에, 하나는 발목 근처에 끈으로 고정되어 있었다. 지하실 주 복도에 진입한 뒤 바라노프는 입구 근처에 남았고 아나넨코는 스스로 감압수조로 이어진다고 판단한 관을 따라갔다. 그가 옳았다. 아나넨코는 두 가지를 두려워했다. 첫 번째는 콘크리트와 금속의 어두운 미로 속에서 맞는 밸브를 찾지 못하는 것이었고, 두 번째는 찾아낸 밸브가 꼼짝도 하지 않는 것이었다. 다행히 물이 빠지기 시작했고 셋은 다시 빛을 찾아 나왔다.

이들의 사망 시기는 몇 시간 후부터 몇 달 후까지 다양하게 알려졌다. 사실 당시 공식 정보원이었던 〈TASS〉도 초기 보도에서 방사선이 건강에 미치는 영향을 전혀 언급하지 않았다. 하지만 세 사람의 몸에 문제가 생겼으리라는 사실은 익히 짐작할 수 있다. 그들의 특별한 임무가 가장 큰 영향을 미쳤겠지만 발전소 전체가 방사선에 노출된 상황이기도 했다. 동시에 물이 훌륭한 중성자 차폐물이어서 아마 최악의 피폭은 피할 수 있었을 것이다. 세 사람이 놀라운 업적에도 겸손함을 유지하고 있다는 이야기가 전해졌던 1986년 5월 16일까지는 모두 비교적 상태가 좋았다.

알렉세이 아나넨코는 여전히 살아있고 건강하다. 지금도 원자력 산업에 종사하며 체르노빌에서 벌어지는 활동에도 참여한다. 나는 2016년 3월 짧게나마 그와 대화를 나눴다. 게일 박사의 책에는 피폭 후 몇 달 만에 사망한 바라노프라는 이름의 환자가 등장한다. 하지만 이 환자는 5월 20일 급성 방사선 증후군으로 숨을 거둔 전기 기술자 아나톨리 이바노비치 바라노프Anatoly Ivanovich Baranov다. 보리스 바라노프는 2005년 65세에 심장마비로 세상을 떴다. 베스팔로프에 관한 기록은 거의 없지만 2019년 6월까지 생존해 있었다.*￼ 아나넨코는 자신들이 겪었던 시련을 설명하며 베스팔로프를 짧지만 강렬하게 언급했다. "오래된 사건들을 극복하려 노력하면서 친구인 발레리 베스팔로프에게 전화를 걸었다. 그는 내 기억에는 없지만 당시 발전소의 상황을 제대로 알려주는 일화를 들려주었다. '지하층' 복도를 따라가던 중 바라노프가 '원자로 아래 복도로 향하는' 입구로 다가갔다고 했다. 그는 멈춰서서 DP-5 선량계의 접이형 손잡이를 최대한 펼친 뒤 감지기를 복도 안으로 밀어 넣었다. 발레리는 '어깨 너머로 선량계가 보였어'라 회상했다. '모든 수치가 측정 범위를 벗어나 있더군. 그리고 그가 빨리 움직이라고 짧게 지시했지. 위험한 지역을 급히 통과하면서도 저항할 수 없었어. 뒤를 돌아보면 거대한 검은 덩어리와 폭발한 원자로 연료 파편이 콘크리트 조각과 섞여 있는 게 보였지. …… 입에서는 익숙한 금속 맛이 났어. ……'"

---

* 2004년 IAEA 총회에 참관인으로 참석한 세계원자력근로자협의회 관계자 중 '발레리 베스팔로프'라는 이름이 있다. 하지만 그 외의 정보는 찾을 수 없었다.

세 사람이 사고 후에도 오랫동안 살아남았다는 사실은 상당히 뜻밖이다. 발전소를 구하기 위해 목숨을 바친 세 잠수부의 이야기는 체르노빌에서 탄생한 가장 유명한 전설이기 때문이다. 이 책의 초판이 공개된 2016년 4월 이전까지 영어로 발표된 모든 책과 다큐멘터리, 웹사이트에서 이들은 죽은 사람이었다. 2018년 4월 발전소 외부에서 진행된 기념행사에서 세 사람은 그들의 용기를 기념하는 용맹 훈장 3급 메달을 받았다. 당시 우크라이나 대통령 페트로 포로셴코Petro Poroshenko가 참석한 행사에 자리한 이는 교통사고로 지팡이를 짚게 된 아나넨코뿐이었다. 베스팔로프는 아직 살아있으며 건강하다고 알려졌지만 불참했다. 바라노프는 사후에 메달을 받았다. 미국 제작사 〈HBO〉가 만든 체르노빌 참사에 관한 드라마가 세계적 주목을 받은 뒤 2019년 6월 우크라이나의 신임 대통령 볼로디미르 젤렌스키Volodymyr Zelensky가 세 사람에게 이 나라의 최고 훈장인 '금성' 훈장과 함께 우크라이나 영웅 메달을 수여했다.

역시 5월 6일 현장에 석유 채굴 장비가 설치되고 원자로 건물 기초 아래 지면에 액체질소를 주입하기 위한 준비도 끝났다. 하지만 질소 공급이 24시간 넘게 지연되었다. 분노한 소련 각료회의 부회장 이반 실라예프Ivan Silayev는 브류하노프에게 전화를 걸어 "질소를 찾아내. 아니면 너는 총살당할 거야"라고 엄포를 놓았다. 브류하노프는 질소를 찾아냈다. 겁을 먹은 대형 트럭 운전사들이 발전소에 접근하지 않으려 했지만 무력을 동반한 설득 끝에 다시 움직였다. 동이 트기 전 질소가 투입되기 시작했다.

이때쯤 국제원자력기구IAEA의 두 고위층 인사가 발전소에 초대

됐다. IAEA의 스웨덴 출신 사무총장 한스 블릭스Hans Blix와 미국 출신 원자력안전부서 책임자 모리스 로젠Morris Rosen이었다. 두 사람은 관료들과 사고와 이후의 조치에 관한 대화를 나누기 위해 현장으로 날아왔다. 이들은 귀국길에 독일 주간지《슈피겔》특파원들에게 질문을 받고 지나치게 솔직하고 단편적인 답변을 내놓았다. 기자들이 "소련의 원자로들이 서방의 원자로들보다 더 안전한지, 아니면 덜 안전한지 말해줄 수 있나?"고 묻자 로젠은 "종류가 다르다"고 답했다. "방사선 수치는 어느 정도였나?" "물어보지 않았다."

5월 10일 원자로 내의 온도가 내려가고 방사선 방출량이 줄어들기 시작했다. 감압수조의 물을 빼낸 뒤 며칠이 지난 11일에는 기술자들로 구성된 팀이 위험을 무릅쓰고 발전소 지하층에 진입해 노심 아래쪽 벽에 구멍을 내고 선량계를 밀어 넣었다. 가장 큰 걱정이 사실로 확인되었다. 융해된 노심이 원자로 건물의 콘크리트 기초에 균열을 냈고 적어도 일부는 지하층에 침투해 있었다. 이제는 방사성 마그마가 건물 기초를 뚫고 지하수면에 접근하지 못하게 막는 것이 거의 없었다. 지표면에서 액체질소를 주입하는 것보다 더 영구적이고 더 효과적인 해결책이 필요했다.

바로 다음 날, 모스크바에서 파견된 대표단이 파괴된 원자로 아래에서 땅을 식히는 작업에 참여할 광부들을 모집하러 소련 전역의 광산촌을 방문했다. 광부들은 버스에 실려 체르노빌로 향했고 13일부터 일을 시작했다. 한 광부는 자신들의 작업을 다음과 같이 설명했다. "우리의 임무는 이랬다. 세 번째 블록부터 네 번째 블록까지 150미터짜리 터널을 판다. 그다음 원자로를 식힐 냉각 장치를 설

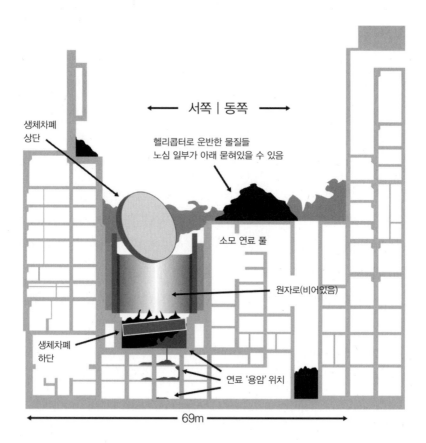

Chernobyl Unit 4 Cross Section

체르노빌 4호기 단면도 : 원자로 손상과 잔해를 표시

치할 길이 30미터, 너비 30미터(높이 2미터)의 방을 판다." 과학자들
은 공압 드릴이 허약해진 건물 기초에 충격을 줄까 우려했고 광부
들은 손으로 터널을 파라는 지시를 받았다. 그들은 피폭을 피하려
4호기로 향하기 전 12미터를 파 내려갔다. 광부들이 24시간 일을
한 덕분에 1개월 4일 만에 모든 작업이 끝났다. 일반 탄광에서라면
기간이 3배는 걸릴 거리였다. 작업 특성상 환기구를 설치할 수 없어
공기가 부족했고 작업현장의 온도는 섭씨 30도가 넘었다.

 터널 안 방사선량은 시간당 1뢴트겐 정도였다. 하지만 현장이
너무 좁고 일이 힘들어서 광부들은 아무런 보호장비 없이 일했다.
몇 분도 안 돼 축축하고 쓸모없어지는 호흡용 보호구도 하지 않았
다. 터널 입구의 방사선량은 시간당 300뢴트겐에 달했다. 광부들은
자신들이 얼마나 위험한 환경에서 일하고 있는지 제대로 주의를 받
은 적이 없었고 모두 상당한 양의 방사선에 피폭됐다. 작업에 참여
했던 광부 중 한 명인 블라디미르 아멜코프Vladimir Amelkov는 몇 년 뒤
"누군가는 가서 그 일을 해야 했다. 우리가 아니면 다른 누군가 했
을 것이다. 우리는 임무를 다했다. 그 일을 꼭 해야만 했을까? 판단
하기에는 너무 늦었다. 나는 아무것도 후회하지 않는다"고 증언했
다. 광부들은 4호기 아래 방을 판다는 임무를 완수했지만 냉각 장치
는 한 번도 설치되지 않았다. 노심이 스스로 식기 시작했기 때문이
다. 대신 그 공간은 내열 콘크리트로 채워졌다. 공식적인 조사 결과
가 발표된 적은 없지만 모두 20대와 30대 사이였던 광부 중 4분의
1이 40세가 되기 전 사망한 것으로 추정된다. 발전소의 훈련 프로그
램 책임자였던 베니아민 프리아니치니코프Veniamin Prianichnikov는 "광

부들은 헛되이 죽었다"고 한탄했다. "우리가 한 일은 모두 시간 낭비였다."

7

방사선

RADIATION

CHERNOBYL 01:23:40

흔히 방사선은 맛이 느껴지지 않는다고 하나

체르노빌에서 급격히 방사선에 노출된 이들은 모두

피폭과 동시에 입에서 금속 맛이 느껴졌다고 보고했다.

알람 소리가 잠을 깨웠다. 한 번도 깨지 않고 여덟 시간을 내리
잤지만 두 시간밖에 못 잔 느낌이었다. 비틀거리며 침대에서 나와
바닥에 널려 있는 옷들을 모으고 눈을 비비며 잠을 몰아냈다. 그리
고 천천히 비좁은 부엌으로 가 달콤한 차 한 잔을 마셨다. 오늘은 일
찍 출발할 예정이었다. 프리퍄티를 탐험하는 날이었다.

여행할 때는 일부러 가볍게 짐을 꾸린다. 실용적인 이유다. 짐
가방을 잃어버릴까 걱정하거나 필요도 없는 무게를 끌고 다니느라
시간을 낭비하기 싫다. 예를 들어 대니는 거대한 사진집을 한 아름
가지고 왔다. 이삼일 일정이라면 상·하의 각각 두 벌과 칫솔, 냄새
제거제로 충분하다. 좀 찝찝할 수도 있지만 짐가방을 두 개씩 들고
다니기는 싫다. 유일한 예외는 삼각대를 넣는 전용 가방이다. 자연
스레 양말보다 훨씬 무거운 카메라 장비와 렌즈가 또 다른 짐이 된

다! 실제로는 다 사용하지 않을 렌즈, 내가 가지고 있는 수많은 메모리 카드를 모두 사용하고도 남을 배터리, 각종 전자제품을 위한 충전기, 하나가 망가질 것을 대비해 예비용까지 챙긴 카드 리더기 2개, 두 카드 리더기가 모두 고장 났을 때 사용할 세상에 존재하는 모든 종류의 케이블, 렌즈 덮개, 갖가지 청소 도구, 한 번도 사용해 본 적은 없지만 핸드폰을 삼각대에 연결해 영상을 찍을 수 있는 부속품, 다양한 잡동사니 등이다. 익히 짐작하겠지만 옷을 줄인 무게와 공간은 터무니없이 복잡한 카메라 장비들로 가볍게 만회된다. 휴식이 거의 없는 빡빡한 일정이 이어지는 긴 날이면 나의 짐 싸기 철학을 후회하게 된다. 오늘이 그랬다.

가능한 한 많은 에너지를 축적해 두어야 했기 때문에 올림픽 단거리 경주를 앞둔 선수의 열정으로 접시 위의 닭고기와 오이, 토마토를 먹어 치웠다. 짐을 챙기고 축축한 거리로 나가자 눈부신 일출이 우리를 맞이했다. 지난 몇 달간 본 일출 중 최고였다. 일행이 모두 모여 선명한 파란 하늘 사이로 피처럼 붉은빛이 퍼져 나가는 것을 지켜보았다. 근처 물웅덩이와 창유리에 은빛 광선이 부서졌고 모든 풍경이 생기를 띠었다. 어제와 마찬가지로 피곤해 보이는 사람들이 거의 완전한 침묵 속에 기차역으로 떠밀려가고 있었다. 마치 장례 행렬처럼 보였고 우리 일행 사이에서도 거의 말소리가 나오지 않았다. 지난 24시간을 보낸 후 다들 좀 더 심각해진 듯했다. 나는 기차가 슬라부티치에서 동쪽으로 40킬로미터 정도 떨어진 체르니히우Chernigov에서 바로 왔을 거라 짐작했다. 이 기차역에 도착할 때 기관사 외 승객은 전혀 없으니 중간에 다른 도시나 마을에 들르

지 않는 것이 분명했다. 우리는 기차에 올랐고 나는 서 있었다. 기차
는 사방으로 춥고 조용한 늪과 습지대가 펼쳐지는 길을 덜커덩거리
며 지나갔다. 10월이었고 이미 꽃이 진 시기였다. 하지만 물기가 맺
힌 창문 밖으로 보이는 풍경이 너무 황량해서 이 지역에 화사한 색
채가 피어나는 모습을 상상할 수조차 없었다. 사실 우크라이나 북부
지역은 유럽에서 가장 비옥한 땅 중 하나여서 봄의 풍경은 분명히
다를 터였다.

　우리는 도착하자마자 버스를 타고 울퉁불퉁한 길을 지나 오늘
의 첫 번째 목적지로 향했다. 부리아키브카Buriakivka라 불리는 척박한
진흙 지대는 발전소에서 동-남동쪽으로 10킬로미터 떨어져 있었다.
1986년 이곳에 건물 잔해나 가정용품, 각종 운송수단 등 저준위 방
사성 폐기물을 묻었다. 가로 150미터, 세로 50미터의 구획이 15개씩
두 줄로 배치되어 있었고 사이사이에 배수로가 있었다. 이곳에 묻
힌 폐기물의 양은 2만 2천 세제곱미터에 달한다. 유일하게 한 구획
만 비어 있었는데 풀로 덮인 언덕처럼 보였다. 내가 서 있는 곳은 남
동쪽 모서리의 운송수단 구획이었다. 마레크는 통역사를 통해 "이곳
에는 5분만 있을 겁니다. 이곳은 여전히 방사선이 강합니다"고 전했
다. 그는 침울한 얼굴로 일행 한 명 한 명을 주시했다. "제가 5분이
라고 말할 때는 정말 5분을 의미하는 겁니다. 아무것도 만지지 마세
요. '시간이 끝났어요'라 외치면 걷지 말고 뛰어서 버스로 돌아오세
요."

　가슴이 내려앉았다. 광활한 공터에 수백 대는 되는 듯한 차량
이 줄지어 서 있었다. 대체 어디부터 시작해야 할까? 먼저 체르노빌

An APC at Buriakivka,
perhaps belonging to the chemical troops from the army

부리아키브카의 병력 수송 장갑차.
아마 육군 화학 부대 소속이었을 것이다.

로 군인들을 실어날랐을 병사 수송 군용차량을 찍었다. 화학 특수부
대가 썼던 차량과 같은 모델이었다. 그다음은 출입금지구역을 파헤
쳤던 이고르 코스틴Igor Kostin의 다큐멘터리와 사진에서 보았던 불도
저들이었다. 코스틴은 체르노빌 참사의 진행과 이후 풍경을 담은 놀
라운 사진들로 명성을 얻었다. 나는 구도를 따질 여유도 없이 주위
를 뛰어다녔다. 찍는 대상을 바라볼 시간도 몇 초밖에 없었다. 무엇
을 찍었는지는 남은 생을 모두 들여서라도 찾아보면 된다. 찍고, 달
리고, 찍고, 달리고, 찍었다. 별 특징이 없는 탁한 녹색의 트럭이 끝
없이 서 있었고 종종 처참하게 망가진 버스도 있었다. 대형 트럭, 트
레일러, 비행기 기체도 있었고 소방차는 녹이 슬어 빨간색 페인트를
구분하기 어려울 정도였다. 이 소방차에 탔던 사람 중 몇 명이나 지
금도 숨을 쉬고 있을까?

　맙소사! 나는 트럭 두 대 사이에서 4호기 지붕의 흑연과 핵연
료를 밀어내는 데 사용됐던 원격 조종 달 탐사 로봇 STR-1의 일부
를 찾아냈다. 생각했던 것보다 작았지만 하얀색과 은색으로 칠한 몸
체와 두툼한 금속 바퀴가 초록색과 갈색 기계들, 바람 빠진 타이어
사이에서 눈에 띄었다. 나는 로봇을 제대로 들여다보기 위해 멈추
었다. 근처에서 사진을 찍던 일행을 보며 로봇을 가리키자 그는 혼
란스러운 얼굴로 나를 빤히 보았다. 내가 찾아낸 물건의 의미를 이
해하지 못했고 아마 자신이 무엇을 보고 있는지도 모르는 듯했다.
쓸모없는 폐물이라 생각했을 것이다. 내겐 4호기의 지붕이 거의 신
화 속 장소처럼 여겨졌다. 모닥불 옆에서 듣는 전설 같았다. 인간에
게는 너무 가혹하다고 알려진 우주 공간에서 작동하도록 설계된 이

로봇조차 너무 높은 방사선량에 굴복했고 로봇을 대신해 나선 사람들의 희생이 뒤따랐다. 5분은 너무 빨리 지나갔고 나는 이 구획의 운송수단들을 절반도 담지 못했다. 조금 떨어진 곳에 역시 가장 섬뜩하고 놀라운 역사의 일부가 된 헬리콥터들이 보였지만 지금은 사진을 찍을 시간은 없었다. 언젠가 또 기회가 있을지도 모른다.

나와 대니, 케이티, 다비드는 수년간 도시를 탐험했던 경험이 있었다. 나는 버려진 병원과 학교, 거대한 저택, 호텔, 성, 다양한 종류의 공장, 발전소, 지상과 지하의 기차역, 양조장, 교회, 온전한 마을에 몰래 들어가 사진을 찍어 왔다. 개인적으로 가장 좋았던 곳은 한때 일급 비밀이었던 냉전 시절의 제트 엔진 시험 시설이었다. 국영가스터빈시설National Gas Turbine Establishment은 런던 서쪽의 소나무숲에 숨겨져 있다. 하지만 모든 경험을 되돌아봐도 프리파티의 규모에 견줄 수 있는 곳은 없었다.

우리는 오늘 이 도시에서 여섯 시간을 보낼 수 있었다. 최고의 장소를 방문하면 늘 그렇듯 주어진 시간에 반해 보아야 할 것, 해야 할 것, 돌아다녀야 할 곳이 너무 많았다. 프리파티가 면적에서나 인구 규모에서나 일반적인 도시보다 작은 것은 사실이지만 몇 명이 하루 만에 걸어서 돌아다니기에는 너무 넓었다. 귀중한 여섯 시간을 어떻게 쓸지 미리 결정해야 했다. 새로운 친구들과 나는 이미 전날 밤 둘러앉아 차를 마시며 어떤 건물을 찾아갈지 계획했다. 대니의 짐가방에 들어있던 사진집을 참고하며 어디에 가면 가장 흥미로울지 야심 찬 일정을 짰다. 나중에 알게 된 사실이지만 이런 접근법을 택한 사람은 우리밖에 없었고 덕분에 가장 많은 것을 볼 수 있었

One of many building murals found in Pripyat

프리퍄티의 여러 건물에서 찾은 벽화 중 하나

다. 나머지는 특별한 목표 없이 헤매기만 했다. 심지어 한 건물에서 모든 시간을 보낸 사람도 있었다.

126번 병원은 버스에서 내린 곳을 기준으로 남동 방향에서 유일하게 볼 만한 건물이었고 제일 먼 건물이기도 했다. 그래서 먼저 그곳에 가기로 했다. 셀 수 없이 많은 거주용 고층 건물과 밝은 색채의 벽화, 특이한 구조물들을 지나쳤지만 알아볼 수 없었다. 내가 원래 가보려 했던 건물은 후보 단계에서 모두 탈락했다. 사고가 터진 밤 제일 먼저 고통을 호소했던 운전원들과 소방관들은 126번 병원에 실려 왔다. 아키모프, 톱투노프, 페레보스첸코, 프라비크 모두 이곳에 있었다. 그들이 수많은 병실 중 어디에 있었는지 알고 싶었다. 아니면 사무실에 고스란히 남아있을 수천 장의 서류 중 그들의 의료기록을 찾아내고 싶었다. 안타깝지만 현실에서는 내가 그들의 흔적을 찾아내더라도 키릴 문자로 쓰인 이름을 알아보지 못할 터였다.

옅은 갈색 타일로 덮인 외벽 일부를 황금빛 나뭇잎으로 위장하고 있는 건물에 다가서자 입구 옆에 덩그러니 놓인 녹슨 등받이 의자가 보였다. 나는 늘 다양한 물건들이 어쩌다 지금 위치에 자리하게 되었는지 궁금해하곤 한다. 지난 25년 사이 어느 시점에 누군가 방에 있던 의자를 끌어내기로 했을 것이다. 복도를 나와 중앙 로비를 통과하고 계단을 내려와 문을 연 뒤 의자를 이곳에 내려놓았을 것이다. 왜 그랬을까? 오늘날까지도 방사선을 내뿜은 소방관들의 헬멧과 의복, 부츠가 깜깜한 지하실에 버려져 있었지만 나는 보러 가지 않았다. 폐소공포증을 느끼게 하는 축축한 공간은 미로 같았고 이 도시에서도 가장 오염된 구역이었다. 손전등을 들고 있어도 길을 잃을 수 있었고 유독성 먼지를 들이마실 위험도 컸다. 그러면 피부가 방사선에 노출되는 것보다 훨씬 더 위험했다. 프리퍄티의 모든 것이 그렇듯 이 병원 건물도 오랫동안 이기적인 방문자들에게 수없이 약탈당했다. 처음에는 도둑들이 와서 군인들에게 뇌물을 주거나 몰래 들어와 소개 후 남겨진 귀중한 물건들을 훔쳤다. 물론 그들 중 일부는 이미 방사선에 오염된 전리품 때문에 대가를 치르기도 했다. 슬프게도 지난 10여 년간은 호기심을 좇아 이 구역을 방문한 이들이 관심을 끄는 자질구레한 물건들을 훔치고 있다. 용서할 수 없는 일이지만 판매를 위해 절도하는 이들도 있고 안전하게 보관하려는 이들도 있다. 유혹을 느끼는 것은 이해한다. 역사의 한 조각이 바닥에 버려져 있을 때 제일 먼저 느끼는 본능은 그 물건을 집어 들어 구하려는 것이다. 하지만 당신이 가져가서는 안 되는 물건이라는 사실을 스스로 상기해야 한다. 모든 것은 체르노빌의 일부다. 지금 놓여 있는 곳이 그 물건의 자리다.

나는 1층을 건너뛰고 곧장 위로 향하는 콘크리트 계단을 올랐다. 낮은 층보다는 훼손이 덜할 것이라 짐작했기 때문이었다. 하지만 기대와 달리 가장 높은 층 역시 엉망이었다. 아주 긴 시간이 지난 것을 생각하면 놀랄 일도 아니었다. 망가진 의자와 문, 상자, 기다란 형광등, 찬장, 침대 틀이 여기저기 널려 있었다. 대부분의 병실에는 아무것도 없었고 페인트가 벗겨져 있었다. 빈방에는 먼지만 두껍게 쌓여 있었다. 하지만 보물을 숨기고 있는 방도 있었다. 먼지투성이 유리 선반에 놓인 손가락 크기의 밀봉된 유리병 속에는 어찌 된 일인지 여전히 투명한 액체가 들어 있었다. 책과 손으로 쓴 의료기록, 행정 문서로 가득 찬 방들도 있었다. 머리 위에 고전적인 수술용 램프가 설치된 수술대와 총천연색으로 부목 만드는 법을 그려 넣은 벽도 발견했다.

오늘 아침 부리아키브카에서 그랬듯 제한된 시간이 계속 내 어깨를 짓누르고 있었다. 주위를 제대로 살피기 위해 멈추어 설 수 없고 무엇이라도 좀 더 눈에 담기 위해 바쁘게 뛰어다녀야 한다는 것을 알고 있었다. 내가 찍은 사진도 의미 있는 방식으로 구성되었다기보다는 순수한 기록에 가까웠다. 풍경과 소리가 먼저였고 이미지는 한참 뒤였다. 아이처럼 이곳저곳 뛰어다니며 주어진 시간 동안 가능한 많은 것을 보려 애쓰다가도 이곳에서 고통받았던 사람들에게 못 할 짓을 하고 있다는 생각이 들었다. 이 답답한 패턴은 종일 계속됐다. 나는 전혀 만족할 수 없는 사진들만 얻은 채 병원을 떠났다.

그다음에는 극장을 거쳐 음악학교로 가기로 했다. 그러면 문화의 궁전과 유명한 대회전 관람차, 범퍼카 등 볼거리가 모여 있는 호텔에도 가까워질 터였다. 그곳에서 허락된 시간이 모두 끝나면 유치원에 갔다가 다른 병원에 들르고 수영장에 갈 예정이었다. 출발지로 돌아가기 전 마지막으로 볼 곳은 고등학교였다. 여섯 시간 안에 둘러보아야 할 곳이 많았지만 유피테르Jupiter 공장을 비롯해 시간이 부족해서 볼 수 없는 건물도 비참할 정도로 많았다.

대니는 이날의 방문을 기념해 체르노빌 참사 25주년에 맞춰 우리가 찍은 사진으로 사진집을 만들자는 아이디어를 냈다. 멋진 생각이었다. 그리고 그의 말처럼 이 책이 세상에 나왔다.

프리파티를 걷는 것은 비현실적인 경험이었다. 가을이 끝나가고 있었고 어디에나 낙엽이 황금빛 담요처럼 아스팔트를 덮고 있었다. 웃자란 나무들 때문에 좁아진 길을 따라가며 보이는 것은 미묘하게 다른 오렌지색과 노란색의 조합뿐이었다. 위스키 색으로 덮인 도로와 건물들은 계속 겨울이 다가오고 있음을 상기시켰다. 너무 평화로워서 주름진 나뭇잎에게 이제는 모든 걸 포기하고 떨어져야 할 때라고 속삭이는 바람 소리와 멀리서 말뚝 박는 기계가 내는 희미하지만 끊이지 않는 소리, 내가 내는 발소리밖에 들리지 않았다. 말로는 설명할 수는 없지만 이전까지 거의 경험한 적이 없는 불안한 느낌이 나를 사로잡았다. 꿈을 꾸고 있거나 폐쇄된 영화 촬영장을 걷고 있는 듯했다. 시선을 주는 곳마다 환상이 계속되고 있었지만 거짓이 아니었고 내가 꿈을 꾸는 것도 아니었다. 나는 정말 죽은 도시에 있었다. 마음 한구석에서는 저 모퉁이만 돌면 모든 건물이 다 나무로 정면만 만든 장치라는 것을 알게 되고, 지루해진 제작진들이 시야 밖에서 서성대며 호출을 기다리는 모습을 보게 될 거라 예상하고 있었다.

'거의' 경험한 적이 없다고 한 것은 이 기분을 다른 곳에서 딱 한 번 느낀 적이 있기 때문이다. 초음속 여객기 콩코드 그리고 영국 공군과 해군이 탔던 비행기를 개발하고 시험했던 국영가스터빈 시설의 깜깜한 비밀 실험실, '3호실Cell 3'에서였다. 지상의 문을 통해 건물로 들어서자 거의 비어 있는 3호실이 나타났다. 가로가 7미터, 길이가 30미터에서 40미터쯤 되는 거대한 유리창이 바닥부터 천장까지 뻗어있고 통로는 벽에 아주 높이 매달려 있었다. 바닥 가운데에는 철책을 두른 난간이 몇 개 있었다. 시설 안의 다른 공간과 비교하면 별 감흥이 없는 곳이었다. 하지만 가까이 다가가자 난간들이 바닥 아래로 파인 구덩이 하나를 둘러싸고 있고 구덩이 안에 거대한 원기둥이 눕혀져 있다는 것을 알게 됐다. 원기둥의 양쪽 끝은 보이지 않는 곳으로 이어지고 있었다. 한 구역의 상단이 열려 있었지만 내려가는 길은 보이지 않았다. 하지만 방법을 찾을 수 있을 것이다. 내가 발견한 것은 선배 탐험가들이 자비롭게 남겨두고 갔지만 60년은 되어 금방이라도 부서질 듯한 나무 사다리였다. 그리고 나는 곧 엄청난 기계 속에 있었다.

3호실의 한쪽 끝에는 거대한 중앙 배기관 주위로 창살 달린 통풍구가 10개 있었다. 제트기 엔진이 기계에 장착되는 위치였다. 반대쪽 끝에는 공장에서 볼 법한 인상적인 미닫이문이 있었는데 가까이서 살펴보니 나무로 만들어져 있었다. 이 공간은 매튜 맥커너히Matthew McConaughey가 2005년 주연을 맡았던 평범한 액션 어드벤처 영화 '사하라Sahara'에 악당의 은신처로 등장하기도 했다. 문으로 들어가 쪼그려 앉은 채 좁은 원통형 터널을 15미터쯤 전진하면 3호실의 뒤쪽에 다다른다. 바로 그곳에서 꿈을 꾸는 듯한 느낌을 받았다. 말로 설명하기가 불가능한 공간이었다. 터널의 끝은 북 모양으로 지름 5미터 혹은 6미터까지 확장되었고 그을리고 횃불 빛이 나는 표면 어디에나 알아볼 수 없는 장치들이 달려 있었다. 바닥은 구릿빛의 탁한 액체에 잠겨 있었는데 표면에 다양한 잔해가 떠 있어서 실제보다 더 깊어 보였다. 맞은편 벽에는 둥글고 골이 진 무언가가 있었는데 일종의 열 흡수 장치인 듯했다. 그 주위로 여남은 개의 잘린

파이프가 튀어나와 있었고 천장에는 거대한 검은 구멍이 뚫려 있었다. 영화 '매트릭스'에서 네브카드네자르 호Nebuchadnezzar가 통과하는 지하 터널을 떠올리게 하는 장소였다.

돌아볼 시간은 턱없이 부족했지만 프리퍄티에는 소규모 도시에 기대할 수 있는 모든 것이 있었다. 앞서 언급한 병원과 병원 근처에 있는 진료소 외에도 유치원 15곳, 학교 5곳, 직업 학교/대학 1곳, 어린이들을 위한 음악미술학교 1곳이 있었다. 아이들이 뛰놀던 광대한 공원 하나 그리고 소규모 놀이터 35개도 있었다. 도시에 있는 체육관 10곳, 수영장 3곳, 사격장 10곳, 경기장 2곳, 도서관 4곳, 극장 1곳에서 시간을 보내거나 도시에서 발간되는 신문을 읽을 수도 있었다. 25개의 상점 중에는 서점과 슈퍼마켓, 소규모 식료품점, 스포츠용품점, TV나 라디오 등 전자제품을 판매하는 곳도 있었고 중앙 광장에는 커다란 쇼핑센터가 있었다. 도시 전역에 매점과 카페, 식당 27개가 퍼져 있어 여유로운 시간을 보낼 수도 있었다.

겨울마다 빗물이 스며들고 얼면서 팽창해 벽돌을 훼손한 바람에 건물들이 점점 위험해졌다. 얼음이 녹으면서 나온 물이 회반죽을 떨어트려 건물이 붕괴되기도 했다. 1번 학교에서는 지난 몇 년간 두 번의 붕괴 사고가 있었다. 프리퍄티의 다른 수많은 건물도 관리가 되지 않아 비슷한 상황일 것이다. 앞으로 25년 동안 상당히 많은 건물이 무너질 것으로 예상한다. 자연이 도시를 되찾기까지 비교적 많은 시간이 걸리지 않는다는 사실을 깨닫고 놀랐다.

이 도시의 전성기에 입구를 지키고 있던 새까만 흑요석의 그리스 거인 조각상 이름을 따 프로메테우스Prometheus 극장이라 불렸던 건물은 나무 사이에서 모습을 드러냈다. 안을 살짝 들여다봤지만 완전히 비어 있어서 흥미가 생기지 않았다. 시간에 쫓기는 우리는 지체하지 않았다. 도시의 정글을 좀 더 헤치고 나아가자 흔히 볼 수 없는 추상적인 타일 모자이크 아래 음악학교의 입구가 보였다. 도시의 단조로운 외양 속에서 훌륭한 효과를 내는 장식이었다. 건축적이고 철학적인 방식으로 내가 동경하는 창조적이고 혁신적인 사고를 북돋우려 했던 것이 아닐까 생각했다. 강당으로 들어가자 빈 무대 위에 그랜드 피아노가 장엄하지만 외롭게 놓여 있었다. 이렇게 아름다운 악기가 썩을 때까지 방치된 것은 비극이지만, 개인적으로는 이 피아노를 훔쳐 간 사람이 없었다는 사실도 슬프게 느껴졌다. 실행에 옮기기가 어렵기는 했겠으나 그랬다면 지금도 예전과 같은 소리를 내고 있을 것이다. 하지만 이제는 상아가 벗겨진 건반을 두드려도 둔탁하고 낮은 소리만 났다. 강당 뒤쪽에는 누군가 무대를 향해 놓아둔 의자가 한 개 있었다. 사람들로 가득 찼을 강당에 전혀 어울리지 않는 물건이었다. 위층에는 걱정스러울 정도로 바닥이 푹신푹신한 연습실이 있었고 상태가 훨씬 더 나쁜 피아노도 있었다. 네 다리와 건반 몇 개는 사라졌고 꼬이고 끊어진 끈들이 내장처럼 공기에 노출되어 있었다.

여기서 방사선 질환에 관해 좀 더 자세히 적어두고 싶다. 정확히 말하면 급성 방사선 증후군에 관해서다. 체르노빌을 구했던 발전소 직원들처럼 방사선을 지나치게 흡수한 사람들에게 정확히 어떤 일이 일어나는지 이해하는 것이 중요하기 때문이다. 낮은 수준의 방사선은 비교적 무해하다. 우리는 모두 매일 매 순간 도시, 비행

기, 핸드폰, 심지어 지표면 자체에서도 발생하는 자연 방사선에 노
출되며 이 정도는 전혀 걱정할 필요가 없다. 사람마다 신체가 다르
게 반응하긴 하지만 지금부터는 거의 일반적으로 나타나는 양상을
설명하기로 한다. 흔히 방사선은 맛이 느껴지지 않는다고 하나 체르
노빌에서 급격히 방사선에 노출된 이들은 모두 피폭과 동시에 입에
서 금속 맛이 느껴졌다고 보고했다. 방사선량이 당신을 죽일 수 있
을 정도로 높다면 분명히 맛을 느낄 수 있을 것이다. 치사량을 넘기
는 방사선은 당신의 몸 역시 방사성으로 만들 수 있다는 사실도 알
아야 한다. 어떻게 접촉하느냐에 따라 당신 주변의 모든 사람이 위
험에 처할 수도 있다.

　　방사선에 노출되면 거의 즉시 구역질과 구토가 시작된다. 얼마
지나지 않아 혀와 눈이 먼저 부어오르고 점차 몸의 다른 부분도 붓
는다. 온몸에서 에너지가 빠져나간 것처럼 힘없는 기분이 든다. 우
리 시나리오에 따라 강한 방사선에 직접 노출되었다면 몇 분 안에
피부가 검붉은 색으로 달아오를 것이다. 원자력 화상이라 불리는 현
상이다. 피폭 후 한두 시간이 지나면 지끈거리는 두통과 발열, 설사
를 경험하고 쇼크 상태가 되어 기절한다. 초기 증상이 한바탕 지나
가고 나면 보통 잠복기가 찾아오는데 몸이 나아지는 느낌이 들기
시작한다. 다른 증상은 남아있을 수도 있지만 구역질이 잦아들고 붓
기도 어느 정도 가라앉는다. 잠복기의 길이는 사람에 따라 다르지만
당연히 방사선 흡수량과 관련이 있으며 며칠간 이어질 수도 있다.
희망을 주기 때문에 잔인한 시간이다. 이후에는 나빠질, 그것도 훨
씬 나빠질 일만 남아있다. 구토와 설사가 섬망과 함께 돌아온다. 극

심한 통증이 쉴 새 없이 피부 아래부터 뼛속까지 몸을 관통하고 코와 입, 직장에서 피가 흐른다. 머리카락이 빠진다. 피부가 쉽게 뜯어지다가 갈라지고 물집이 생긴 후 점차 검게 변한다. 뼈가 썩으며 새로운 혈구를 만들어내는 능력을 영원히 빼앗긴다. 끝이 다가오면 면역 체계가 완전히 무너져서 폐와 심장, 다른 장기들이 붕괴하기 시작하고 기침을 할 때마다 내장이 튀어나온다. 피부는 마침내 완전히 분해되어 다양한 감염에 노출된다. 체르노빌의 한 희생자가 일어나자 다리 피부가 양말처럼 벗겨졌다는 일화도 있다. 그렇게 치명적인 양의 방사선에 노출되면 DNA의 조합이 완전히 바뀌어서 말 그대로 과거와는 다른 사람이 된다. 그리고 고통 속에 죽게 된다.

8

오염 제거

DECONTAMINATING THE ZONE

CHERNOBYL 01:23:40

오염 제거 작업 역시 대가가 따랐다.

주민 대피를 돕고 방사성 겉흙을 걷어냈던 징집병 청산인 이고르Igor는

"이 일을 하고 5년간은 아이를 갖지 말라고 했다"고 기억했다.

원자로 화재라는 가장 시급한 위험을 수습하자 새로 설정한 30킬로미터 출입금지구역과 특히 체르노빌 주변에서 방사성 낙진과 잔해를 치우는 엄청난 작업이 시작됐다. 4호기를 주위 환경과 차단하는 거대한 덮개를 설계하고 건설하는 작업도 이루어져야 했다. 소련 전역에서 이 작업에 투입할 군인과 민간인을 뽑았고 이들은 청산인Liquidator, 즉 참사의 영향을 씻어내는 사람으로 알려졌다. 세계보건기구WHO에 따르면 1986년부터 1987년까지 약 24만 명이 30킬로미터 출입금지구역에서 청산인으로 일했다. 이후에도 비교적 대규모의 정화작업이 계속되었고 1990년까지 청산인으로 활동한 내역이 문서로 증명되는 군인과 민간인이 60만 명에 달했다.

청산인들의 작업 범위는 방대했다. 오염 물질을 제거하는 근무 형태는 방사선에 노출되는 정도에 따라 하루에 겨우 몇 분부터

10시간까지 다양했다. 청산인들은 먼저 발전소 근처 강기슭을 따라 커다란 댐 하나와 작은 댐 여러 개를 지었다. 비가 내려 방사성 낙진 과 잔해가 강에 모이고 이 나라에서 가장 귀중한 수원으로 흘러 들어가는 것을 막기 위해서였다. 이렇게 시간을 번 사이 주위 지역으로 날아온 물질들을 모으고 제거해 매장할 수 있었다. 원래 붉은 숲도 땅에 묻을 계획이었다. 불태우면 오염 입자가 더 퍼질 수 있었기 때문이다. 하지만 비와 바람이 계속해서 방사성 물질을 순환시키면서 숲의 오염 물질을 제거하려는 노력은 실패로 돌아갔다. 러시아에서 가장 큰 수송용 헬리콥터들이 24시간 비행하며 대지의 방사성 낙진을 덮을 특수 고분자 수지를 쏟아부었다. 덕분에 차량이 움직여도 먼지가 일어나지 않게 됐고 병사들이 겉흙을 모아 묻어버릴 시간을 확보할 수 있었다. 건설 노동자들은 출입금지구역을 관통하는 도로를 놓아 차들이 방사성 물질을 퍼트리지 않고 이동할 수 있게 했다. 도로에도 일정한 거리 제한을 두고 경찰이 관리하는 오염 제거 지점이 있었다. 그들은 선량계와 특수 세정제로 무장한 채 트럭, 자동차, 장갑차 등 지나가는 모든 차량을 호스로 씻어냈다. 더욱 극단적인 정화 조치 중에는 가장 오염된 마을들을 불도저로 밀고 묻어버리는 작업도 있었다. 몇몇 마을은 두세 번 다시 묻히기도 했다. 프리퍄티 도시 전체를 비롯해 수천 채의 건물은 이런 비극을 피했지만 화학 물질로 성심성의껏 세척되었고 거리에 새 아스팔트가 깔렸다. 체르노빌 안에서는 겉흙과 길이 모두 교체되었다. 총 30만 세제곱미터의 흙을 걷어내 구덩이에 묻었고 그 위를 콘크리트로 덮었다. 이 작업만 몇 달이 걸렸다. 설상가상으로 발전소에서 반경

100킬로미터 이내 지역에 비가 내릴 때마다 구름에 있던 방사성 물질이 떨어져 새로 심각하게 오염되는 지역이 생겼다.

사냥꾼들은 몇 주간 출입금지구역을 샅샅이 뒤지며 무리를 이뤄 방랑하기 시작한 버려진 애완동물들을 쏘아 죽였다. 방사능이 퍼지는 것을 막고, 오염 제거 작업을 하는 노동자들이 공격당하는 것을 예방하면서, 동물들의 괴로움을 끝내주기 위한 필요악이었다. 굶주림과 방사선 피폭으로 인한 고통 속에 천천히 죽어가는 것보다는 빠르게 숨이 멎는 것이 나았다. 호이니키Khoyniki 사냥꾼·어부 자원봉사자회 회장 빅토르 베르지콥스키Viktor Verzhikovskiy는 "우리가 처음 도착했을 때 개들은 근처를 뱅뱅 돌며 집을 지키고 사람들이 돌아오길 기다리고 있었다"고 회상했다. "개들은 우리를 보고 기뻐하며 목소리를 따라 달려왔다. 우리는 집 안에서, 헛간에서, 마당에서 개들을 쏘았다. 길가로 사체를 끌고 나와 덤프트럭에 실었다. 즐거운 일은 아니었다. 개들은 우리가 왜 자기들을 죽이는지 이해하지 못했다. 죽이기는 쉬웠다. 모두 집에서 살던 동물들이라 총이나 사람을 두려워하지 않았다." 모든 동물이 이렇게 죽지는 않았다. 6월 초 이 지역을 방문했던 벨로야르스크Beloyarsk 원자력 발전소의 엔지니어 니콜라이 고시치트스키Nikolai Goshchitsky는 총알을 피해 달아났던 몇몇 동물을 목격했다. "동물들은 반쯤 살아있는 채로 끔찍한 고통 속에 길을 따라 기어가고 있었다. 새들은 물에서 막 빠져나온 듯했다. …… 닐지도, 긷지도 못했다. …… 고양이들의 털은 군데군데 그을린 것처럼 더러웠다." 그렇게 오래 살아남은 동물들은 앞을 보지 못했다.

오염 제거 작업 역시 대가가 따랐다. 주민 대피를 돕고 방사성 겉흙을 걷어냈던 징집병 청산인 이고르Igor는 "이 일을 하고 5년간은 아이를 갖지 말라고 했다"고 기억했다. "아내나 여자친구에게 어떻게 설명해야 할까? 대부분은 입을 다문 채 별일이 없기만을 바랐다. 우리는 흙의 가장 위층을 걷어내 트럭에 실어야 했다. 매장지에는 복잡한 설비가 있을 줄 알았는데 그냥 구멍을 파놓은 듯했고 안에 뭘 깔지도 않았다! 온갖 벌레와 곤충, 거미가 있는 겉흙을 카펫처럼 둘둘 말아서 들어냈다. 하지만 온 나라를 벗겨낼 수는 없다. 땅 위의 모든 생명을 걷어낼 수도 없다. 우리는 수천 킬로미터를 들어냈다. 흙뿐 아니라 과수원, 집, 학교까지 모두 들어냈다. 밤이면 술을 많이 마셨다. 그러지 않으면 일을 할 수 없었다." 많은 청산인이 술을 마셨다. 보드카가 방사선 흡수를 막아준다고 믿었던 것도 영향을 미쳤다.

'대지의 벽The Wall in the Earth'이라는 별명이 붙은 거대한 프로젝트는 체르노빌을 주위 지하 수원과 분리하려는 시도였다. 조레스 메드베데프의 《체르노빌의 유산》에 이 프로젝트에 관한 설명이 나온다. "방수벽은 가장 오염된 지역의 지하수가 프리퍄티 강이나 다른 수원으로 흘러 들어가는 것을 방지할 것이다. …… 점토의 방수층은 지표면 30미터 아래에 있었다. 발전소 대지 주위에 깊이 32미터(너비 60센티미터)의 거대한 참호를 파고 특수 벤토나이트 콘크리트와 다른 비수용성 화합물을 채웠다. 거대한 방수벽인 동시에 배수를 통제하는 기능도 했다. 원자로를 덮고 있는 석관에서 상당히 먼 지역까지 주변 수자원과 분리해야 했다. (아마 반경 2~3킬로미터에 달했을 것이다.)" 후쿠시마에서도 비슷한 프로젝트를 시도하고 있는데 지표면에 콘크리트를 채우는 대신 얼음벽으로 땅을 얼리는 방식을 택했다.

청산인들은 작업을 하는 내내 열악한 방호복을 입었고 특히 체르노빌 근처에서 일하는 이들의 문제가 심각했다. 겨우 세 벌의 옷을 받고 6개월을 버텨야 했다. 다른 이들은 미래의 건강을 두고 속 편한 태도를 보였다. 《체르노빌의 목소리》에서 이반 시호프Ivan Zhykhov는 "보호장비는 호흡용 보호구와 가스 마스크였지만 아무도 사용하지 않았다. 바깥 온도가 섭씨 30도였기 때문이다"고 회상했다. "쓰고 있으면 죽을 것 같았다. 추가 탄약을 받을 때처럼 서명까지 하면서 받아두긴 했지만 완전히 잊어버렸다." 찾을 수 있는 거의 모든 사진에서 청산인들은 마스크를 쓰지 않았다. 보이지 않는 적은 젊은이들의 걱정거리가 아니었다. 체르노빌 원자력 발전소의 감독관이었던 그리고리 메드베데프는 1991년 〈로스앤젤레스타임스〉 과학기술도서상을 받은 책《체르노빌에 관한 진실The Truth About Chernobyl》에 다음과 같이 적었다. "병사들과 장교들이 손으로 흑연을 집는 것을 보았다. 양동이를 든 채 손으로 흑연을 모으고 있었다. …… 어디에나 흑연이 널려 있었고 심지어 우리가 탄 차 옆에 있는 울타리 뒤에도 있었다. 나는 문을 열고 선량계가 거의 흑연 덩어리에 닿을 정도로 팔을 뻗었다. 시간당 이천 뢴트겐이었다. 나는 문을 닫았다. 오존, 불, 먼지 그리고 뭔가 다른 것의 냄새가 섞여 있었다. 인간의 살을 태우면 이런 냄새가 날 것 같았다." 군인들이 손으로 원자로의 흑연을 집었다는 증언은 초기 정화작업에 투입되었던 사람들이 얼마나 무지했는지를 알려준다. 메드베데프가 본 사람 중 살아남은 이는 없을 것이다. 청산인들은 대개 폐허가 된 땅 위에 간단한 텐트를 세우고 잤다. 원자로 근처에서 일했던 몇몇 사람은 운 좋게 50킬로미터 아래 프리퍄티 강에 정박해 있는 고급 정기여객선 8척 중 한 곳에 숙소를 구하기도 했다. 이 배들은 지친 노동자들을 위한 수상 호텔로 쓰였다. 휴식을 즐길 수 있도록 프리퍄티의 수영장과 다른 여러 레저 시설을 꼼꼼하게 반복 세척해 개방하기도 했다. 청산인들이 수영장에서 헤엄치는 모습을 담은 흑백 사진도 남아있다. 분명히 오염 제거 작업의 스트레스를 털어내는 훌륭한 방법이었을 것이다.

1986년 말까지 청산인들은 600개 이상의 도시와 마을에서 작업을 마쳤다. 장갑차를 타고 이동한 육군 부대는 5월과 6월 내내 키예프의 건물들을 세척했다. 이 도시에서는 사고 후 2년 넘게 개인적으로 선량계를 소유하는 일이 범죄로 취급되었다. 정부는 신선 식품의 판매를 엄격하게 통제했다. 노점은 금지되었다. 이런 제약에 따라 우크라이나 중앙 위생역학국의 책임자는 "수천 개의 아이스크림, 케이크, 음료 가판대가 키예프 거리에서 사라졌다"고 발표했다.

5월 1일에는 소련 전역에서 노동절 축제가 열렸다. 방사선의 강도가 최고조에 달했을 때 셀 수 없이 많은 사람이 키예프 거리를 행진하고 있었다. 공식적인 경고는 없었고 모든 사람이 피폭되었다. 그날 야외에 있었던 사람들에게 얼마나 많은 건강 문제가 생겼고 어떤 피해가 이어졌는지는 아무도 모른다. 한참 늦은 5월 15일에야 도시 주민 250만 명 중 아이들과 그들의 어머니, 임산부들만 4개월간 소개되었다.

체르노빌의 4호기를 다른 잔해들처럼 간단히 묻어버릴 수 없다는 사실은 처음부터 알고 있었다. 대신 새로운 구조물로 둘러싸야 했다. '차폐물The Object Shelter'이라는 건조한 정식 명칭이 있었지만 금속과 콘크리트로 이뤄진 이 삭막한 구조물을 직접 만든 이들은 훨씬 소름 끼치는 '석관'이라는 별명을 붙였다. 현대사에서 가장 규모가 크고 가장 난도가 높은 토목 공학 프로젝트로, 이전까지는 이렇게 극단적 조건에서 이렇게 짧은 시간 내에 이렇게 중요한 건물을 설계하고 건설한 적이 없었다. 4호기를 전부 감싸는 구조물은 길이가 170미터, 높이가 66미터였다. 좀 더 영구적인 해결책을 개발하려면 20년은 걸릴 것으로 추정되었고 석관은 그동안 우크라이나의 기후를 견디며 내부에서 방출되는 어마어마한 양의 방사선을 가둬두어야 했다. 차폐물을 건설하는 공사에 25만 명의 노동자가 동원되었는데 모두 생애 최대 허용치까지 방사선에 노출되었다. 석관을 만들려면 먼저 방사성 흑연과 원자로 연료를 모아서 묻어야 했다. 서독과 일본, 러시아에서 흙을 걷어내기 위한 원격 조정 불도저가 공수되었다. 처음에는 폐기물을 4호기 지하층에 쌓고 방사선을 밀폐하기 위해 그 위에 바로 콘크리트를 부었지만 곧 계획을 바꾸어야 했다. 당시 공사 책임자였던 바실리 키지마Vasiliy Kizima는 "젖은 콘크리트에서 간헐천이 솟아오르기 시작한다. 액체가 쌓여 있는 연료 위에 떨어지면 전자가 급증하거나, 단순히 열 교환이 중단되면서 온도가 올라갈 수도 있다. 방사선량이 급격히 증가했다"고 보고했다.

　석관 건설 공사의 가장 큰 장애물은 원자로 노심에서 튕겨 나와 3호기의 지붕 그리고 공유하던 굴뚝으로 떨어진 엄청난 양의 흑연 덩어리들이었다. 흑연을 치워야 했지만 3호기와 4호기의 지붕은 무거운 불도저의 무게를 지탱하기에 너무 불안정했고 방사선 수치는 사람이 살아남을 수 없을 정도로 높았다. 해결책은 러시아, 독일, 일본의 원격 조종 로봇을 비행기로 실어날라 흑연 덩어리를 건물 바깥쪽으로 밀어내게 하는 것이었다. 이 중에는 소련 우주 프로그램에서 달 착륙용으로 개발한 경량 원격 조종 로봇 STR-1 두 대도 있었다. 그러면 60미터 아래에서 불도저들이 모든 잔해를 모아 매장할 예정이었다. 하지만 흥미로우면서 비극적인 전개가 이어졌다. 몇몇 로봇은 녹아내린 역청에 들러붙거나 부서진 잔해들과 엉켜버렸고 나머지 로봇도 곧 방사선에 굴복했다.

이고르 코스틴은 2006년 펴낸 사진집 《한 기자의 고백Confessions of a Reporter》에 "처음에는 극단적으로 오염된 지역에서는 로봇들을 쓸 수 있을 거로 생각했다"고 적었다. "발전소 지붕에 아주 정교한 독일산 로봇을 올려보내기도 했다. 하지만 로봇은 명령을 따르지 않았다. 방사능은 그 기계마저 망쳐버렸다. 그 로봇은 나중에 지붕 모서리로 굴러갔고 발전소 꼭대기에서 추락했다. 누군가는 로봇이 뛰어내렸다고 생각했을 것이다." 지상에 있던 거대하고 현대적인 독일산 원격 불도저들까지 고장을 일으켰다. 원격 조종 기계로 지붕에서 방사성 물질 90톤을 밀어냈지만 아직 많은 양이 남아 있었다. 지상에서는 사람이 모는 장비를 쓰기 시작했다. 운전석에 납을 둘러도 별 도움이 되지 않았다. 지붕 위에서도 대안이 없었다. 기계조차 살아남지 못하는 위험한 환경에서 사람이 일해야 했다. 댜틀로프의 후임이었고 이후 브류하노프의 뒤를 이어 발전소 소장이 된 니콜라이 스테인베르크Nikolai Steinberg는 "최고의 로봇은 사람들이었다"고 쓰라

리게 정리했다.

시간당 만 뢴트겐은 사람을 1분 만에 죽일 수 있는 방사선량
이었고 이전의 어떤 오염 제거 작업에서도 겪어보지 못한 수준이
었다. 작업에 투입된 청산인들은 상황에 맞게 자신들을 '생체 로
봇Bio-Robots'이라 불렀다. 생체 로봇 중 하나였던 알렉산데르 페도토
프Alexander Fedotov는 "분명히 가고 싶지 않은 사람들도 있었다"고 회상
했다. "하지만 가야 했다. 예비군이라 어쩔 수 없었다. 나는 의문을
품지 않고 의무를 다한다고 생각했다. 누가 나를 위해 이런 일을 해
주겠는가? 누가 이 재난을 수습하고 전 세계에 방사능이 퍼지는 것
을 막겠는가? 누군가는 해야만 했다." 그리고 작업이 시작되었다.
과학자들은 지붕 위에서 치사량의 방사선을 흡수하기 전까지 일할
수 있는 시간을 40초로 계산했다. 낮이면 다양한 직업을 가진 남자
들이 두려움에 떨며 지붕으로 달려 나가 40~50킬로그램에 달하는
원자로 흑연을 낭떠러지 아래 떨어트린 뒤 안으로 달려 들어왔다.
유일한 보호장비는 납을 덧대고 손으로 꿰맨 보호복뿐이었다. 납이
너무 많은 방사선을 흡수해 보호복은 한 번씩만 사용할 수 있었다.
밤이면 '지붕 고양이Roof Cats'라는 별명이 붙은 정찰대가 선량계를 들
고 폐허가 된 지붕을 날쌔게 누비며 방사선 지도를 만들었다. 그러
면 낮에 일하는 동지들이 가장 오염된 지역을 피할 수 있었다.

하지만 항상 40초의 시간제한을 지킨 것은 아닌 듯하다. 적어
도 생체 로봇이었던 알렉산드르 구드랴긴Aleksandr Kudryagin의 증언에
따르면 그랬다. "지침에 따르면 그곳에 40초, 50초만 머물러야 했다.
하지만 불가능했다. 적어도 몇 분은 필요했다. 도착하면 위로 뛰어

올라갔다가 물건을 내던진 뒤 돌아와야 했다. 한 명은 손수레를 끌었고 다른 사람들은 구덩이 아래로 물건을 던졌다. 모두 버리고 돌아올 때까지 아래를 내려다보는 것은 허락되지 않았다." 사람들은 두려움을 떨치기 위해 자신들이 처한 상황을 가볍게 받아들이려 했다. "미국산 로봇은 지붕에 올라간 지 5분 만에 고장이 났다. 일본산 로봇도 5분이 지나자 고장 났다. 러시아산 로봇은 거기에 2시간이나 있었다! 그러자 지휘관이 확성기로 외쳤다. '이바노프Ivanov 이등병! 두 시간 후면 내려와서 담배를 피우며 쉴 수 있다.'" 미국에 방사선 수치가 높은 지역에서 작업할 수 있도록 설계된 로봇이 있긴 했지만, 농담과 달리 체르노빌에 온 적은 없었다. 소련 정부는 로봇을 보내겠다는 미국의 제의를 거절했다.

다른 곳이라면 한 사람이 한 시간에 할 수 있는 작업을 체르노빌에서는 60명이 해야 했다. 이 작업은 2주 반 동안 이어졌고 청산인 대부분은 딱 한 번만 지붕에 올랐다. 하지만 일부는 5번이나 가기도 했고 정찰대는 그보다 훨씬 자주 갔다. 실제로 기계로 치운 부분은 지붕의 10퍼센트 정도에 불과했다. 발전소의 오염 제거 작업을 책임졌던 소련 관료 유리 세미올렌코Yuri Semiolenko에 따르면 나머지 폐기물은 5천 명의 사람이 총 13만 뢴트겐의 방사선을 흡수하며 처리했다. 옥상에서 아무런 보호장비 없이 폐허가 된 원자로와 생체 로봇들을 촬영했던 키예프의 영화 제작자 블라디미르 셉첸코Vladimir Shevchenko는 1년 만에 사망했다. 그의 카메라 역시 방사선에 심하게 오염되어 묻어버려야 했다.

옥상이 정리되자 조립식 석관을 올리는 작업이 아주 급하게 진행되었다. 206일 동안 공사가 진행되어 1986년 11월 말 마무리되기까지 40만 세제곱미터 이상의 콘크리트와 7,300톤의 강철이 사용되었다. 기술자들이 직접 볼트나 용접층을 연결할 수 없는 곳이 많았고 크기가 큰 부품들을 사용하면서 더해진 무게로 늘어진 건물 기초를 바로잡을 수도 없었기 때문에 석관에 의도하지 않은 구멍이 많이 생겼다. 손상된 콘크리트 위에 세워진 구조물의 측면과 지붕이 온전히 강철 지지대에 의지하고 있어서 석관은 그다지 튼튼하지 않았고 처음부터 누수가 있었다. 하지만 완전한 밀봉을 의도하지 않았으므로 중요한 문제는 아니었다. 공기나 습기가 전혀 통하지 않도록 하려면 위험할 정도로 하중이 늘어났을 것이다. 이미 히로시마 원자폭탄의 400배가 넘는 방사선을 방출했던 체르노빌의 방사성 물질은 양이 74만 세제곱미터에 달하며 몇천 년 더 방사성을 유지할 것으로 예상된다. 또한 수백만 명을 죽일 수 있는 플루토늄도 포함하고 있다.

생체 로봇을 보호하기 위해 활동 시간을 제한했지만 상당수가 수년 안에 사망했다. 피폭의 강도를 생각하면 모든 작업자가 극단적인 양의 방사선에 직접 노출된 결과 다양한 합병증을 앓았을 것이라 가정해도 무방하다. 생체 로봇들은 희생에 대한 보상으로 증명서와 당시 미화 75달러에 해당하는 상여금 100루블을 받았다. 이론적으로는 출입금지구역에서 한 사람이 노출되는 방사선의 안전 허용치를 설정했고 남자든 여자든 이를 넘은 사람은 집으로 돌아가야 했다. 하지만 현실에서는 청산인들의 건강이 고려되지 않았다는 증언이 있다. 출입금지구역에서 화학 엔지니어로 일했던 이반 시호프는 "작업이 끝났을 때 모두 같은 내용이 적힌 의무카드를 받았다"고 회상했다. "출입금지구역에서 보낸 기간에 평균 방사선량을 곱했다. 우리가 일하는 곳이 아닌 텐트에서 측정한 값을 평균 방사선량으로 썼다." 헬리콥터 조종사 에두아르드 코롯코프Eduard Korotkov 역시 방사선량 계산 방식이 이상한 것을 알아챘다. "내 의무카드에는 21뢴트겐이 적혀 있지만 맞는지 모르겠다. 한 남자가 선량계를 들고 발전소에서 10~15킬로미터 떨어진 지점에서 주변 방사선량을 측정했다. 이 값에 우리가 매일 비행한 시간 수를 곱했다. 하지만 나는 거기서 원자로까지 갔고 어떤 날은 80뢴트겐, 어떤 날은 120뢴트겐에 노출되기도 했다. 때로는 야간에 두 시간 동안 원자로 위를 선회하기도 했다." 동시에 주로 지붕 고양이들처럼 방사선 수치가 높은 지역에서 일하기를 자원했던 일부 청산인들은 일부러 정확한 양을 기록하지 않기도 했다. 그래야 필수적인 임무를 계속할 수 있었기 때문이었다.

청산인들이 구성한 단체인 체르노빌 유니온Chernobyl Union의 비공식 사망자 통계에 따르면 오염 제거 작업에서 방사선에 노출된 2만 5천 명이 사망했고 20만 명은 불구가 되었다. 실제보다 훨씬 부풀려진 숫자 같긴 하지만 상당히 많은 이가 고통을 겪고 있다는 실증적 증거가 있다. 사고가 터지고 20년이 지난 후 한 광부는 "우리 모두 심장, 위, 간, 신장, 신경계에서 다양한 증상을 겪고 있다. 방사선과 화학적 노출에 따른 대사 변화로 온몸이 급격히 망가졌다"고 주장했다.

청산인들이 겪은 역경만으로도 책 한 권을 채울 수 있지만 전체적인 균형을 위해 이 장에서 마무리하기로 한다. 중요한 것은 그들이 더없이 용감했다는 것이다. 체르노빌 참사를 조사하면서 다양한 자료에서 항상 그리고 반복해서 확인하게 되는 사실이 하나 있다. 소련인들은 필요한 일이라면 무엇이든 기꺼이 해내는 사고방식을 지녔다. 알려지지 않은 수많은 남성과 여성이 우리 모두를 위해 건강과 생명을 내놓았다. 과거 소련에 속했던 여러 나라 정부들이 대체로 장애 수당이나 연금 기여금을 줄이고 전문적인 치료를 받을 기회를 빼앗으면서 이들을 외면하는 것은 용납할 수 없이 부당한 일이다.

덧붙임

〈HBO〉의 텔레비전 시리즈 '체르노빌'이 대성공을 거두자 2019년 7월 우크라이나의 볼로디미르 그로이스만Volodymyr Groysman 총리는 청산인으로 일했던 사람들의 퇴직 연금을 두 배로 올리겠다고 발표했다. 앞으로 다양한 조치가 이어지는 소중한 첫걸음이 되길 바란다.

9

프리퍄티 탐험

EXPLORING PRIPYAT

CHERNOBYL 01:23:40

나는 케이티와 함께 옥상에 올라

앞으로 만 년간 이어질 침묵을 생각했다.

우리는 호텔로 향했다. 끔찍한 낙서가 있었다. 호텔 식당 벽에 검은색으로 노는 아이들의 실루엣이 그려져 있었는데 그중 한 무리의 아이들 옆에 누군가 '죽은 아이들은 울지 않는다'고 적어 놓았다. 광장을 내려다보는 호텔 폴레시아Polesie는 도시를 조망하기에 가장 좋은 건물 중 하나였기 때문에 우리 모두 내부에는 눈길도 주지 않고 곧장 옥상으로 올라갔다. 옥상에서는 몇 킬로미터를 내다볼 수 있었다. 버려진 집들 뒤로 지평선을 따라 체르노빌이 펼쳐져 있었고 150미터 떨어진 대회전 관람차의 꼭대기가 나무들이 만든 카펫 위로 솟아 있었다. 다른 사람들이 지붕에서 사진을 찍느라 바쁜 사이 나는 일행과 떨어져 대회전 관람차로 향했다. 혼자 걷는 것은 처음이었다. 콘크리트에 금이 가고 나무들이 웃자라 있는 광장 건너편을 바라보자 햇빛과 새로 가꾼 장미 덤불, 거리행진, 미소짓는 얼굴들이 담겨 있는 몇십 년 전 사진들이 떠올랐다. 그곳이 지금은 이렇게 쓸쓸한 곳이 되었다. 나는 혼자서도 잘 지내는 사람이며, 지구상의 마지막 인간이 되어 절대적 자유를 누리며 어디든 가고 무엇이든 할 수 있다면 얼마나 멋질까 공상했던 적이 셀 수 없이 많았다. 특히 항상 종말 이후를 다룬 이야기에 사로잡히곤 했다. 아이러니하게도 그 공상의 일부를 현실로 경험하게 되자 무척 불안해졌다. 나는 우연히 체육 시설처럼 보이는 원형 건물을 찾아냈다. 중앙에는 복싱 링이 쪼개진 잔해들이 남아 있었다. 사진을 찍고 밖으로 돌아나왔다. 그리고 아마 발전소 자체를 제외하면 체르노빌 참사 때문에 가장 유명해졌을 건물을 향해 걸었다.

에펠탑이나 피라미드처럼 사진으로 먼저 익숙해진 무언가를 직접 보게 되면 이상한 기분이 든다. 하지만 친숙하다고 해서 경외감이 사라지는 것은 아니다. 중요한 정보와 색상, 형태를 모두 알아도 놓쳤던 것들이 있다. 아주 중요한 맥락들도 있다. 특정한 지점에서는 포착되지 않는 지형과 각종 사물 등 주위의 모든 것을 볼 수 있다. 5월 1일 축제에 맞춰 개방될 예정이었으므로 공식적으로는 한 번도 사용된 적이 없는 대회전 관람차 근처에는 역시 유명한 범퍼카들이 있었다. 플라스틱과 고무로 만들어진 자그마한 차 여남은 대가 강철 울타리로 감싼 가로 10미터, 세로 20미터의 공간에 한가로이 쉬고 있었다. 비를 피할 수 있게 설치했던 천막은 사라진 지 오래였다. 방사선에 노출된 금속은 이 도시에서 가장 심하게 오염된 물질 중 하나였으나 차의 형태는 그대로 남아 있었다. 범퍼카들을 담은 훌륭한 사진을 본 적이 있어서 나름대로 괜찮은 사진을 찍어보

The view from a hotel window

호텔 창문으로 보이는 풍경

Pripyat's famous ferris wheel

프리퍄티의 유명한 대회전 관람차

려 노력했지만 1986년 5월 1일을 앞두고 대피해야 했던 아이들이 얼마나 실망했을지 생각하니 집중력이 흐려졌다. 그들은 지금 내가 있는 곳에 있고 싶었을 것이다. 서로 충돌하며 웃음을 터트리고 싶었을 것이다.

갑자기 30분 가까이 혼자 있었다는 것을 깨달았다. 대니와 다른 친구들이 곧 따라올 줄 알았는데 누군가 다가오는 신호나 소리가 전혀 없었다. 나중에야 이쪽으로 올 생각인 걸까? 누군가에게 내가 어디로 가는지 얘기하기는 했었나?

호텔 방향으로 돌아가며 지붕을 올려다보았지만 가장자리 너머로 익숙한 얼굴들은 보이지 않았다. 일찌감치 체육 시설을 보러 간 것 같았다. 복싱 링에서 이어지는 복도를 따라가자 더러운 훈련용 수영장에 물이 바싹 마른 것이 보였다. 청산인들이 물을 빼냈을까 아니면 시간이 흘러 증발했을까? 어쨌든 여기는 아무도 없었다. 나는 멈춰 서서 다른 발걸음 소리를 확인하려 했다. 조각난 유리 위를 걷는 소리는 특히 커서 잘 들렸다. 하지만 지금은 정적을 깨는 소리가 전혀 들리지 않았다. 모두 나를 남겨두고 떠난 걸까? 건물 입구의 거대한 기둥에는 내 키만큼 큰 직사각형 캔버스가 기대 세워져 있었는데 소련 특유의 핏빛이 'CCCP(소련, 즉 소비에트사회주의공화국연방의 러시아어 약자) 60'이라는 굵은 흰색 글씨와 뚜렷한 대조를 이루고 있었다. 덕분에 이 체육 시설이 프리퍄티에서 가장 눈에 띄고 중요한 건물인 문화의 궁전 뒤쪽 부분인 것을 알았다 문화의 궁전은 영화관, 극장, 댄스홀, 수영장, 체육관 그리고 앞서 언급한 복싱 링 같은 기타 체육 시설을 총망라한 거대한 지역 문화 센터였다.

1980년대 말에는 소련 전역에 이런 시설이 12만 5천 곳 이상 있었다. 나는 누더기가 된 의자들을 지나쳐 정문으로 걸어 나와 주위를 살폈다. 아무도 없었다.

급히 사진을 몇 장 찍은 뒤 다시 안으로 들어갔다. 몇 미터도 가지 않았는데 불과 몇 초 전 내가 서 있던 곳에서 붉은 캔버스를 카메라에 담고 있는 다비드와 마주쳤다. 어디에서 나타난 걸까? 다비드는 미소를 지으며 대니와 케이티도 위층 어딘가를 탐험하고 있다고 했다. 나는 넓은 계단을 올라 중앙 전시관 겸 댄스홀로 향했다. 입구를 등지고 있는 내 기준에서 왼쪽은 바닥부터 천장까지 모두 유리로 만들어져 있었다. 유리는 사라진 지 오래였지만 당시에는 아주 인상적인 공간이었을 것이다. 내 머리 위 난간에서 사진을 찍고 있는 친구들이 보였다. 일행이 모두 다시 모인 것을 확인하고 안도했다. 내 오른쪽에는 10미터는 될 법한 밝은 색채의 벽화가 여전히 공산주의의 승리를 콘크리트 위에 간직하고 있었다. 하지만 이미 끝난 싸움이었다.

우리는 다시 모여 건물 주위를 돌았다. 오른쪽 모서리에서 내 키의 세 배는 될 법한 문을 열고 들어가자 극장 또는 음악당이었을 것 같은 공간이 나타났다. 놀라운 장소를 찾아낸 기쁨을 제대로 만끽하지도 못하고 오른쪽부터 살펴보기 시작했다. 앞서 본 'CCCP 60' 캔버스만큼이나 큰 소련 정부 수반들의 초상화가 있었다. 고르바초프는 바로 알아볼 수 있었지만 다른 사람들은 낯설었다. 레닌과 스탈린을 보리라 기대했지만 그들의 그림은 없었다. 아마 도둑들에게 너무 매혹적인 물건이었을 것이다. 그래도 레닌은 이 건물 정면에 걸린 현수막에서 한 번 볼 수 있었다. 초상화는 사고 이후 도난된 것이 분명했다. 나는 사진을 찍은 후 기대에 찬 채 극장 무대 뒤로 돌아갔다.

무대 영역의 지붕은 문화의 궁전에서 가장 높아서 관객의 시야에 들어오지 않는 높이에 조명을 달 수 있었다. 이제 조명들은 무대 곳곳에 떨어져 있었다. 벽돌 사이 뚫린 구멍을 통과한 빛이 내 주위에 온통 널려 있는 케이블 다발을 가르고 지나갔다. 특이한 사진을 찍기 위해 조명을 걸었던 선반 위로 올라갈까 유혹을 느끼기도 했지만 좀 더 고민한 후 내 뼈를 온전히 지키는 쪽을 택했다. 원래 있던 의자는 모두 사라졌고 더럽고 푹 꺼진 방석만 몇 개 남아 있었다. 기이하게도 벽 패널 역시 도난당한 듯했다. 어디에나 벽돌이 노출되어 있었고 방의 한쪽 모서리에는 임시변통인 것이 분명한 나무 비계가 있었다. 천장까지 닿는 비계는 분명히 제대로 된 도구 없이 손으로 만든 물건이었다. 한 가지 가능한 설명은 누군가가 비계를 만들고 그 위에 올라가 벽 제일 위까지 손을 뻗고 한때 거기 있었던 물건을 훔쳤다는 것이었다. 이제는 아무것도 남아있지 않았고 다른 친구들이 대회전 관람차를 보고 싶어 했으므로 우리는 다시 태양 아래로 나왔다.

친구들이 각자 사진을 찍는 사이 나는 그곳만의 분위기에 한껏 취해 있었다. 우리는 피할 수 없는 단체 사진을 남기고 다시 이동했다. 병원에 잠시 들렀지만 따히 관심을 끄는 것이 없었다. 열린 창틀 사이로 선명한 붉은 색의 잎이 흔들리는 훌륭한 사진을 찍기는 했다. 다음 목적지는 이날 우리의 중요한 목표 중 하나였다. '천국의 열쇠Golden Key'라는 이름의 유치원은 이 도시에 있는 유치원 15곳 중 가장 컸다. 인터넷에는 이 건물을 담은 사진이 넘쳐났다. 그럴 법도 한 것이 독특하고 매혹적인 이미지가 넘치는 곳이었다. 광장 근처, 도심에서 멀지 않은 곳에 자리한 천국의 열쇠 유치원은 지금은 나무들에 둘러싸여 파악하기 어렵지만 사면이 모두 거주용 건물 블록으로 둘러싸여 있었다. 운동장으로 다가갈수록 버려진 장난감이 더 많이 눈에 띄었다. 건물로 들어갔을 때 제일 먼저 눈에 띈 것은 빈방에 덩그러니 놓인 유아용 의자에 비스듬히 앉아있는 인형이었다. 흰색과 붉은색이 바랜 체크 셔츠에 검은색 바지를 입은 여자아이 인형은 얼굴과 머리를 거의 가리는 옛 소련의 유아용 고무 가스마스크를 쓰고 있었다. 인위적으로라도 잊히지 않는 사진을 찍고 싶어 했던 사진작가들이 연출한 풍경이겠지만 그래도 이미지가 가지는 힘은 약해지지 않았다. 이곳에서 어떤 일이 있었는지 안다면 잊지 못할 장면이었다.

소화해야 할 것이 너무 많았다. 몸을 돌릴 때마다 몇 시간은 들여다봐야 할 광경이 시야에 들어왔다. 압도적이었다. 나는 카메라가 어깨에 달랑거리게 걸어둔 채 목적도 없이 건물 안을 헤맸다. 억지로 사진을 찍어보려 해도 어떻게 카메라에 담아야 할지 알 수 없었다. 보이는 것이 너무 많아서 어디에 초점을 두어야 할지 결정할 수 없었다. 방마다 아기 침대, 아마 낮잠 시간에 사용했을 어린이용 침대, 조그마한 책상, 의자, 책, 가스 마스크로 가득 차 있었다. 동물 장난감, 장난감 자동차, 인형, 장난감 모형, 소꿉놀이 장난감, 모형 건물도 있었다. 확실히 세심하게 관찰할 가치가 있는 대상이 몇 가지

있었다. 높이가 30센티미터도 안 되는 하얀 나무 테이블 앞에 플라
스틱 오리와 인형 두 개가 앉아 있었다. 한 인형은 남자아이, 다른
인형은 여자아이였다. 밝은 노란색 오리와 군청색 옷을 입은 남자아
이 인형의 선명한 색채가 눈길을 끌었지만 더 관심이 가는 것은 상
대적으로 생기가 없는 여자아이 인형이었다. 부드러운 실리콘으로
만든 얼굴은 25년간 방치된 결과 마르고 갈라지다가 점차 잿빛으로
바래고 있었다. 레이스가 달린 하얀 드레스도 시간이 흐르면서 더러
워져 이제는 회색이 되어 있었다. 한때는 깔끔했을 적갈색 머리는
헝클어졌고 간간이 섬세한 거미줄이 매달려 있었다. 천장에서 눈처
럼 떨어졌을 페인트 조각도 군데군데 보였다. 이 인형에서 원래 색
이 남아있는 부분은 드레스의 구멍 사이로 비치는 연한 분홍색 플
라스틱 몸체와 날카로운 하늘색 눈뿐이었다.

　유치원을 떠나기 싫었지만 시간이 최우선이었다. 목록에 있는
건물들을 모두 방문하려면 계속 움직여야 했다. 2007년 게임 제작
사 인피니티 워드Infinity Ward의 혁명적 작품 '콜 오브 듀티 4: 모던 워
페어Call of Duty 4: Modern Warfare' 속 프리퍄티 단계에 등장하면서 전 세계
게임 팬들에게 알려진 시립 수영장이 다음 목표였다. 처음 수영장
사진을 본 것이 언제인지는 기억나지 않지만 콜 오브 듀티 4가 출시
되기 오래전이었고 몇 년이 흐른 뒤에도 알아볼 수 있었다. 체르노
빌 사고를 전혀 모를 때였는데도 그랬다. 비어 있는 수영장을 보기
만 해도 마음이 흔들리곤 한다. 내 뇌리에 박혀버린 풍경이다. 우리
가 버스에서 내린 지점이자 버스가 여전히 끈기 있게 오후 3시가 되
기를 기다리고 있는 곳을 지나가면서 대니, 다비드, 케이티가 지금

어디로 가고 있는지 알고 있는 것 같아 기분이 좋았다. 나 혼자 종일 프리퍄티를 탐험했다면 아마 많은 것을 찾아내지 못했을 것이다. 이 도시를 사랑하게 되는 이유 중 하나는 나무와 덤불이 너무 무성하게 자라 있어 아무것도 없을 것 같은 곳에서 갑자기 건물들이 눈앞에 솟아난다는 것이었다. 오늘 몇 번이나 같은 경험을 했고 수영장을 찾아갈 때도 마찬가지였다. 우리는 아무런 장식이 없는 벽에서 방화문을 찾아 안으로 들어갔다. 거의 칠흑처럼 어두워서 손전등을 비춰가며 탈의실을 통해 건물 안쪽으로 천천히 이동했고, 한쪽 구석에서 가파르고 녹슨 금속 계단을 올라 빛으로 나왔다. 다시 말문이 막혔다.

수없이 촬영되었던 공간을 준비도 없이 맞닥뜨렸을 때 자신만의 느낌을 전하면서 새로 기록할 수 있을까? 나의 대답은 '불가능하다'다. 내가 찍은 수영장 사진은 다른 사람들의 사진과 똑같았다. 2011년 여행 당시 나는 거의 모든 사진을 광각으로 촬영했다. 프레임 속에 가능한 많은 사물과 맥락을 욱여넣기 위해서였다. 지금 다시 그곳에 돌아갈 수 있다면 좋겠다. 그러면 다른 위치에 서서 다른 세팅으로 다른 각도에서 다른 렌즈를 사용하며 완전히 다르게 촬영할 것이다. 나는 수영장 옆에 몇 분간 쭈그려 앉아 있다가 케이티를 찾으러 돌아섰다. 역시 모험가인 그녀는 위로 올라가 두 개의 다이빙대 중 더 높은 곳에 서서 가장자리 너머를 바라보고 있었다. 확실히 그곳의 시야가 더 나을 터였다.

사다리가 없어서 가방과 삼각대를 낮은 다이빙대에 던진 뒤 억지로 몸을 끌어올렸다. 그리고 곧 더 높은 다이빙대로 옮겼다. 확실

히 시야가 더 좋았다. 올림픽 규격인지는 확신할 수 없지만 그래도
큰 수영장이었다. 레인이 6개에 깊이는 450센티미터였다. 이제는 유
리가 없는 거대한 창을 통해 빛이 쏟아져 들어왔다. 수영장은 건물
을 따라 길게 뻗어있었고 거의 모서리에 닿아 있었다. 뼈대가 드러
난 천장과 달리 바닥에 떨어져 있는 천장 패널은 한두 개밖에 없어
서 부지런한 영혼 몇몇이 지금까지 이곳을 청소하고 있는 것은 아
닌지 의심스러웠다. 그들의 의도가 궁금했다. 난간에 나타난 다비드
가 내가 수영장만 찍고 있다는 사실을 알려주었다. 건물의 나머지
부분도 보아야 했다. 급히 다른 탈의실을 통해 옆문으로 나왔고 기
가 막히게 농구장을 발견했다. 광을 낸 나무 마룻바닥이 뒤틀리고
한쪽 끝은 아예 뜯겨 있어서 그림 같은 공간이었다. 우리는 다시 시
간에 쫓겨 떠나야 했다. 너무 속상했다.

　나는 탈진할 지경이었다. 몇 시간이나 이 속도를 유지한 데다
아침 식사 이후 먹은 것도, 마신 것도 없어서 힘이 빠지기 시작했다.
프리퍄티의 수많은 학교 중 한 곳이 기다리고 있어서 쉴 시간이 없
었다. 이동하는 길에 나무들이 만든 아름다운 자연 터널을 통과했
다. 바닥에는 멀리까지 노란 잎들이 깔려 있었다. 오즈의 노란 벽돌
길이 떠올랐다.

　우리는 별 특징 없이 척박한 콘크리트가 이어지는 복도를 서성
이다 길을 잃었지만 짧은 역추적 뒤 찾던 곳을 발견했다. 수백 개,
아니 수천 개는 될 법한 가루 코팅 가스 마스크가 학교 식당 바닥을
온통 덮고 있었다. 마스크의 여과 장치에 들어 있는 조그마한 은 조
각을 노린 약탈자들이 버리고 간 잔해였다. 바닥에 떨어진 지구본은

유럽 대륙 부분이 조각난 채 묻혀있었고 나머지 부분은 표면이 깨져 있었다.

중학교를 한 군데 더 들렀지만 실망만 남았다. 대니의 사진집을 보고 목록에 넣었는데 시간이 지나 건물이 많이 망가져 있었고 교실 대부분은 비어 있었다. 가장 흥미로운 장소만 몇 군데 촬영한 후 나머지 20분은 그냥 이 놀라운 공간의 분위기에 젖어있기로 했다. 나는 케이티와 함께 옥상에 올라 앞으로 만 년간 이어질 침묵을 생각했다.

10

복합적 탐험

COMPLEX EXPEDITION

CHERNOBYL 01:23:40

사고 후 석관이 건설되는 6개월 동안

V. I. 쿠르차토프 원자력 연구소의 용감한 과학자들로

구성된 팀이 '복합적 탐험'이라 명명된 조사를 위해

4호기에 다시 들어갔다.

사고 후 석관이 건설되는 6개월 동안 V. I. 쿠르차토프 원자력 연구소의 용감한 과학자들로 구성된 팀이 '복합적 탐험'이라 명명된 조사를 위해 4호기에 다시 들어갔다.● 탐험을 이끌었던 핵물리학자 빅토르 포포프Viktor Popov는 "모두 한 가지를 두려워했다. 다시 폭발이 일어나는 것이었다. 원자로는 아직 통제되지 않는 상태였다"고 회상했다. "원자로 내부는 또 다른 재앙이 일어날 수 있는 조건일까?" 다른 상황에서는 자살 임무로 여겨질 수도 있는 책임을 맡은 과학자

● 복합적 탐험 팀에 관한 정보는 거의 찾을 수 없었다. 이후 몇 문단에 담긴 정보는 대부분 〈BBC 호라이즌〉의 다큐멘터리 '체르노빌의 석관 속으로(Inside Chernobyl's Sarcophagus)'에서 얻었다. 다큐멘터리를 제작한 〈BBC 호라이즌〉의 신뢰도가 높고 실제로 팀에 참여했던 과학자들을 여러 차례 인터뷰했다는 사실을 생각하면 정확한 정보를 제시했다고 믿는다.

들에게 주어진 첫 번째 과제는 핵연료에 무슨 일이 일어났는지 알아내고 또다시 자발적 핵반응이 일어날 수 있는지 판단하는 것이었다. 그들은 손전등과 면 마스크만 가지고 폐허가 되어 전기도 들어오지 않는 발전소의 지하층들을 탐험했다. 포포프는 "당시에는 4호기 내에 일반적인 사람의 기준으로 위험하지 않은 곳이 없었다. 우리는 시간당 방사선량이 100, 200, 250뢴트겐에 달하는 구역에 들어갔다. …… 이런 상황이 예기치 않게 닥치곤 했다. 방사선량이 그다지 높지 않은 복도를 따라 걸어가고 있다. 시간당 1에서 5뢴트겐 정도다. 그리고 모서리를 돌면 갑자기 500뢴트겐이 된다! 바로 몸을 돌려 달려야 한다"고 증언했다.

길고 고된 탐색 끝에 과학자들은 12월 벽에 긴 구멍을 내고 밀어 넣었던 원격 카메라의 도움으로 연료를 찾아냈다. 핵연료는 여전히 시간당 만 뢴트겐의 방사선을 뿜어내고 있었다. 탐험에 참여한 또 다른 과학자 유리 부줄루코프Yuri Buzulukov는 "우리는 최대한 경건하게 연료를 다뤘다"고 기억했다. "가까이 가면 죽은 목숨이었다." 2미터 너비의 연료는 천장 구멍으로 흘러들었고 원자로에서 옆으로 상당히 떨어진 지하층 깊숙한 곳에서 어두운 유리질 물질로 굳었다. 과학자들은 주름진 표면과 둥근 모양 때문에 '코끼리 발'이라는 이름을 붙였다. 연료만으로는 코끼리 발이 만들어질 수 없었다. 유리처럼 빛나는 느낌이 중요한 단서였다. 분석에 쓸 표본이 필요했지만 표본을 추출하려 보낸 소형 로봇은 코끼리 발의 위력을 견디지 못했다. 부줄루코프는 "그다음 좋은 아이디어가 나왔다. 다른 것이 모두 실패했다면 총을 써야 했다"며 웃음을 터트렸다. "우리는 먼저 군대로 갔다. 군인들은 우리를 경찰들에게 보냈다. 경찰들은 우리를 KGB로 보냈고, 마침내 다시 경찰들을 설득해 물건(AK-47 공격용 소총)을 얻었다. 그들이 보내주는 자원봉사자가 총을 다룬다는 조건이었다. 친절하고 매력적인 자원봉사자가 우리가 가리킨 표적을 쏠 예정이었다. 다음 날 그는 비디오카메라의 도움을 받으며 아무 어려움 없이 서른 발을 모두 내가 가리킨 지점에 명중시켰다. 무척 차분하게 임무를 완수했다. 결국 우리는 하단부에서 표본을 얻었고, 상단부는 표본을 채취하다가 완전히 부숴버렸다. 놀랍게도 나무껍질처럼 여러 층으로 이루어져 있었기 때문이었다. 총알을 쏠 때마다 '껍질' 일부가 벗겨졌고 우리는 다음 층에서 다시 시작했다. 엄청난 수의 표본을 얻었지만 코끼리 발의 아름다움을 훼손하고 말았다."

그다음에는 원자로 자체를 가까이 들여다봐야 했다. 과학자들은 석유 산업계의 엔지니어들을 불러 원자로의 강화 콘크리트 격납 구조에 구멍을 내게 했다. 열악한 환경에서 18개월간 작업을 이어간 끝에 1998년 여름 마침내 구멍이 뚫렸다. 부줄루코프는 "우리가 거기서 찾은 것을 두고 다양한 이론이 나왔다"고 설명했다. "하지만 모두 손상된 원자로 노심이라는 데 동의했다. 흑연 블록이 찌그러진 연료봉과 섞여 있었다." 놀라운 사실이 과학자들을 기다리고 있었다. 원자로가 비어 있어서 내부의 매끄러운 금속 벽이 확실히 보였다. 모두 충격을 받았다. 원자로 바닥을 통과하는 구멍을 하나 더 낸 후 흑연 블록 몇 개를 발견하긴 했지만 원자로가 기본적으로 비어 있다는 사실은 바뀌지 않았다. 부줄루코프는 "우리는 '모두 어디로 갔을까?'라는 거대한 질문에 직면했다"며 웃었다.

코끼리 발의 부피로는 사라진 연료의 양을 설명할 수 없었기 때문에 과학자들은 원자로 바로 아래 있는 방으로 주의를 돌렸다. 이미 엄청난 열과 방사능을 감지했던 곳이었다. 벽에 뚫은 좁은 터널을 통과할 만큼 작은 로봇이 없어서 즉흥적으로 대안을 만들어내야 했다. 과학자들은 모스크바의 장난감 상점에서 15루블에 산 플라스틱 장난감 탱크에 손전등과 카메라를 묶었다. 임시 로봇이 찍어온 영상은 엉망이었지만 방 안에 희미하게 거대한 덩어리가 보였다. 적절한 보호장비가 없어서 지하층의 많은 구역에 발을 들여놓을 수 없는 상황이었고, 탐험을 진행하는 과학자들은 이 방을 제대로 보기 위해 1년 더 우여곡절을 겪어야 했다. 마침내 성공해 문제의 덩어리가 원자로 폭발로 파괴된 잔해라는 사실을 밝혀냈지만 그곳에도 연료는 없었다.

1991년 스트레스가 쌓이고 기진맥진한 과학자들은 4호기 원자로실의 나머지 부분을 직접 살펴보는 것 외에는 대안이 없다는 사실을 깨달았다. 2차 폭발의 가능성은 무시할 수 없었다. 일부 탐험 팀원과 체르노빌에 머물고 있던 몇몇 과학자로 구성된 특별한 그룹이 쑥대밭이 된 공간에 진입했다. 돈도, 적절한 안전복도 없었던 이들은 먼지가 들어가지 않도록 하얀색 작업복과 장갑, 부츠 사이를 테이프로 밀봉했고 폐를 보호하기 위해 일회용 기본 마스크를 낀 것이 전부였다. 원자로에서 날아오거나 지붕에서 밀어낸 흑연 파편을 위험하게 타고 넘은 이들은 속에 든 연료의 열로 증기를 뿜고 있는 콘크리트를 발견했다. 더 자세히 살펴본 결과 방사성 용암이 확인되었다. 믿기 힘든 발견이었다. 과학자들이 원자로 아랫부분에 인

접한 좁고 부서진 복도를 지나는 사이 손전등 빛에 비친 선량계는
시간당 천 뢴트겐의 무시무시한 수치를 가리키고 있었다. 그때 한
과학자가 생체차폐 하단이 아래에 있는 벽을 짓뭉개고 있는 것을
보았다. 퍼즐의 마지막 조각이 제자리를 찾았다.

　1986년 4월의 운명적인 아침 원자로 뚜껑을 날려버린 폭발은
RBMK 원자로를 둘러싸고 있던 두꺼운 벽 안의 특수 사문석 모래
와 콘크리트도 흩어버렸다. 동시에 강력한 충격파가 생체차폐 하단
을 포함한 연료체 아래쪽 절반을 몇 미터 밑으로 밀어냈다. 이후 몇
주간 화재와 방사성 붕괴로 인해 뜨거운 열이 증가하면서 온도가
연료체를 녹일 수 있을 정도로 올라갔고, 융해된 연료는 모래/콘크
리트 혼합체와 결합하면서 코륨corium이라 불리는 일종의 방사성 용
암을 만들었다. 그리고 이 용암이 파괴된 건물의 각종 배관과 구멍
을 통해 아래쪽 방들로 흘러들었다. 코끼리 발은 방사성 용암이 유
리질 형태로 냉각된 것 중 하나였다. 1986년 5월 초 온도와 방사선
수치가 급격히 떨어진 이유도 아마 융해된 연료가 노출된 원자로에
서 완전히 빠져나갔기 때문이었을 것이다. 융해된 노심은 몇 시간
만에 30센티미터 두께의 콘크리트를 태울 수 있으므로 이를 막으려
면 빠르게 움직여야 한다.

　연료가 희석된 데다 물과 접촉할 가능성도 없었으므로 과학자
들은 또 다른 폭발이 일어날 가능성이 크지 않다고 결론 내렸다. 하
지만 1996년이 되면서 상황이 바뀌었다. 석관 내에 응집되거나 수
많은 구멍을 통해 들어간 물이 고체화된 연료 용암으로 스며들었
고 물이 용암 내부의 우라늄과 반응하면서 방사능이 급격히 증가했

다. 석관을 지은 지 10년째 되던 해였다. 이 구조물이 이후 10년 안에 붕괴할 확률이 70퍼센트에 달한다는 것은 곧 연구에 들이던 돈을 공사로 돌려야 한다는 뜻이었다. 이 위험한 상황은 결국 5장에서 언급한 안정화 철강구조를 더하는 것으로 귀결되었다. 이후에는 코륨에 관한 연구가 거의 진행되지 않았다.

차폐물 건설 공사가 진행되던 1986년 세계의 관심은 체르노빌 참사에 책임이 있는 사람을 찾아내는 임무를 맡은 소련 고위층에 쏠렸다. 가능한 후보는 사고를 초래한 전력전화부 소속의 발전소 제어실 운전원부터 원자로에 사용된 기술을 설계한 쿠르차토프 원자력연구소의 과학자들, 발전소 자체를 설계한 전력기술과학설계연구소(러시아어로 NIKIET)의 선임 설계자들, 공개적으로 언급한 적은 없지만 원자로의 여러 심각한 결함과 이로 인한 잠재적 위험을 알면서도 승인한 중형기계제작부의 각료들, 원자력 안전을 전반적으로 감독했던 원자력산업안전위원회의 구성원들까지 다양했다.

이 문제는 1986년 6월 2일과 17일 두 차례 열린 전소 부처 과학기술위원회 회의에서 논의되고 결정되었다. 쿠르차토프 연구소의 RBMK 안전연구그룹장 V. P. 볼코프Volkov가 치명적 설계 결함이 사고로 이어졌음을 분명히 밝히는 정보를 위원회에 제출했지만 전 세계를 대상으로 소련산 원자로가 완벽하지 않다는 사실을 인정할 수는 없었다. 소련은 과학에 대한 신념에 기초해 만들어졌고 항상 기술 초강대국이라는 자부심이 있었다. 또한 위원회 구성원들은 미국에서 스리마일 섬 사고가 터진 후 그랬던 것처럼 원자력 발전에 대한 대중적 반발이 일지 않을까 우려했다. 아니, 누가 희생양이 되어야 할지는 일찌감치 정해져 있었다. 체르노빌의 운전원들이었다. 발전소 직원들에게 잘못이 없다고 하는 것은 아니다. 적어도 몇몇은 의심의 여지 없이 과실이 있었다. 하지만 그들이 아무리 안전을 무시했어도 RBMK가 처음부터 제대로 설계되었다면 그렇게 세계적인 규모의 사고로 이어지지 않았을 것이다.

고위층에 속했던 관련자 일부는 해고되었다. 원자력산업안전위원회 회장 예브게니 쿨로프Yevgeny Kulov, 중형기계제작부 제1차관 알렉산데르 메시코프Alexander Meshkov, 지난 4월 비싼 정장을 입은 채 부지런히 헬리콥터로 나를 모래주머니를 채웠으며 이후 참사의 진짜 원인을 밝히는 보고서를 발표하려 시도했던 전력전화부 차관 겐나디 샤샤린, NIKIET에서 RBMK의 해당 모델을 책임졌던 설계자 이반 예멜랴노프Ivan Yemelyanov 교수였다. 모두 일자리를 잃었다. 체르노빌의 공산당 관료와 직원도 65명 이상 해고되거나 좌천되었고 절반 가까이는 당에서 제명되었다. 누가 어떤 사유로 해당 명단을 결정했는지는 알 수 없지만 사고의 여파가 이어지는 동안 자신의 임무를 다하지 않고 달아났던 상당수의 사람이 포함되었을 것이다. 1986년 8월 KGB는 참사에 책임이 있는 여섯 남자를 체포했다. 발전소장 빅토르 브류하노프는 1년 가까이 독방에 갇힌 채 재판만 기다려야 했다. 수석 엔지니어 니콜라이 포민도 감옥에 갇혔다. 터빈 검사 계획을 작성한 차석 엔지니어 아나톨리 댜틀로프와 26일 밤 교대근무 감독자였던 보리스 로고시킨Boris Rogozhkin, 체르노빌에 파견되었던 정부 안전 감독관 유리 라우시킨Yuri Laushkin도 있었다. 원자로 공작실 책임자 알렉산드르 코발렌코Alexandr Kovalenko는 브류하노프, 포민과 함께 검사를 승인한 혐의를 받았다. 이들의 재판은 기소 검사가 상황을 정확히 파악할 증거를 모을 수 있도록 1987년 3월로 예정되었으나 포민이 감방에서 자살을 시도해 7월 7일로 연기되었다. 포민은 쓰고 있던 안경을 박살 낸 뒤 깨진 유리로 손목을 그었지만 교도관에게 발견되어 치료를 받았다.

유령도시 체르노빌의 문화의 궁전에 임시로 지어진 법정에서 소련 최후의 여론 조작용 재판이 열렸다. 소련 법에 따라 범죄 현장 근처에서 재판을 열어야 했고, 특별 서류가 있어야 들어갈 수 있는 출입금지구역의 방사선은 참석자 수를 제한하는 편리한 핑계가 되었다. 형식적으로는 개회일과 폐회일에 기자들과 희생자 가족들을 초대하는 공개 재판이었지만 3주간 이어진 재판 대부분은 비공개로 비밀리에 진행되었다. 피고들을 기소한 혐의는 시운전 기간에 검사를 마쳐야 했던 발전소 운영 초창기까지 거슬러 올라갔으나 일상적으로 안전 규정을 무시하고 적절한 훈련을 시행하지 않은 점도 지적되었다. 브류하노프는 검사가 원래 계획대로 끝나지 않았다는 것을 몰랐고 그날 밤에 진행될 예정이라는 사실도 알지 못했다고 주장했다. 하지만 훈련과 안전에 대한 주의가 기준에 미치지 못했다는 사실은 인정했다. 안전 감독관이었던 라우시킨은 여러 차례 규정 위반을 간과하고 검토하지도 않은 검사 계획을 승인해 직무 유기죄로 기소되었다. 사고가 터진 운명적인 밤에도 원자력안전부의 대리인이 자리하고 있었어야 했으며 댜틀로프는 검사를 진행하기 전 소련 최고위급 과학자들에게 승인을 받았어야 했다.

재판의 전체 속기록과 증거는 오늘날까지 기밀로 유지되고 있어 어떤 대화가 오고 갔는지 속속들이 알 수는 없다. 하지만 휴가를 내고 재판에 참석했던 체르노빌 원자력안전부의 핵물리학실험실 차석 니콜라이 V. 카르판은 이후 자신이 메모한 내용을 바탕으로 방대한 기록이 담긴 책을 펴냈다. 다른 참석자들도 메모를 했지만 KGB가 압수했다. 카르판은 원자력 업계에서의 입지 덕분에 자신의 메모를 지킬 수 있었을 것이다. 그의 책을 보면 재판장은 원자로의 결함에 흥미를 보이지 않았다. 셰르비나와 레가소프가 참여했던 최초의 정부위원회는 폭발을 초래할 수 있는 결함들을 발견했고 원자로가 사고 원인이라 결론 내렸다. 하지만 그들의 보고서 중 판사들이 유일하게 신뢰한 부분은 운전원들을 비판하는 대목이었다. 이른바 '독립적 전문가들'은 사실 애당초 원자로의 탄생에 책임이 있는 여러 기관에서 주의 깊게 선택한 인물들이었다. 다시 말해, 자신들에게 책임이 없음을 보여주는 데만 관심이 있는 사람들이었다. 운전원들에게 모든 책임이 있다는 그들의 주장은 좋게 말하면 놀랍지 않았고 냉정하게 말하면 우스웠다. 증인들과 피고들이 여러 차례 RBMK 원자로의 결함을 지적했지만 이런 발언은 계속해서 중단되거나 무시당했다. 운전 지시서나 규정에 출력이 낮아지면 제어판 계기를 신뢰할 수 없다고 언급한 내용이 거의 없어서 운전원들이 저低출력 시 원자로가 불안정해지고 폭발하기 쉬워진다는 사실을 알 수 없었다는 증언, 실제로 수석 또는 차석 엔지니어의 승인이 있으면 필수 안전 시스템을 차단하는 것이 허용되었다는 증언도 마찬가지로 취급되었다. 댜틀로프는 재판 내내 공식적으로 보고된 내용을 부인했으나 결국에는 "그렇게 많은 사람이 죽었는데 내가 완전히 결백하다고 할 수는 없다"고 말했다고 알려졌다. 판사가 왜 안전 규정에 저출력 운전에서 발생할 수 있는 위험을 경고하는 내용이 없었느냐고 묻자 그는 "설명은 필요하지 않았다. 그러지 않았다면 운영 규정이 불어났을 것이다"라고 답했다.

공식적으로 인정된 적은 없지만 공산주의 체제에 내재하는 문제들로 인해 어떠한 계획도 온전히 구현되지 못했다는 사실 그리고 다양한 직업과 지위의 시민들이 어떻게든 일을 마치기 위해 임기응변을 발휘하도록 내몰렸다는 사실은 잘 알려져 있었다. 예를 들어, 체르노빌에서는 종종 근무 중에도 카드놀이를 하는 사람들을 볼 수 있었다. 그야말로 아무런 목적 없이 발전소에 있었기 때문이었다. 공산주의 체제가 이미 다른 누군가가 수행하고 있는 불필요한 업무에 배정해 할 일이 남지 않은 사람들이었다. 자신들을 지켜보는 세계의 눈앞에 이런 현실을 드러낼 수 없었으므로 법적 절차는 소련이 마치 완벽한 사회인 것처럼 진행되었다. 여섯 명의 피고인을 비롯해 참석한 모든 이는 재판이 전시용이라는 것을 알고 있었다. 한 대담한 증인은 증언석에서 공개적으로 다음과 같이 발언하기도 했다. "외국의 모든 언론은 이 사고가 개인들이 저지른 실수의 결과로 일어났다고 보도하고, 소련 사회 역시 같은 결론을 배우게 될 것이라는 예감이 든다." 그는 "물론 직원들에게도 참사의 책임이 있지만 이 법정이 규정한 범위만큼은 아니다. 우리는 위험한 원자로에서 일했다. 그렇게 쉽게 폭발할지 몰랐다"고 주장했다. 댜틀로프도 동의했다. 그는 이후 "재판에서 벌어진 일은 이런 사건에서 항상 일어나는 일이다"라고 평했다. "원자로 설계 결함에 책임이 있는 바로 그 사람들이 조사를 진행했다. 그 사람들이 원자로가 사건의 원인이라 인정했다면 서방 세계는 같은 유형의 다른 원자로들을 모두 폐쇄하라고 요구했을 것이다. 그랬다면 소련 산업 전체가 커다란 타격을 입었을 것이다." 카르판의 분석은 일방적으로 진행된 법적 절차를 한 문장으로 요약해 보여준다. "기소장을 보면 원자로의 결함들을 '이 원자로 고유의 몇몇 특성과 부족한 점들'이라 표현하면서 이런 결함들이 '그 역할(!?)'을 했고 '어떤 면에서는(?)' 사고에 영향을 미쳤다고 했다."

　　모든 증언과 심문이 끝난 후 재판장은 "발전소는 통제가 부족하고 책임감이 결여된 분위기였다"고 결론 내렸고 6명의 피고인에게 유죄를 선고했다. 직원들은 충분한 훈련을 받지 못했고, 안전 점검이 없었으며, 검사 계획은 부실하게 작성되었고, 발전소 외부에 적절한 승인을 요청하지 않았다는 사실이 밝혀졌다. 검사를 승인한 사람 중 누구도 관련 서류를 제대로 검토하지 않았고 서류에서 문제를 발견하지도 못했으며, 특히 댜틀로프는 규정을 어겨 사고의 직접적 원인을 제공했다. 브류하노프는 초기에 모스크바의 상관들에게 사고의 규모를 숨겼다. 아마도 가장 심각한 문제는 발전소 경영진이 재난 대비 계획을 실행에 옮기는 데 실패하면서 수천 명의 사람이 필요 이상의 엄청난 방사선에 노출되었다는 사실일 것이다.•

•　　하지만 발전소 경영진에 대해서는 동정심도 느낀다. 이래도 욕먹고 저래도 욕먹는 처지였기 때문이다. 그들은 지금처럼 벌을 받게 될까 두려워 주민들을 대피시키지 않았지만, 허가 없이 대피시켰다 해도 역시 그 때문에 벌을 받았을 것이다.

발전소의 최고 책임자였던 브류하노프와 포민은 각각 10년 징역형
을 받았다. 댜틀로프는 5년 형, 코발렌코와 로고시킨은 3년 형을 받
았다. 라우시킨도 2년 형을 받았다. 브류하노프와 댜틀로프는 피폭
으로 건강이 나빠져서 형기보다 일찍 출소했다. 댜틀로프는 몇 년
뒤 자신의 입장에서 사고 이야기를 풀어낸 책을 썼는데 원자로의
설계자들에게 거의 모든 책임을 돌렸다. 수석 엔지니어 니콜라이 포
민은 1990년 정신병을 진단받고 병원으로 옮겨졌다. 놀랍게도 그는
건강을 회복한 뒤 모스크바 근처 칼리닌Kalinin 원자력 발전소에서
업무에 복귀했다.

11

출발

DEPARTURE

CHERNOBYL 01:23:40

나는 어떤 식으로도

체르노빌 참사의 여파를 겪지 않았지만

이번 여행은 나라는 사람을 완전히 바꿔놓고

지워지지 않을 흔적을 남겼다.

묵직한 니콘 SLR 카메라를 배낭에 넣고 짐을 지붕에 내려놓
았다. 이 놀라운 장소를 렌즈를 통해 보는 데 질려서 이제는 두 눈
을 쓰고 싶었다. 수년간 버려진 건물을 여럿 방문해 사진을 찍었지
만 뒤늦게 번번이 카메라에 포착할 광경을 찾아다니느라 실제로는
제대로 보지 못했다는 사실을 깨닫곤 했다. 이제는 사진 촬영 그리
고 주변 환경을 받아들이는 것 사이에서 좀 더 균형을 잡으려 의식
적으로 노력한다. 더는 다른 곳을 방문할 시간이 없었다. 마지막 순
간까지 미치광이처럼 정신없이 달리기보다는 내 주위의 풍경, 소리,
냄새를 만끽하고 싶었다.

4층밖에 안 되는 학교의 지붕은 주위 건물과 나무보다 상대적
으로 낮아서 어떤 방향으로도 멀리까지 볼 수는 없었다. 사면이 유
리인데도 기적적으로 멀쩡한 온실과 셀 수 없이 많은 나무, 서서히

바스러져 가는 특징 없는 주거용 건물들이 보였다. 여전히 고요했다. 귀에 들리는 것이라고는 나뭇잎을 스쳐 가는 바람 소리와 희미하지만 끊이지 않는 저 멀리 말뚝 박는 기계 소리뿐이었다. 케이티와 나는 말 없이 앉아 이 순간을 가능한 한 길게 연장하려 했다. 하지만 곧 너무도 빨리 떠날 시간이 되었다.

우리는 콘크리트 계단을 내려와 꼭대기 층에서 대니와 다비드를 찾아냈다. 두 사람도 아이들이 떠난 이 학교에 남아있는 것이 거의 없다는 데 동의했다. 현명한 판단 덕분에 마지막 순간을 만족스럽게 보냈다는 사실이 기뻤다. 내키지 않지만 버스로 돌아가야 했다. 우리는 쓰러진 나무들이 널려 있는 황금빛 길을 따라 걸었다. 출입금지구역을 짧게 여행하는 동안 말로 설명할 수 없는 어떤 의미에서 예전과는 다른 사람이 되었다는 느낌이 들었다. 이 여행이 영원히 나와 함께하리라는 것을 벌써 알 수 있었다.

노력은 해 봤지만 이곳에 사람들이 살고 있는 모습을 상상할 수 없었다. 웃고 있는 가족들과 새 차들이 거리를 메우고 있는 사진, 커플들이 문화의 궁전에서 춤추는 사진, 사람들이 상가에서 TV를 사는 사진을 본 적이 있었다. 하지만 지금 이 도시에서는 사진에 등장한 장소를 거의 알아볼 수 없었다. 마치 다른 어딘가로 옮겨진 듯했다. 한때 건물 사이 넓은 빈터였던 곳은 웃자란 식물들의 미로가 되었다. 나무들이 너무 무성해서 때로는 두 건물 사이를 걸으면서도 위를 올려다보지 않으면 그런 사실을 모르고 지나갈 수도 있었다. 아무리 앞서 살았던 이들의 흔적이 주위에 널려 있어도 지금 이곳에 사람들이 사는 모습을 상상하기가 어려웠다.

Pripyat city sign

프리퍄티 시 표지판

슬라부티치행 열차에 오르기 전 출입금지구역에서의 여행을 마무리하는 마지막 방문지가 남아 있었다. 이 도시에 온 방문객들을 반기는 유명한 흰색 글씨의 '프리퍄티 1970' 표지판이었다. 간판과 벽화로 가득한 도시이긴 하지만 아마 그중에서도 가장 눈에 띄는 표식이었을 것이다. 우리는 표지판 앞에서 단체 사진을 찍었다. 흑백 사진에서 본 결혼식 하객들과 똑같은 모습이었다. 그렇게 모든 일정이 끝났다.

다음 날 아침 슬라부티치를 떠나는 버스에 오르기 전 잠깐 자유시간이 있었다. 마지막으로 우크라이나 차를 즐긴 뒤 케이티와 나는 흔들리는 사다리를 타고 우리가 묵었던 건물 지붕에 올라갔다. 다섯 층 아래 계단에 위태롭게 놓여 있던 허술한 사다리였다. 도시는 너무나 푸르렀다. 어디를 보든 건물 사이에 잔디와 키 큰 소나무가 빽빽하게 무리 지어 있어서 도시의 설계자들이 건물들을 모두 숲 안으로 옮기겠다고 마음먹고 필요한 만큼만 나무들을 베어낸 것 같았다. 버스에 가방을 실은 후에도 30분이 남았다. 나는 슬라부티치 도시 광장 한구석에 있는 체르노빌 기념비로 향했다. 사고 후 첫 달 동안 사망한 31명이 나를 바라보았다. 새까만 돌에 두 줄로 사망자들의 얼굴이 새겨져 있었고 가운데는 다채로운 색상의 꽃들이 있었다. 몇몇 얼굴을 알아볼 수 있었다. 아키모프와 톱투노프, 프라비크였다. 당시에는 알지 못했지만 나는 다른 이들의 얼굴 역시 기억하게 된다.

약 60시간 전 슬라부티치로 향하던 끝없는 여정의 분위기와 반대로 버스 속 공기는 무겁게 가라앉아 있었다. 짧은 대화가 오가기

도 했지만 대부분은 지난 며칠 간의 피로에 지쳐 잠이 들거나 생각
에 빠진 채 창밖을 내다보고 있었다. 도시를 벗어난 지 얼마 되지 않
아 우리는 모진 풍파를 겪었을 것 같은 남자를 지나쳤다. 카키색 옷
을 입고 부츠를 신은 남자는 말이 끄는 고전적 수레에 실린 채소 무
더기 위에 앉아 있었다. 완전히 대조적이었다. 지금까지 인류가 고
안한 기술 중 가장 복잡하고 정교한 것으로 알려진 원자력 원자로
에서 불과 몇 킬로미터 떨어진 곳에 몇천 년은 된 운송수단이 있었
다. 불과 한 세기 전만 해도 세계에서 가장 명석한 이들조차 원자로
라는 기계 장치의 기본 원리를 구현하지 못할 거로 생각했었다.

　　우크라이나 북부의 평평하고 특징 없는 풍광이 창문 밖을 스
쳐 가는 동안 나는 계속 사고가 터졌던 그 밤을 생각하고 있었다. 시
험 운전 기간에 제대로 터빈 검사를 마쳤다면 어떻게 됐을까? 전력
망을 통제하는 기관이 연기를 요청하지 않아서 경험이 풍부한 운전
원들이 검사를 했다면? 댜틀로프가 그렇게 고집스러운 사람이 아니
라서 출력이 떨어진 후 합리적이고 이성적으로 대처했다면? 아키모
프와 톱투노프가 단호하고 결연하게 검사를 계속하지 않겠다고 했
다면? 제어실에 있던 다른 직원들이 그들의 편을 들었다면? 그래
도 체르노빌 참사가 일어났을까? 대신 러시아나 리투아니아의 다른
RBMK 원자로에서 사고가 터졌을까? 이 원자로의 결함을 아는 사
람은 얼마 되지 않았지만 원한다면 문제를 바로잡을 힘이 있었다.
하지만 분명히 그러지 않았고 국제적인 재앙조차도 그들이 행동에
나서게 하지는 못했다. 분란을 일으키지 마라. 소방관들과 발전소
직원들, 청산인들이 사고를 수습하기 위한 싸움에 그토록 이타적으

로 참여하지 않았다면 어떻게 됐을까? 생체 로봇들이 자기 보호 본능을 외면하고 위험한 옥상으로 달려 나가지 않았다면? 그날 바람이 인적이 드문 농경 지역인 동쪽과 북쪽이 아니라 삼백만 명에 가까운 사람이 살던 도시 키예프를 향해 남쪽으로 불었다면? 소련이 후쿠시마 사태 때의 도쿄전력회사처럼 서두르지 않고 주저하며 맥없이 대처했다면? 오염을 제거하는 것보다 작업에 드는 비용을 더 생각했다면?

다양한 가능성을 고민하며 두 시간을 보내고 나니 우리가 키예프에 도착하기 전 유일하게 들를 사격 연습장이었다. 영국에서 자라 접해볼 기회가 없었지만 항상 총을 쏘면 어떤 기분일지 궁금했었다. 액션 영화의 주인공들은 움직이는 표적을 간단히 맞히곤 한다. 정말 그렇게 쉬울까? 빈 탄약통이 널려 있는 들판을 가로지른 뒤 곧 현실은 전혀 다르다는 사실을 알게 됐다!

내게 주어진 무기는 소련의 두 고전, 드라구노프Dragunov 저격 소총과 그 유명한 AK-47이었다. 내 차례가 되자 금방이라도 부서질 듯한 나무 의자 위로 몸을 숙이고 구멍이 숭숭 뚫린 벤치에 드라구노프의 총열을 올린 뒤 어깨로 개머리판을 지탱했다. 고무로 만든 가늠자는 원래 시야와 높이가 달라서 아래로 살짝 기울어 있었다. 급히 조정하려고 해봤지만 그 각도에서 올려다볼 수밖에 없었다. 그래도 영화를 많이 본 덕분에 이런 무기를 다루는 기본은 알고 있었다. 신중하게 숨을 깊이 들이마시고, 긴장을 풀고, 숨을 내뱉고, 방아쇠를 가볍게 당기는 대신 간신히 끌어온다.

탕! 두꺼운 귀마개를 하고 있었는데도 총 안에서 일어난 작은 폭발의 굉음에 귀가 먹먹해졌다. 곤혹스럽게도 과녁에서 15미터도 떨어지지 않은 곳에 서 있던 마레크가 통역을 통해 "빗나갔어요"라 선언했다. 그전까지는 신경도 쓰지 못했다. 나는 총으로 무언가를 맞추기보다는 사람들을 죽이기 위해 만들어진 도구를 사용하는 느낌이 어떤지에 더 관심이 있었다. 아무것도 겨누지 않고 진흙만 쏘며 탄창을 비웠다. 내 옆에 서 있는 강사의 얼굴을 보진 못했지만 연민과 체념이 섞인 눈빛으로 나를 바라보는 것을 느낄 수 있었다.

그가 내게 역사상 가장 유명하고 널리 사용된 총 칼라시니코프Kalashnikov를 건넸다. 세계은행에 따르면 1949년 만들어지기 시작한 AK-47은 오늘날 7,500만 정 이상이 존재하고, 거의 100여 개국에서 사용되며 전쟁과 동의어가 되었다. 나는 낮고 독특한 소리를 내는 이 총으로 내 표적을 제외한 모든 것을 맞혔다. 모두 순서가 끝난 후 원하는 사람만 추가 요금을 내고 다시 총을 쏘기로 했다. 나도 지폐를 꺼냈다. 한 가지 목표가 있었다. 지금까지는 반자동 모드로 사격했지만 80년대 영화에서 항상 보았던 대로 자동으로 탄창을 비워보고 싶었다. 예상했던 것처럼 총은 내 손 안에서 거칠게 들썩였고 나는 평형을 유지하느라 애를 먹었다. 들판에 금속 조각이 날아다녔다. 이번에도 표적을 맞히지 못할 것을 알고 있었고 실제로도 그랬다. 항상 미숙한 조종사가 모는 전투기들이 숙련된 군인들보다 더 큰 피해를 보는 것이 놀랍지 않았다. 전투기가 더 많은 총알을 발사한다는 사실은 변하지 않지만, 상대가 몇 번만 총을 갈겨도 운 좋게 명중하는 총알이 있기 마련이다.

시야 끝에 키예프의 울퉁불퉁한 스카이라인이 희미하게 들어오기 시작한 것은 이른 오후였다. 우리는 이 도시에서 가장 크지만 이름은 민망한 여행자 호텔Tourist Hotel에 묵었다. 호텔 건물은 거대한 드네르프 강 서쪽에 몇백 미터 높이로 우뚝 솟아 있었다. 빠르게 체크인이 끝나자 우리는 경치를 즐기고 싶은 마음에 서둘러 방으로 향했다. 장엄했다. 나는 가방에서 급히 카메라를 꺼냈고 곧장 복도로 달려 나가고 싶은 마음을 억눌러야 했다. 하지만 곧 거의 모든 일행이 복도에 모였다. 하나 같이 지붕에 올라간다는 아이디어를 떠올렸기 때문이었다. 잠시 단체 망상에 빠지기는 했지만 곧 불가능한 일이라는 사실을 받아들여야 했다. 당연히 문은 잠겨 있었다. 대부분은 방으로 떠밀려 돌아갔다. 나는 좀 더 결연했다. 꼭대기 층에 잠입했고 곧 난간으로 통하는 투명한 문을 찾아냈다. 놀랍게도 손잡이를 돌리자 문이 열렸다. 문턱을 넘으면서 우크라이나인들이 건강과 안전에 목을 매는 영국인들과 다르다는 사실에 조용히 감사했다.

경외심을 불러일으키는 광경이었다. 진심으로 내 생애를 통틀어 가장 기억할 만한 순간이었다. 10월의 하늘에 낮게 걸린 한낮의 태양이 지평선을 덮은 노출 콘크리트 건물들과 가을의 나무들에 강하지만 따뜻한 빛을 드리우고 있었다. 왼쪽으로는 멀리 떨어진 공장 굴뚝에서 하얀 연기가 솟아올라 어두워지는 하늘과 대조를 이뤘다. 오른쪽으로는 호텔 앞을 지나는 분주한 대로가 드네르프 강과 데센카Desenka 강을 건너 숲으로 뒤덮인 섬까지 이어지고 있었다. 정면에는 조국의 어머니상이 먹구름 앞에 후광을 발하며 서 있었다. 검과 방패를 든 채 경계하며 도시를 감독하는 듯했다. 갑자기 어머니상을 찾아가고 싶은 충동이 들었다. 걱정스러울 정도로 얇고 허리 높이밖

에 안 되는 벽 아래를 내려다보다 나보다 다섯 층 밑에서 사진을 찍
고 있는 일행 몇몇을 발견했다. 소리를 지르자 그들이 위를 바라보
며 웃었다. 멋진 사진이 나왔다.

　　오후 내내 호텔을 누볐다. 때로는 친구들과 함께였고 꼭대기
층 난간에 혼자 있을 때도 있었다. 한 번은 꼭대기 층 모서리에 있는
아름다운 사무실에서 일하는 호주인과 마주치기도 했다. 우리는 잠
시 이 도시와 우크라이나, 체르노빌에 관해 대화를 나눴다. 그는 이
곳에서 일하는 게 좋다고 했다. 수많은 곳을 여행하다 어딘가에 정
착해 1~2년 일하고 다시 떠나는 사람이었다. 그가 부러웠다. 헤어지
기 전 그는 오늘 밤 시내에 나가보라고 권했고 나도 마음을 정했다.

　　이후 다비드, 케이트, 대니와 열린 창문 옆에 앉아 석양을 구경
하고 도시의 다양한 소리를 들으며 몇 시간을 보냈다. 땅거미가 내
리자 우리는 엘리베이터를 타고 로비로 내려와 호텔을 나섰고 드네
르프 강을 따라 북적거리는 거리를 걸었다. 백 미터쯤 걷자 길옆에
짧은 다리가 나타났다. 다른 행인들과 달리 작은 숲을 지나는 경사
진 진흙 길로 방향을 틀었다. 강의 끝으로 향하는 길이었다. 우리는
사진을 찍은 후 키예프의 맥도날드라 할 만한 식당에 들어갔다. 오
이, 토마토, 닭고기의 엄격한 식단에 질려 절박하게 익숙한 음식을
먹고 싶었다. 싸고 기름지지만 익히 아는 음식 말이다. 서투른 대화
끝에 빅맥을 맛본 우리는 다시 밤공기 속으로 나왔다. 친구들은 숙
소로 돌아가 쉬고 싶어 했다. 나도 몹시 피곤했지만 도시를 살펴볼
생각이었다. 설득 끝에 케이티가 동행하기로 했다.

　　제일 먼저 찾은 곳은 우리 호텔에서 멀지 않은 공사 현장과 벽

을 나눠 쓰는 그리스도 부활 대주교 성당이었다. 분명히 6개월 전 문을 열었다고 했지만 바닥 공사가 마무리되지 않았다. 조명등이 비추는 바닥 여기저기에 기계, 벽돌, 설비 등의 잡동사니가 널려 있었다. 케이티와 나는 한적하고 그늘진 모서리를 찾아내 벽을 오른 뒤 흰색, 금색, 초록색이 조화를 이루고 있는 인상적인 교회를 촬영했다. 안에 잠입하려고 슬쩍 문을 열어봤지만 모두 자물쇠로 잠겨 있었다. 우리는 700미터 길이의 메트로 다리로 되돌아갔다. 60년대에 콘크리트로 만들어진 다리에는 인도와 차도, 철로가 모두 있었고 옛 소련 지역답게 매서운 10월의 바람이 몰아쳤다. 다리를 건너는 동안 몸이 떨리고 이가 맞부딪쳤다. 종종 파란색과 금색으로 장식된 지하철이 불을 비추며 지나가기도 했다.

다리 건너편에서 처음 보이는 지하철역에 들어갔지만 지하철을 타면 드네프르 강 서쪽 제방에 있는 페르체스크Perchesk 언덕에 갈 수 있을지 알 수 없었다. 지도가 없었던 우리는 대신 원시적 방법을 택했고 때때로 손과 무릎을 이용하며 사람들이 지나간 흔적이 없는 좁고 가파른 숲길을 올랐다. 빛이라고는 위아래로 춤추듯 지나가는 자동차 불빛뿐이었다. 둘 다 잘 알려지지 않고 종종 위험하기도 한 길을 택해 버려진 건물에 들어가는 데 익숙한 사람이라 곧 어려움 없이 완만한 오르막길을 찾아냈다.

길을 벗어나 기념 공원으로 향하는 야트막한 계단을 올랐고, 저 너머 펼쳐진 넓고 인적없는 거리를 향해 북쪽 아래로 향했다. 한쪽 끝의 교차로 근처에 앙증맞은 원형 건물인 성 니콜라스 교회가 있었다. 오렌지색과 흰색이 섞인 신고전주의 건물은 200년 전에 지

어진 것이었다. 케이티와 나는 사진을 몇 장 찍고 영원한 영광 공원
으로 가는 길로 돌아왔다. 구불구불한 길을 따라 배치된 조명이 다
양한 높이에서 아름답게 층층이 빛나고 있었다. 우리는 곧장 인상적
인 기념물로 향했다. 무명용사 묘지의 영원한 영광 기념비는 아랫
부분에 꺼지지 않는 불꽃이 타오르는 27미터짜리 화강암 탑이었다.
1941년부터 1945년까지 계속된 대ㅅ애국전쟁, 즉 서구에서는 제2차
세계대전이라 부르는 전쟁에서 목숨을 잃은 무수한 신원 미상의 군
인을 기리는 기념비였다. 이미 5킬로미터나 걸어온 우리는 잠시 쉬
며 불꽃의 온기를 쬐었다. 근처에 홀로도모르Holodomor의 희생자들
에게 바치는 난해한 기념물 '기억의 촛불'이 있었다. 홀로도모르란
1932년과 1933년 우크라이나인 750만 명을 사실상 대량 학살하는
결과를 낳은 인위적인 대기근을 말한다. 현대적이고 시각적으로 강
렬한 작품이었다. 30미터 높이의 육각형 유리를 조그마한 십자 모
양이 수백 개 뚫려 있는 하얀색 판으로 둘러쌌고 제일 위에 상징적
인 불꽃이 빛나고 있었다.

　　케이티와 내가 사람이 거의 없는 공원을 나와 조국의 어머니
상이 있는 남쪽으로 향하는 라브르스카Lavrska 거리를 걷기 시작했
을 때는 이미 9시가 넘었다. 우리는 곧 280년이나 된 아름다운 그
리스 정교회 수도원 키예프 페체르스크라브라Kiev Pechersk Lavra를 둘러
싼 6미터 높이의 벽을 따라 걷고 있었다. 흰색과 금색이 섞인 수도
원 긴니편에는 이이러니히게도 이 나라에서 가장 오래된 군수공장
인 키예프 무기고Kiev Arsenal가 있었다. 천사들과 성인들을 묘사한 복
잡한 그림과 조각으로 장식된 수도원의 입구는 늦은 시간이라 잠겨

있었다. 어쩔 수 없이 잠시 외관을 구경한 뒤 급히 사진을 찍고 다시 걷기 시작했다. 걷는 동안 동유럽의 아름다운 건축물들을 셀 수 없이 많이 지나쳤다.

시간이 더 있었으면 좋겠다는 생각이 들었다. 체르노빌 사고 이후 군용 차량이 매일 도시에서 방사선을 제거하기 위한 세척작업을 할 때 키예프 시민들은 무슨 생각을 했는지 궁금했다. 당시의 증언을 살펴보면 공포와 평온함이 섞여 있다. 체르노빌에서 충격적인 소문들이 들려왔고, 키예프의 남자들은 한밤중에 침대에서 불려 나와 출입금지구역으로 떠나야 했으며, KGB가 도시 전역의 실험실에서 선량계를 모두 압수해 갔다. 그래서 공포가 퍼졌다. 하지만 각급 정부 기구는 상황이 통제되고 있으며 두려워할 것이 없다고 몇 번이나 확인해주었다. 그래서 평온할 수 있었다. 이 도시에서 출발하는 모든 기차가 만원이었고 승차권 암시장까지 생겼으며, 기자들이 마침내 사고 소식을 전한 5월 6일에는 도시 내 은행의 돈이 바닥났었다는 사실이 알려져 있다. 그만큼 대규모로 극심한 공포를 느꼈었다는 것이다. 키예프를 걷는 동안 종종 수만 명의 남성, 여성, 어린이들이 아무것도 모른 채 거리를 메웠을 1986년 노동절 행사를 생각하곤 했다. 위험을 제대로 알고 있었던 공산당 관료 일부도 정상적인 상황이라는 것을 보여주기 위한 헛되고 이타적인 노력으로 자기 아이들을 데리고 행진에 참여했다. 초기 몇 달 동안은 사람들의 생명보다 집단 공황 상태를 피하기 위한 의미 없는 노력이 먼저였다.

낮에는 시장으로 사용되는 듯한 고요하고 텅 빈 구역을 지나는 데 바로 뒤에서 목소리가 들렸다. 몸을 돌리자 제복을 입은 경찰관 두 명이 우리를 향해 성큼성큼 걸어오고 있었다. 처음에는 우리가 관광객이라는 것을 몰랐던 듯하다. 한 경찰관이 커다란 내 삼각대를 가리키며 뭐라 말을 했기 때문이다. 분명히 그 물건이 마음에 걸리는 듯했다. 멀리 어둠 속에서 보고 무기라고 생각한 걸까? 우리는 최선을 다해 조심스러운 몸짓으로 도시를 여행하며 사진을 찍고 있고 문제를 일으킬 생각은 전혀 없다고 설명하려 했다. 나는 잠시 케이티와 함께 잡혀가면 어떻게 될까 생각했다. 그러나 둘은 그럴 만한 가치가 없다고 판단하고 우리를 놓아주었다.

나는 갑자기 낮은 언덕 가장자리에 주차된 소련 장갑차 한 무리를 발견했다. 매일 볼 수 있는 풍경은 아니었다. 탱크가 길거리에 나와 있었다. 처음에는 탱크와 병력 수송 장갑차 6대만 보였다. T-54, T-55, T-62 주 전투용 전차 그리고 BMP-1, BMP-2 보병 수송 차량이었다. 하지만 다가가자 더 많은 보물이 드러났다. 독특한 '실카Shilka' 4연장 대공 탱크, PT-76 수륙양용 경전차, '그보즈디카Gvozdika' 자주포 그리고 어린 시절 좋아했던 Mil Mi-24 '하인드 디Hind D' 무장 헬리콥터도 있었다. 밝지 않은 구역이었고 한쪽에 있는 가로등의 흐릿한 노란빛과 온 세상을 비추는 달빛이 전부였다. 제대로 된 사진을 얻으려면 30초의 긴 노출이 필요했다. 다음 모퉁이를 돌자 엄청난 광경이 펼쳐졌다. 우연히 대애국전쟁박물관의 거대한 야외 전시장을 맞닥뜨린 것이었다. 프로펠러 비행기, 제트기, 크고 작은 탱크들, 장갑차들, 미사일들, 심지어는 장갑열차도 있었다.

가장 효과적인 제지 수단이 다양한 전시물을 지키고 있었다. 두 낮은 기둥 사이에 걸린 무릎 높이의 사슬이었다. 케이티와 나는 조금의 망설임도 없이 사슬을 넘었고 신나게 전시장을 누볐다. 제2차 세계대전부터 1970년대까지의 장비들인 것 같았다. 가장 관심이 가는 것은 탁한 녹색과 회색이 섞인 거대한 리슈노프Lisunov Li-2였다. 엔진 2개가 장착된 고전 더글라스Douglas DC-3 수송기의 라이선스를 얻어 소련에서 자체 생산한 모델이었다. 그 뒤에는 유명한 폭격기들이 모여 있었다. 제트기는 1952 미그MiG-17, 1959 미그-21, 1970 미그-23 세 대였다. 소련에서 가장 많이 생산된 폭격기로 1942년부터 1948년까지 16,769대가 만들어져 제2차 세계대전에 투입되었던 프로펠러 추진 야크Yak-9도 있었다. 한쪽 구석에는 다양한 종류의 소련 탱크, 자주포, 미사일 사이 꼬리에 탱크 포탑을 달고 있는 장갑열차가 쉬고 있었다.

마침내 우리는 하룻밤 내내 찾았던 어머니상에 도착했다. 시간을 들일 가치가 있었다. 은빛 조형물은 도시가 내려다보이는 언덕 꼭대기에서 공중에 손을 뻗고 있었다. 스테인리스강으로 만든 검은 끝이 잘려 나가며 살짝 뭉툭해졌지만 처음 발견됐을 때의 원래 길이대로라면 이 상이 근처 키예프 페체르스크라브라의 십자가보다 더 크다. 어쨌든 검의 끝은 여전히 압도적인 높이인 120미터 위에 있었다. 왼손에 들려 있는 가로 8미터, 세로 13미터의 웅장한 방패에는 소련의 국가 문장이 선명히 장식되어 있었다. 하지만 어머니상의 자세나 전반적인 느낌은 자유의 여신상을 떠올리게 했다. 체르노빌 사고 이전에 만들어졌으니 은빛 눈으로 무엇을 보았을지 궁금

했다. 어머니상은 말 그대로 키예프의 대애국전쟁박물관 위에 서 있
었다. 정면으로 짧은 언덕길을 내려가면 광활한 연병장이 펼쳐졌다.
우리와 서로 마주 보고 있는 탱크 두 대를 제외하면 아무것도 없었
다. 두 탱크의 포신이 교차하고 있었다. 하늘에는 구름 한 점 없어서
달과 별들이 비추는 은은한 빛이 온 세상을 감쌌다. 또 다른 완벽한
순간이었다.

　　케이티와 나는 잠시 연병장을 거닐며 탱크와 조각들을 촬영했
다. 도시의 전경도 찍었다. 둘 다 거의 말을 하지 않았다. 그녀가 무
슨 생각을 하고 있는지, 어떤 느낌인지 강렬히 알고 싶었지만 묻지
않았다. 우리는 이 놀라운 도시를 경험한 데 만족하며 6킬로미터 가
까이 걸어 호텔로 돌아오는 내내 거의 침묵을 지켰다.

　　나는 개처럼 깊이 잠들었다. 살면서 이렇게 피곤했던 적이 없
었다. 다음 날 아침은 기억이 흐릿하다. 누가 주문했는지는 몰라도
가벼운 아침을 먹은 후 넷이 함께 호텔을 나와 전형적인 소련 느낌
의 낡고 검은 택시를 타고 공항으로 향했다. 전날 저녁 버스를 타고
호텔로 이동했던 시간을 제외하면 모두 햇빛 아래 키예프를 보는
것이 처음이었다. 나는 자리에 앉아 유리창에 눈을 고정하고 있었
다. 도시가 멀어져가자 지난 며칠간 억누르려고 애썼던 감정들이 나
를 압도했다. 나는 안경 안으로 조용히 눈물을 흘렸다. 바보 같고 당
황스러웠다. 내가 왜 이러는지 알 수 없었다. 부끄러워서 얼굴을 숨
겼다. 나는 어떤 식으로도 체르노빌 참사의 여파를 겪지 않았지만
이번 여행은 나라는 사람을 완전히 바꿔놓고 지워지지 않을 흔적을
남겼다. 이번 여행을 절대 잊지 못하리라는 것을 알 수 있었다. 실제

로 그렇다. 체르노빌 그리고 그곳에서 터진 사고로 인해 생명을 잃은 사람들을 생각하지 않고 지나가는 날이 하루도 없다.

12

결말

CONSEQUENCES

CHERNOBYL 01:23:40

소련 정부가 사고의 직접적인 영향으로 사망했다고

인정한 인원은 남성 30명, 여성 1명뿐이다.

폭발 후 첫 몇 시간 동안 발전소 안에서 급성 방사선 증후군이나

화상을 입고 목숨을 잃은 이들이다.

체르노빌 참사는 최근 소련 총서기에 오른 미하일 고르바초프의 지도력을 처음으로 시험한 중대 위기였다. 그는 사고 후 3주간 대국민 연설을 하지 않았다. 아마 전문가들이 제대로 상황을 파악할 시간을 주기 위해서였을 것이다. 5월 14일 고르바초프는 체르노빌 참사를 둘러싼 서방의 정치 선전에 분노를 표하며 사고에 관한 모든 정보를 제공하겠다고 발표했고 이례적으로 8월 빈에서 국제원자력기구IAEA와 회의를 연다는 사실도 밝혔다. 하지만 몇십 년간 이어온 정보 통제를 단기간 내에 포기하기는 어려웠다. 서방국가에는 사고 보고서를 제공했지만 정작 소련 내에서는 기밀로 취급했다. 따라서 사고의 영향을 가장 많이 받은 이들이 가장 적은 정보를 얻게 되었다. 소련 대표단의 보고서는 대부분 무척 상세하고 정확했으나 오도될 소지도 있었다. 보고서에는 공식 입장에 따라 운전원들에게 사고의 책임이 있다고 적혀 있었고 고의로 원자로의 핵심 정보를 얼 버무렸다.

빈에서 열린 회의에서는 회의적인 과학자들이 발레리 레가소 프 박사와 동료들에게 세 시간 동안 질문을 던졌고 결국 기립 박수 를 보내며 소련 대표단의 설명을 받아들였다. 정치적 승리였다. 하 지만 알고 보면 "소련 대표단 구성원들은 개인적으로 외국인들을 만나면 안 되고, 어떠한 질문에도 답하지 말아야 하며, 모든 면에서 기존에 발표된 보고서를 따라야 한다는 엄격한 지시를 받았다. 레가 소프가 단호한 태도를 보인 후에야 이런 지시에서 벗어날 수 있었 다."

레가소프에게도 잘못이 있었지만 그는 기본적으로 선량하고 양심적인 인물이었다. 사고가 터지기 전 행동에 나서지 않았다는 사 실 그리고 사고 이후 강요에 의해서긴 하지만 진실을 온전히 밝히 지 못했다는 사실 때문에 죄책감과 압박감을 느꼈다. 하지만 너무 늦은 후였다. 약점이 없다고 믿겨졌던 소련 체제를 비판하려는 주장 과 의지는 모두 레가소프의 명성을 흔들었다. 그는 1986년 소련 과 학 아카데미의 동료들에게 보고하며 "나는 빈에서 거짓말을 하지 않았다. 하지만 사실을 온전히 말하지도 않았다"고 주장했다. 공식 설명에 확고히 반대하는 태도를 보였고 사고에 관한 논문을 몇 편 쓰기도 했다. 레가소프는 여러 논문에서 RBMK 원자로의 근본적인 문제점과 형편없는 수준의 원자력 발전소 운전원 교육, 소련 과학계 그리고 특히 원자력 산업계에 단단히 자리 잡은 무사 안일주의를 비판했다. 논문에 인용된 바에 따르면 한 발전소 책임자는 원자로가 주전자와 비슷하다며 "전통적인 발전소보다 훨씬 단순하다"고 평하기도 했다. 더 안전한 원자로를 개발하기 위한 추가 연구를 제안하는 내용도 있었다. KGB가 그의 논문들을 관리했고 모두 일부 내용이 삭제되거나 아예 출판되지 못했다.

과학자로서의 명성이 망가지는 동안 레가소프의 건강 역시 체르노빌에서 흡수한 방사선 때문에 무너지고 있었다. 안전에 더 관심을 쏟을 의지가 없는 조국에 대한 환멸 그리고 자신의 어깨를 짓누르고 있는 사망자들의 무게를 견디다 못한 레가소프는 사고 2주기에 목을 매 자살했다. 소련 과학계를 개혁하자는 제안이 거부된 다음 날이었다. 그는 마지막 몇 시간 동안 자신의 기억을 풀어낸 긴 음성 녹음을 남겼다. 이 녹음본에서 그는 체르노빌 참사가 "국가 경제 관리에서 잘못되어 온 모든 것들, 하지만 너무나 오랜 세월 계속되어 온 것들의 절정"이라 결론 내렸다. 일부에서는 레가소프가 소련 원자력 산업계의 안전 기록을 공개적으로 비판하다가 제거되었다고 추측하기도 했다. 정부가 그의 죽음을 조사했지만 살해당했을 가능성은 적어도 공식적으로는 확인되지 않았다. 1996년 9월 20일 당시 러시아 대통령이었던 보리스 옐친Boris Yeltsin은 체르노빌 사고 조사 과정에서 보여준 레가소프의 용기와 영웅적 행위를 기려 '러시아 연방 영웅'이라는 명예로운 칭호를 수여했다.

1986년 8월 29일, 사고 이후 처음으로 체르노빌의 원자로가 재기동되었다. 정부 기관지 《이즈베스티야Izvestia》에 따르면 1호기 원자로는 통제 가능한 최소 출력에 도달했다. 하지만 모든 것이 잘 돌아가지는 않았고 추가 수리를 거쳐 10월 20일 다시 운전을 시작한 후에야 최대 출력을 낼 수 있었다. 사고 이후 우크라이나 지역은 상당한 전력 부족을 겪었고 정부는 가능한 한 빨리 체르노빌 발전소를 가동하려 했다. 곧 2호기도 운전에 들어갔지만 엄청난 보수가 필요했던 3호기는 1987년 12월 4일까지 기다려야 했다.

빈 회의 이후 몇 년간 운전원들에게 4호기 폭발의 거의 모든 책임이 있다는 믿음이 전파되었다. 소련뿐 아니라 IAEA의 전문가들도 이에 가담했다. 하지만 1991년 러시아 전문가 위원단이 소련 산업원자력안전감독위원회USSR State Committee for the Supervision of Safety in Industry and Nuclear Power에 제출한 보고서는 다른 주장을 담고 있었고, 1986년과 1987년 IAEA에 제공한 정보에 핵심적인 사실이 많이 누락되어 있다는 사실을 폭로했다. 소련에서는 찾아보기 어려운 사례로, 이 보고서는 다음과 같이 RBMK 원자로의 설계를 통렬히 비판하고 다양한 지적을 담았다. "설계자들이 원자로의 물리적 · 설계적 특성을 잘못 선택한 결과 RBMK-1000 원자로는 출력과 증기의 질적 변동에 역동적으로 반응하는 불안정한 시스템이 되었다." "실제 노심의 특성과 예상된 설계치의 명백한 불일치가 제대로 분석되지 않았고 결과적으로 RBMK가 사고 상황에서 어떻게 반응하는지 알려지지 않았다." "원자로 설계자들은 1986년 4월 26일 사고가 시작되고 진행되는 과정에서 가장 중요한 매개변수parameter 다수가 규정을 벗어났다고 분석했지만 설계에서 이를 알리는 비상 신호나 경고 신호를 전혀 제공하지 않았다." "원자로 설계자들이 가능한 여러 운전 모드에서 비상방호시스템의 효과성을 평가하는 임무를 수행하지 않았다고 판단할 만한 근거가 있다." "RBMK-1000 원자로의 설계자들과 표준 운전 절차서를 작성한 사람들은 원자로의 특성에서 오는 다양한 현실적 위험을 직원들에게 알리지 않았다." 그리고 가장 중요한 대목이 나온다. "위원단은 제어봉의 모든 설계 결함이 실은 사고 이전에도 알려져 있었음을 강조할 필요가 있다고 본다." 원자로 설계에는 치명적인 안전 규정 위반 수십 개가 숨겨져 있었다. 보고서는 "운전 인력의 잘못된 행동에서 시작된 체르노빌 사고는 원자로 설계의 결함으로 인해 과도하게 처참한 결말을 맞았다"고 결론 내렸다.

소련 산업원자력안전감독위원회의 1991년 보고서는 다른 중요한 쟁점도 놓치지 않았다. RBMK-1000과 같이 위험한 원자로의 건설이 승인되었던 이유 중 하나는 원자력 산업계를 총괄하고 책임지는 조직이 존재하지 않기 때문이었다. "원자력 발전소의 개발과 운영에 연관된 모든 사람은 자신들이 해온 역할에 한정해 책임이 있다. 국제 기준과 관행에 따르면 운영 조직이 전반적인 책임을 져야 한다. 지금까지 소련에는 그런 조직이 없었다. 대신 정부의 해당 부처가 발전소 전체에 관해 가장 중요한 일반적 결정을 내리는 역할을 해왔다. 그 결과 의사 결정 권한이 결정에 대한 책임과 분리되었다. 게다가 정부 조직이 계속 개편되면서 앞서 중대한 결정을 내렸던 부서가 더는 존재하지 않게 되었다. 결과적으로 아무도 책임지지 않는 위험한 시설들이 생겨났다."

이 보고서가 발표되자 과학계 내부의 여론이 바뀌었다. 새로운 정보에 따르면 발전소 직원들을 향했던 비난 대부분이 잘못되었고, 운전원들은 이전까지 알려진 것처럼 운전 절차를 위반하지 않았으며, 원자로 핵심 영역에 관한 문서 작업이 불완전했고, 결함이 있는 원자로 설계가 사고 발생에 중대한 역할을 했다. 1992년 IAEA의 국제원자력안전자문그룹International Nuclear Safety Advisory Group은 이를 반영해 기존의 보고서를 개정했고 'INSAG-7'으로 명명해 발표했다. 새 보고서는 소련 원자력 산업계에 안전과 피드백, 감독을 중시하는 문화가 있었다면 체르노빌 사고는 절대 발생하지 않았을 것이라고 분명히 밝혔다. INSAG-7은 운전원들에게 일부 책임이 있음을 인정하면서도 "원자력 발전소 설계는 가능한 한 운전원의 실수나 고의적인 안전 절차 위반에 영향을 받지 않아야 한다"는 근본적인 사실을 반복해 강조했다. IAEA는 사고 후 체르노빌 발전소를 조사해 총 45가지 안전 문제를 확인했다. 19개는 아주 심각한 문제였고 24개와 2개는 각각 중中 위험도, 저低 위험도의 문제였다.

RBMK 설계는 대폭 수정되었다. 비상 정지 시 제어봉이 노심으로 내려가는 속도를 개선해 완전히 삽입하는 데 걸리는 시간이 18초에서 12초로 바뀌었다. 양의 보이드 계수 그리고 노심이 완전히 비었을 때 벌어지는 반응성 효과를 줄였다. 제어봉 24개를 추가해 신속대응 비상방호시스템을 구축했다. 원자로가 출력 운전 중일 때는 비상방호시스템을 우회하는 기능을 사용할 수 없게 했다. 그리고 가장 중요하게는 붕소 구역을 더 연장하고 텅 빈 구획을 없앤 새로운 제어봉 설계가 채택됐다. 끝부분의 흑연은 남겼다.

즉시 체르노빌을 해체하라는 국제 사회의 요구에도 불구하고 발전소의 끝은 아주 천천히 찾아왔다. 4호기가 폭발하고 겨우 5년 만인 1991년 10월 11일, 이번에는 2호기에서 세 번째 대형 사고가 터졌다. 2호기는 그 앞에 벌어진 다른 사고로 인해 가동이 중지된 상태였다. 터빈 발전기 수리 작업 중 불이 나 터빈실의 2호기 구역으로 번졌기 때문이었다. 불을 껐을 때는 분리된 발전기의 터빈 회전수가 분당 150회까지 떨어져 있었지만 고장 난 차단기의 스위치가 닫히며 터빈 발전기를 다시 전력망에 연결했다. 이후 30초 동안 터빈 회전수가 분당 삼천 회까지 치솟았다. 이후 벌어진 일은 미국 원자력규제위원회가 1993년 발표한 보고서 일부를 인용한다. "4호기 터빈 발전기에 전류가 밀려들면서 전도체 부품들이 과열됐고 회전자와 여기 권선excitation windings의 기계적 횡단면 접합이 빠르게 분해되었다. 원심 불균형이 증가했고 10개에서 14개의 발전기 베어링과 밀봉유 계통이 손상되면서 발전기 케이싱에서 수소 기체와 밀봉유가 유출되었다. 전기에서 발생한 불꽃과 마찰열이 흘러나온 수소에 불을 붙였고 밀봉유가 수소 불길을 8미터 높이로 키웠다. 짙은 연기가 발전소 직원들의 시야를 방해했다. 불이 붙은 기름이 발전기 본체에 닿자 12만 암페어의 삼상 단락three-phase short circuit이 일어났다." 소방관들이 급히 달려왔다. 1986년 사고 이후 가연성 물질을 모두 제거해 지붕에 불이 붙을 가능성은 크지 않았지만 터빈실의 환기 장치 5개로는 열과 연기에 제대로 대처할 수 없었다. 소방관들은 내화 도금이 되어 있지 않고 자동 소화 장치도 없는 지붕 지지대가 열에 녹아내릴 위험이 있다는 사실을 깨달았다. 터빈실과 지붕 지지대에 물을 쏟아부으려 했지만 발전수 펌프로는 소화 장치와 소방 호스 양쪽에 충분한 물을 공급할 수 없었다. 결국 지지대가 무너지며 가로 50미터, 세로 50미터의 지붕이 붕괴했다.

원자로 자체는 손상되지 않았지만 2호기 전체를 다시 가동하려면 광범위한 수리가 필요했다. 우크라이나의 새로운 의회는 대신 2호기의 운영을 중단하기로 했다. 1호기의 내용 연한은 1996년 10월 30일에 끝났고 우크라이나 정부는 전력 부문을 현대화하는 데 사용할 외국자금 미화 3억 달러를 받고 원자로를 폐쇄했다. 현대화 계획에는 체르노빌의 남은 원자로를 개선하는 내용도 포함되어 있었다. 하지만 발전소 직원들은 폐쇄 기한을 앞둔 몇 주 동안에도 힘겨운 싸움을 벌여야 했다. 처음에는 기상 재해로 전력 기반시설이 손상되었고 이후에는 증기가 유출되었다. 2000년 12월 15일 텔레비전으로 생중계되는 가운데 우크라이나 대통령 레오니드 쿠치마Leonid Kuchma가 3호기 제어실에서 발전소의 영구적 폐쇄를 선언했다. "정부의 결정과 우크라이나의 국제적 의무를 이행하기 위해 계획보다 빨리 체르노빌 원자력 발전소 3호기의 운영 중단을 명한다." 그렇게 체르노빌의 마지막 원자로도 전력 생산을 멈췄다.

계획 단계거나 건설 중이었던 소련의 새 원자력 발전소도 대부분 진행이 중단되거나 취소되었다. 더 엄격한 새 안전 규정이 적용되면서 기존 발전소 중 몇 곳이 다양한 이유로 문을 닫기도 했다. 1989년이 되자 원자력 발전을 통한 전력 생산 목표는 2만 8천 메가와트까지 줄었다. 비교를 위해 설명하자면 체르노빌의 4호기는 천 메가와트의 전력을 생산하는 최대 용량의 원자로였다. 소련 정부는 결국 RBMK 원자로의 다음 모델을 개발하려던 계획을 폐기하고 기존 원자로를 보수하고 개선하는 데 집중했다. 이미 공사가 시작된 원자로 외에 새로운 RBMK 원자로는 만들어지지 않았다. 소련에 건설된 RBMK 원자로 17기 중 11기는 오늘날까지 운영되고 있다. 체르노빌 참사 이후 러시아 정부는 수-수형 원자로VVER 원자로만 지었다. 초기부터 RBMK와 경쟁했던 모델이었다.

소련 정부가 사고의 직접적인 영향으로 사망했다고 인정한 인원은 남성 30명, 여성 1명뿐이다. 폭발 후 첫 몇 시간 동안 발전소 안에서 급성 방사선 증후군이나 화상을 입고 목숨을 잃은 이들이다. 오염 제거 작업 도중 방사선에 노출된 군인들과 주위 지역에 살았던 민간인들, 기자나 의사 등 사고 직후 출입금지구역에 들어갔던 이들은 모두 외면당했다. 시체가 발견된 이들은 여전히 남아있는 방사선이 흙을 오염시키는 것을 막기 위해 아연으로 용접한 관에 묻혔다.

체르노빌 참사가 건강에 미친 영향은 과거부터 지금까지 전 세계 전문가들의 전례 없는 관심을 끌어왔다. 하지만 2006년 유엔 체르노빌포럼의 보건전문가그룹 보고서에서 지적한 것처럼 "이 사고로 발생한 실제 사망자 수가 정확히 알려질 가능성은 없는 듯하다." 우선 오염 지역의 범위가 너무 넓다. 벨라루스 국토의 23퍼센트와 우크라이나 국토의 7퍼센트에 달하는 약 39만 제곱킬로미터의 땅에, '오염'을 어떻게 정의하느냐에 따라 서부 러시아와 일부 동유럽 국가의 넓은 영역까지 포함할 수 있다. 방사선에 노출되어 건강이 나빠졌다 해도 방사선의 직접적인 영향을 확인하기는 몹시 어려우며, 몇 년 혹은 몇십 년이 지나 치명적인 문제가 발현되기도 한다. 개연성 있는 사망자 수를 추정하기 위한 연구가 이루어질 때마다 완전히 다른 결과가 나온다.

일반적인 관행에 따라 최소치와 최대치를 제외하고 중간 정도에 해당하는 대략적인 추정치를 제시하려 한다. IAEA는 사망자를 4천 명 정도로 계산했다. 가장 적은 수치이며 개인적으로 좀처럼 동의할 수 없는 숫자다. 이전까지 건강했던 사람들이 체르노빌 참사에 연관되면서 10년 안에 얼마나 많이 죽어갔는지 알기 때문이다. '우크라이나 내 방사선 방호와 안전 문제에 관해 전문가들이 과학적 자문과 조언을 제공하고 협력하는 영구 독립 기구'인 방사선방호위원회 부위원장을 맡고 있는 니콜라이 오멜랴네츠Nikolai Omelyanets는 "우크라이나에서 체르노빌 사고의 희생자로 공식적으로 인정받은 2백만 명 중 적어도 50만 명, 아마도 그 이상이 이미 사망했다. 연구들에 따르면 체르노빌의 오염 제거 작업에 참여한 34,499명은 그로부터 몇 년 안에 죽었다. 이들이 암으로 사망한 비율은 나머지 인구와 비교해 거의 3배에 달한다"고 지적했다. 또한 그는 자신의 팀이 출입금지구역으로 추정되는 지역에서 유아 사망률이 20퍼센트에서 30퍼센트로 증가했다는 사실을 알아냈다고 주장했다. 사고 후 만성적으로 방사선에 노출되었기 때문이다. 우크라이나 정부 산하 방사선의과학센터의 에브게니아 스테파노바Evgenia Stepanova는 "우리는 WHO 자료에 기록되지 않고 20년 전에는 거의 알려지지도 않았던 갑상샘암과 백혈병, 유전적 돌연변이에 둘러싸여 있다"고 고백했다. 2006년 발표된 '체르노빌에 관한 또 다른 보고서The Other Report on Chernobyl'는 원자력 발전에 반대하는 세력의 의뢰로 작성되어 미심쩍긴 하지만 암으로 3만 명에서 6만 명이 사망했다는 상당히 온건한 추정치를 내놓고 있다. 그린피스와 같은 단체들은 찾을 수 있는 가장 큰 숫자를 고르며 자신들이 옳다고 맹목적으로 가정하는 듯하다. 가끔은 백만 단위 숫자도 등장한다. 다양한 보고서의 가치를 판단하고 각각에 대한 평가를 볼 때 개인적으로는 만 명 언저리가 아닐까 생각한다. 하지만 전혀 과학적 추정치가 아니라는 점을 강조하고 싶다. 단지 이렇게 많은 실증적 증거가 있는 상황에서 4천 명이라는 숫자를 받아들이기 어렵다는 것이다. 어떤 이유에서든 논쟁의 여지가 없는 보고서가 하나도 없으므로 확실한 숫자는 절대 알 수 없을 것이다.

물론 사망자 수는 사고를 둘러싼 이야기의 일부에 불과하다. 어마어마한 수의 생존자들이 여전히 피폭 때문에 발생한 심각한 건강 문제로 고통받고 있다. 1986년 이전에는 신뢰할 만한 보건 통계를 찾기 어려워 비교가 쉽지는 않다. 하지만 사고 후 5년간 선천적 장애와 선천적 기형, 어린이 백혈병이 급격히 증가한 것으로 보인다. 2006년 방사선방호특수병원의 알렉산데르 베렘추크Alexander Vewremchuk는 우크라이나 빌네Vilne에서 "우리 지역 체르노빌에서 서쪽으로 500킬로미터 떨어진 도시 리브네Rivne의 병원 30곳에서 심하게 피폭된 지역의 인구 중 30퍼센트가 심혈관계 질환과 암, 호흡기 질환을 포함한 신체장애를 겪고 있는 것으로 확인되었다. 신생아는 거의 3명 중 1명에게 기형이 있었고 특히 체내 문제가 있었다"고 증언했다. 지금도 벨라루스의 몇몇 병원에는 체르노빌 희생자들이 줄을 서 기다리지 않고 비로 진료를 받게 해주는 표지판이 있다. 뉴욕 과학 아카데미는 사고의 영향이 미친 지역에서 모든 종류의 암이 두드러지게 늘었고 영유아 사망률, 지능 발달 지연, 신경정신병, 실

명, 호흡기·심혈관·위장·비뇨생식기·내분비 질환이 증가했다
고 인정했다.

체르노빌 사고의 영향에 관한 숫자들이 다 그렇기는 하지만,
얼마나 많은 사람이 생명까지는 위협하지 않는 건강 문제를 겪었는
지도 알려지지 않았다. 이런 피해자 중 다수가 사회에서 잊혔고, 출
입금지구역에서 일했던 수많은 노동자가 그곳을 떠날 수 없었다는
사실은 알려져 있다. 체르노빌 사고의 영향을 받은 사람들에게는 사
회적 낙인이 남았다. 많은 회사가 이들을 고용하지 않았고 사람들은
방사선에 대한 무지하고 해로운 공포 때문에 이들과 어울리려 하지
않았다. 일부는 정부 보상금을 받고 있지만 얼마 되지 않는 데다 점
점 줄어들고 있다. 사고 후 몇 년 뒤 출입금지구역으로 돌아온 사람
들은 여전히 안전하지 않은 지역에 돌아온 이유로 다른 곳에서는
사회의 일원으로 받아들여지지 않는 어려움을 꼽았다.

체르노빌 사고는 전 세계에 핵무기가 도저히 사용할 수 없는
끔찍한 물건임을 상기시켰다. 로버트 게일 박사는 1986년 5월 15일
소련 외무부에서 이 참사에 관한 첫 번째 기자회견을 열었다. 그는
환자들의 상태를 설명한 뒤 오랫동안 질문에 답했다. 특히 체르노
빌에서 어떤 교훈을 배울 수 있느냐는 질문에 "지난 몇 주간 일어난
일을 좀 더 넓은 맥락에서 보아야 한다"고 답했다. "우리는 비교적
소규모 사건을 다루고 있다. 국제적 협업에도 불구하고 사건에 대응
해 부상자들을 돌보는 능력은 한정적이다. 300명의 피해자를 보살
피기도 어렵다면 핵무기를 의도적으로 사용하는 것은 부적절할 수
밖에 없다. 핵전쟁의 희생자들을 위한 유의미한 의료 지원이 가능하

다고 믿는 사람들은 잘못 생각하고 있다." 그는 냉전이 시작되고 거의 40년이 지난 지금 크렘린이 직면할 수밖에 없는 사실을 공개적으로 언급했다. 체르노빌 참사와 같은 사고에 대비한 계획이 있긴 했지만 단 한 번의 사고에 국내 자원을 한계까지 동원해야 했고, 덕분에 소련 정치국은 처음으로 핵전쟁이 어떤 결말을 맞을지 상상할 수 있었다. 한 원자력 발전소의 원자로 한 기에서 핵무기에 비하면 비교적 규모가 작은 폭발이 일어났는데 전쟁 기간을 제외하면 역사상 가장 많은 병력을 동원해야 했고 방사선으로 인해 평소의 행동 방침을 따를 수 없었다. 1986년 당시 6만 5천 개나 존재하던 핵폭탄을 하나라도 사용하는 것은 부도덕한 일이라는 사실을 인정할 수밖에 없었다.

5개월 뒤인 1986년 10월 11일 미하일 고르바초프는 미국 대통령 로널드 레이건을 만나 핵무기 폐기 가능성을 논의했다. 두 정상은 조치가 필요하다는 데 동의했다. 그리고 1987년 12월 8일 소련과 미국은 두 나라가 보유한 사정거리 500킬로미터에서 5,500킬로미터의 육상기지 발사 미사일을 모두 폐기하는 중거리핵전략조약Intermediate-Range Nuclear Forces Treaty에 서명했다. 체르노빌 참사가 터지고 1년이 지나기 전 모스크바에서는 다양한 분야의 저명인사들이 참석한 역사적인 '자유로운 세계를 위한 포럼Forum For A Free World'이 열렸다. 사고의 영향이 이어지는 가운데 포럼에서 합의가 이루어지자 강경 노선을 고수하던 소련 정치인들도 마침내 핵전쟁은 상상할 수 없는 일이고 승자도 존재하지 않으며 지구를 파괴하는 결과를 낳을 것이라는 사실을 받아들이게 되었다. 세계적으로 핵무기 실험 횟 수도 줄었다. 1996년 포괄적핵실험금지조약Comprehensive Nuclear Test Ban Treaty이 타결되자 물리적 실험은 중단되고 컴퓨터 시뮬레이션으로 대체되었다. 인도와 파키스탄이 각자 자체 핵무기를 실험했던 것이 불과 2년 전이었다. 금지조약 이후에도 상식을 거부하고 있는 나라는 북한밖에 없다.

체르노빌 참사가 터지고 2년 뒤 소련 정부는 사고 관련 비용이 110억 루블을 넘어섰다고 인정했다. 1루블의 가치가 1달러에 크게 뒤지지 않던 시절이었다. 2006년 고르바초프가 110억 루블이 아니라 180억 루블이었다고 정정하기도 했다. 엄청난 이차비용은 포함하지 않았으며, 2009년 벨라루스 외무부가 공개한 보고서에 따르면 상당히 과소 추산된 금액이었다. 벨라루스 외무부의 보고서는 정부가 여전히 사고 관련 비용으로 하루에 대략 미화 백만 달러를 쓰고 있으며 "체르노빌 참사로 발생한 피해는 미화 2350억 달러에 달하는 것으로 추정된다. 하지만 벨라루스와 국제 사회가 회복을 위해 투자한 금액은 전체 피해액의 8퍼센트에 불과하다"고 밝혔다. 이 비용은 소련 경제에 재앙으로 작용했고 석탄과 수력 발전 산업까지 영향을 미쳤다. 사고 직후 석유 가격이 이전의 절반 수준으로 추락해 경제에 더 큰 타격을 입었다. 또한 체르노빌 참사는 고르바초프가 고위 군인과 정치인 등 정적 다수를 제거할 구실을 제공했고 더 나아가 '글라스노스트glasnost', 즉 개방의 시대가 도래하도록 도왔다. 소련은 다시는 과거의 위상을 회복하지 못했다. 체르노빌 참사는 소련의 몰락을 부른 중요한 기폭제 중 하나로 평가된다.

이 책에 등장한 주요 인물 대부분은 이제 세상을 떠났다. 아

나톨리 댜틀로프는 1995년 심장마비로 사망했고 마지막까지 결백
을 주장했다. 그는 1992년에도 "나는 우리나라 지도자들 그리고 비
슷하게 단순한 기술자들이 몇 번이고 되풀이한 거짓말, 아주 거대
한 거짓말에 맞서야 했다. 부끄러움을 모르는 거짓말들이 내게 엄청
난 충격을 주었다. 원자로의 설계자들은 분명히 사고가 발생한 진짜
이유를 즉시 알아냈을 거라 확신한다. (실제로 그랬다. - 저자 주) 하지
만 그들은 운전원들에게 죄를 뒤집어씌우기 위해 모든 노력을 다했
다"고 목소리를 높였다. 빅토르 브류하노프는 80대에 접어들었지만
여전히 체르노빌 사고를 또렷이 기억한다. 그는 2011년 인터뷰에서
"겁쟁이나 도망자는 없었다"고 밝혔다. "모두 발전소에 헌신했고 아
끼는 마음으로 지켜냈다."

13

앞에 놓인 길
THE ROAD AHEAD

CHERNOBYL 01:23:40

원자력 발전소를 건설하고 운영할 수 있는 돈과

권력을 지닌 이들이 안전을 최우선으로 삼아야 한다는

사실을 배웠기를 기대해 보자.

　　석관을 영구적 해결책으로 생각한 적은 없었다. 당시의 과제는
가능한 한 빨리 사고 잔해에서 방출되는 방사선을 가둘 구조물을
세우는 것이었다. 그 결과 석관의 예상 수명은 약 20년밖에 되지 않
았고 이미 한참 전에 끝났다. 1997년 46개 국가와 단체가 자금을 지
원한 차폐물 구축계획에 따라 석관을 대체할 새 안전 차폐물을 건
설하는 프로젝트가 시작되었다. 약 20억 유로의 자금이 투입될 프
로젝트는 2011년 내가 해당 지역을 방문할 즈음 마침내 공사를 시
작했다. 먼저 4호기에서 서쪽으로 400미터 떨어진 특수 작업장에
서 사전 제작 부품들을 이용해 너비 250미터, 길이 165미터의 독특
하고 거대한 아치 형태의 구조물을 조립할 예정이었다. 무게는 무려
3만 톤에 달했다. 2014년 3월 말 절반이 완성되었고 1년 뒤 나머지
절반도 끝났다. 처음에는 2005년부터 석관을 대체하는 것을 목표로

했으나 자금 조달이 원활하지 않았고 2016년 11월이 되어서야 모든 작업이 마무리되었다. 새 차폐물이 완성되자 특수 제작된 트랙을 따라 전체 구조물을 조금씩 이틀에 걸쳐 기존 석관 너머로 밀어냈다. 이동 가능한 구조물로는 역사상 최대 규모였다. 원래 차폐물과 달리 새 차폐물은 100년을 버티도록 설계되었다. 그때가 되면 4호기 해체 작업도 대부분 끝날 것이다. 나는 우연히 이동 작업이 예정된 시기에 오랫동안 기다려 온 두 번째로 체르노빌을 방문하는 여행을 예약했다. 하지만 마지막 순간 우크라이나 정부가 이동 작업이 진행되는 동안 발전소 근처 지역에 일반인 출입을 통제한다고 발표해 어쩔 수 없이 여행을 취소해야 했다.

아치의 양쪽 절반은 각각 여러 부품으로 만들어졌다. 2011년 침몰한 쿠르스크Kursk 잠수함을 인양했던 거대한 잭jack이 110미터 높이에 도달하기까지 부품을 점점 더 높이 들어 올리는 데 사용되었다. 내부에는 원격으로 조작하는 튼튼한 천장 크레인이 있어서 사람들과 장비를 운반했다.

설계자들은 철골 구조의 부식을 막기 위해 차폐물 외장 주변에 시간당 4만 5천 세제곱미터의 따뜻한 공기를 순환시키는 영리한 공기 조절 시스템을 구현했다. 미국 퍼시픽 노스웨스트 국립연구소의 수석 기술 고문 에릭 시미만Eric Schmieman 박사는 2013년 《와이어드》 잡지와의 인터뷰에서 "에펠탑처럼 100년을 버틴 철골 구조물들이 있긴 하지만 꾸준히 재도장을 해 왔다"고 설명했다. "우리는 일단 구조물을 제 자리에 밀어 넣은 후에는 재도장을 할 수 없었다. 방사선 수치가 너무 높아서 그 안으로 사람들을 보낼 수 없기 때문이다. 그렇다면 어떻게 해야 할까? 우리는 그 공간으로 들어가는 공기를 통제하기로 했다. 상대 습도를 40퍼센트 아래로 유지할 것이다."

모든 것이 제자리를 찾자 엔지니어들은 석관을 해체하는 작업에 착수했다. 이 작업에만 5년이 걸릴 것으로 예상한다. 2023년이 오기 전 석관의 해체가 마무리되면 서쪽 벽에서 그 무게를 버티고 있는 안정화 철강구조도 필요 없어지고 4호기 내에서 연료가 함유된 내용물들을 제거하기 위한 작업이 시작된다. 폐로 작업은 100년간 계속된다. 아주 긴 시간인 것 같지만 원전 해체 과정은 원래 힘들기로 악명이 높다. 잉글랜드의 윈즈케일 원자력 발전소에 불이 난 건 1957년이었지만 정화작업은 2041년이 되어서야 마무리될 예정이다.

후쿠시마 참사 역시 엄청난 인재人災였고 사고 이후의 이야기는 체르노빌만큼이나 흥미진진하다. 안타깝지만 주로 부적절한 정화작업 때문이다. 쓰나미가 지나간 후 몇 년간 매주 방사성 물이 다시 유출되고 폐로 작업자들이 고농도 방사선에 피폭되었다는 보도가 나왔다. 사람들의 생명을 위협하지만 않았어도 웃음거리가 됐을 법한 부적절한 장비와 안전 예방책도 언론을 탔다. 환경 문제는 말할 것도 없다. 심지어 1986년 사고에서 가장 답답했던 실수까지 반복되었다. 측정 범위가 한정된 측정기를 사용하면서 방사선량이 해당 기기의 최곳값이라 추정한 것이다. 더 믿을 수 없는 사실은 지금도 특별한 훈련을 받지 않는 노숙자들을 정화작업에 동원하고 있다는 것이다. 거리에서 노숙자들을 꾀어낸 타락한 하도급업체들은 대개 간신히 법적 요건을 갖춘 범죄조직들이다. 불쌍한 노동자들은 무시무시한 환경에서 일하고 생활하며 임금의 3분의 1 이상을 자신들을 고용한 하도급업체에 빼앗긴다. 체르노빌에서 정화작업을 할 때는 소련 정부가 모든 것을 묻어버릴 때까지 사람과 돈을 댔다. 반면 후쿠시마 발전소의 소유주이자 운영자인 도쿄전력회사는 2012년 엄청난 구제금융을 받고 사실상 국유화되긴 했지만 수익을 내서 투자자들을 기쁘게 해야 하는 상장기업이다. 따라서 문제를 해결하려 노력하고 있다는 인상만 주고 빠져나갈 수 있을 정도로 적은 돈만 쓰고 있다.

2013년 10월 일본의 아베 신조 총리는 국제 사회의 도움을 완강히 거부해 온 2년간의 고집을 깨고 전 세계 원자력 전문가들에게 정화작업을 도와달라고 요청했다. 불과 몇 주 뒤 일본 정부가 도쿄전력회사의 대응에 너무 실망한 나머지 관련 작업에서 이들을 제외하려는 제안서를 작성했었다는 사실이 밝혀졌다. 같은 해 11월 초 이미 사기 저하로 어려움을 겪고 있던 발전소 운전원들은 이때까지의 해체 작업 중 가장 위험하고 정교한 단계에 돌입했다. 4호기 원자로의 냉각 수조에서 강한 방사선을 내뿜는 소모 연료를 제거하는 작업이었다. 일본 원자력규제위원회 위원장이 직접 도쿄전력회사 회장에게 최대한 조심스레 작업을 진행하라고 충고했지만 회사의 대변인 히토스기 요시미는 "우리는 위험하지 않다고 믿는다"고 주장하며 심드렁한 태도를 보였다.

도쿄전력회사는 2015년 3월까지 실패를 반복하며 정화작업을 위해 투입된 세금 미화 16억 달러 중 3분의 1 이상을 허비했다. 오염된 물이 바다로 흘러드는 것을 막기 위해 후쿠시마 발전소를 주

위 환경과 분리해 봉인한다는 과감한 계획이 채택되었고 필요한 장
치들이 제작되었다. 도쿄전력회사와 정부가 합동으로 추진하는 작
업에는 30미터 깊이의 거대한 벽에 1,568개의 관을 설치해 땅을 얼
리는 것도 포함되어 있었다. 비용과 타당성을 충분히 검토하지 않았
다는 비판이 나왔지만 정부는 계획을 밀어붙였다. 2014년 땅을 얼
리려 한 최초의 시도는 민망한 실패로 끝났다. 도쿄전력회사는 혼합
물에 얼음 10톤을 추가한 후에도 필요한 만큼 낮은 온도를 얻지 못
했다. 2018년 3월까지 미화 3억 2500만 달러에 달하는 공적 기금이
투입되었지만 땅을 얼리는 작업은 계속 실패했다.

　　돈을 가장 허비한 사례는 후쿠시마의 손상된 원자로 3기에서
새어 나와 바다로 흘러드는 물에서 방사성 세슘을 추출하겠다며 미
화 2억 7천만 달러짜리 기계를 특수 제작한 일이었다. 이 기계는 단
한 번도 제대로 작동하지 않았고 매일 30만 톤의 물을 여과한다는
계획과 달리 7만 7천 톤밖에 처리하지 못해 결국 버려졌다. 누출이
발생한 저장 탱크는 알 수 없는 이유로 미화 1억 3500만 달러나 들
였는데 모두 교체하고 있다.

　　후쿠시마 참사가 터지기 전 세계는 마침내 체르노빌을 잊고 원
자력 발전의 르네상스를 맞이하는 듯했다. 새로운 사고는 오래된 공
포를 수면 위로 끌어올렸고 많은 나라가 원자력 정책을 재검토하
기 시작했다. 일본은 2011년 사고 직후 바로 남아있는 원자로 48기
를 모두 중단시켰고 이후 몇 기만 재가동했다. 이 나라에서 원자력
발전은 첨예한 갈등을 빚는 주제로 남아있으며 국민의 반대가 거세
다. 역시 원자력 발전을 중시해왔던 독일은 일본을 따라 모든 원자

력 발전소를 해체하기 위한 계획을 발표했고 스웨덴과 이탈리아도 동참했다. 전체 전력의 약 75퍼센트를 원자력에서 생산하는 것으로 유명한 프랑스조차 이후 몇십 년 동안 원자력 발전에 대한 의존도를 줄여나간다는 계획을 세웠다. 오바마 행정부는 몇십 년 만에 처음으로 미국에 원자력 발전소를 세우는 프로젝트들을 권장했지만 모두 곧 예산을 초과하고 일정이 늦어졌다. 용융염을 사용하는 원자로처럼 이런 흐름을 바꿀 잠재력을 가진 새로운 기술들은 돈이 많이 들고 상업적 규모에서 검증되지 않았으며 이론적 이점을 능가하는 단점이 존재할 수도 있다. 그사이 기존의 수많은 원자로가 계획된 수명을 다해가고 있으며 곧 영원히 폐쇄될 것이다. 인류에게 반드시 필요하지만 오해를 받으며 두려움의 대상이 된 원자력 산업은 불확실한 미래를 마주하고 있다.

하지만 모든 것이 나쁘지는 않다. 원자력 발전을 가장 격렬히 반대하는 환경운동가들조차 줄지어 원자력이 유일하게 지속 가능하고 확장 가능하며 깨끗한 에너지라는 결론에 도달하고 있다. 인도, 한국, 러시아 그리고 특히 중국에서 60개가 넘는 새 원자력 발전소가 건설되고 있다. 2004년부터 천연 원소 토륨에서 만들어지는 우라늄의 핵분열을 활용하는 세계 최초의 상업용 토륨 원자로를 준비하고 있는 인도에서는 흥미진진한 새 기술들이 개발되고 있다. 일정이 여러 차례 지연되며 완공이 2012년에서 2017년으로 미뤄졌지만, 2019년 6월 현재 2020년에는 원자로를 가동한다는 계획이다. 사람의 조작 없이도 4개월은 작동하고 일반적인 가동 연한의 세 배인 100년을 버티도록 설계되었다. 후쿠시마 참사 이후 쓰나미에 안전

한 발전소를 만들기 위한 고민도 시작되었다. MIT의 원자력 엔지
니어 팀은 바다에서 운영하기 적합한 부유 원자로를 연구하고 있는
데 물에 잠긴 구역에서 냉각제를 제한 없이 공급한다. 경쟁 상대라
할 수 있는 풍력, 태양열 등의 재생에너지 기술은 계속 발전하고 있
고 몇십 년 안에 석탄, 석유, 원자력 연료의 대안이 될 수도 있다. 하
지만 지금 당장 세계적으로 깨끗한 에너지를 생산할 수 있는 유일
한 현실적 방법은 원자력 발전밖에 없는 듯하다. 원자력 발전소를
건설하고 운영할 수 있는 돈과 권력을 지닌 이들이 안전을 최우선
으로 삼아야 한다는 사실을 배웠기를 기대해 보자.

The train between Slavutych and Chernobyl

슬라부티치와 체르노빌을 오가는 기차

Looking down on Pripyat from the roof of Fujiyama

후지야마의 지붕에서 내려다본 프리퍄티

Saint Elijah Church in the exclusion zone

출입금지구역의 상트엘리야교회

Chernobyl, seen from the east

동쪽에서 바라본 체르노빌

Standing atop a train engine at Yanov Station

야노프 역에 서 있던 기관차 위에서

A lovely old diesel workhorse and a newer rail-crane

오래되었지만 사랑스러운 옛 디젤 기관차와 새것 같은 궤도 크레인

A log book in Pripyat hospital

프리퍄티 병원의 일지

Looking towards Chernobyl from the hotel roof

호텔 옥상에서 바라본 체르노빌

Pripyat Palace of Culture.

The cylindrical boxing ring hall is off camera to the right

프리퍄티 문화의 궁전.

원형 복싱 링은 카메라 밖 오른쪽에 있었다

A doll in the Golden Key nursery

천국의 열쇠 유치원의 인형

A classroom in the Golden Key nursery

천국의 열쇠 유치원의 한 교실

Pripyat's famous swimming pool

프리퍄티의 유명한 수영장

The Candle of Memory in Kiev's Park of Eternal Glory

키예프의 영원한 영광 공원에 있는 기억의 촛불

Two tanks in front of the Motherland Monument

조국의 어머니상 앞에 있는 탱크 두 대

Gas masks in a school

학교 식당의 가스 마스크들

Pripyat Hospital No. 4

프리퍄티 4호 병원

Two rooms in the hospital

병원의 두 병실

A grand piano at the music & arts school

음악예술학교의 그랜드 피아노

CHERNOBYL 01:23:40

초판 1쇄 펴낸 날 | 2020년 5월 22일

지은이 | 앤드류 레더바로우
옮긴이 | 안혜림
펴낸이 | 홍정우
펴낸곳 | 브레인스토어

책임편집 | 이슬기
편집진행 | 양은지
디자인 | 참프루, 이유정
마케팅 | 김에너벨리

주소 | (04035) 서울특별시 마포구 양화로 7안길 31(서교동, 1층)
전화 | (02)3275-2915~7
팩스 | (02)3275-2918
이메일 | brainstore@chol.com
블로그 | https://blog.naver.com/brain_store
페이스북 | http://www.facebook.com/brainstorebooks

등록 | 2007년 11월 30일(제313-2007-000238호)

이 도서의 국립중앙도서관 출판시도서목록(CIP)은 서지정보유통지원시스템 홈페이지(http://
seoji.nl.go.kr)와 국가자료공동목록시스템(http://www.nl.go.kr/kolisnet)에서 이용하실 수
있습니다.(CIP제어번호: CIP2020018326)